Pequena filocalia

Dados Internacionais de Catalogação na Publicação (CIP)
(Câmara Brasileira do Livro, SP, Brasil)

Pequena filocalia / compilação dos textos, tradução para o francês e notas de Jean-Yves Leloup ; tradução Karin Andrea de Guise. – Petrópolis, RJ : Vozes, 2022. – (Série Clássicos da Espiritualidade)

Título original: Sagesse de la philocalie
ISBN 978-65-5713-311-8

1. Cristianismo 2. Espiritualidade 3. Meditação 4. Vida espiritual – Igrejas ortodoxas orientais I. Leloup, Jean-Yves. II. Série.

21-86620 CDD-299.93

Índices para catálogo sistemático:
1. Espiritualidade : Meditação : Religião 299.93

Maria Alice Ferreira – Bibliotecária – CRB-8/7964

Pequena filocalia

Compilação dos textos, tradução para o francês e notas de Jean-Yves Leloup

Tradução de Karin Andrea de Guise

Petrópolis

Tradução realizada a partir do original em francês intitulado
Sagesse de la philocalie – Introduction aux pères neptiques

2022, Editora Vozes Ltda.
Rua Frei Luís, 100
25689-900 Petrópolis, RJ
www.vozes.com.br
Brasil

Todos os direitos reservados. Nenhuma parte desta obra poderá ser reproduzida ou transmitida por qualquer forma e/ou quaisquer meios (eletrônico ou mecânico, incluindo fotocópia e gravação) ou arquivada em qualquer sistema ou banco de dados sem permissão escrita da editora.

CONSELHO EDITORIAL

Diretor
Gilberto Gonçalves Garcia

Editores
Aline dos Santos Carneiro
Edrian Josué Pasini
Marilac Loraine Oleniki
Welder Lancieri Marchini

Conselheiros
Francisco Morás
Ludovico Garmus
Teobaldo Heidemann
Volney J. Berkenbrock

Secretário executivo
Leonardo A.R.T. dos Santos

Editoração: Maria da Conceição B. de Sousa
Diagramação: Sheilandre Desenv. Gráfico
Revisão gráfica: Nilton Braz da Rocha / Fernando S.O. da Rocha
Capa: Editora Vozes
Ilustração de capa: Lúcio Américo de Oliveira

ISBN 978-65-5713-311-8

Este livro foi composto e impresso pela Editora Vozes Ltda.

SUMÁRIO

I – *Introdução* – O espírito da filocalia, 7

II – A filocalia: arte de viver e coletânea de textos ascéticos e místicos, 12

III – Antônio, o primeiro Padre Néptico, 23

IV – A pequena filocalia de Antônio, 31

V – A pequena filocalia dos Terapeutas do Deserto, 48

VI – A pequena filocalia de Evágrio Pôntico, 69

VII – A pequena filocalia de João Cassiano, 88

VIII – A pequena filocalia de Macário o Egípcio, 129

IX – A pequena filocalia de Diadoco de Fótice, 146

X – A pequena filocalia de Isaac o Sírio, 165

XI – A pequena filocalia de João Clímaco, 188

XII – A pequena filocalia de Máximo o Confessor, 206

XIII – A pequena filocalia de Simão o Novo Teólogo, 233

XIV – A pequena filocalia de Gregório o Sinaíta, 254

XV – A pequena filocalia de Gregório Palamas, 273

XVI – As pequenas filocalias de Serafim de Sarov e de Siluane o Athonita (Silvano Atonita), 295

Léxico, 323

Referências, 337

I
Introdução
O espírito da filocalia

Antes de designar uma coletânea de textos ascéticos e místicos datados do século III até o século XIV, a filocalia ou "amor pela beleza" é uma arte de ver e viver que tem suas raízes na biblioteca hebraica[1], particularmente no Livro do Gênesis, que nos lembra que o cosmos e os elementos que o constituem não são nem deuses nem ilusões, tampouco objetos de idolatria ou desprezo; o mundo é belo (*ki-tov! oti kalon!*), ele desperta nossa admiração e nosso respeito, é um ícone, ele manifesta de maneira visível o Invisível. Ele dá carne e matéria à Consciência que o informa e o inspira, o logos e o *pneuma* estão presentes desde o "primeiro dia", diz o poema[2]:

A Bíblia não é um livro de história ou ciência, o Gênesis não nos conta histórica ou cientificamente como nasceu o mundo, mas como ele pode surgir no olhar de uma consciência humana, olhar e consciência iluminados pela própria Consciência que faz esse mundo existir.

O Livro do Gênesis não nos mostra como os anjos e as formigas veem o mundo, mas como o ser humano pode

---

1. Biblioteca hebraica: a Bíblia [N.T.].

2. O Texto Massorético utiliza dois verbos: *bàrà* (criar) e *asah* (fazer) para designar o ato da criação. A Septuaginta utiliza apenas o verbo *poieo* (fazer). A criação é a *poiesis*, a obra de um grande Poiètes que a Bíblia chamará de YHWH/Deus.

percebê-lo, de maneira não apenas objetiva, mas também contemplativa, enaltecedora e comemorativa.

A expressão *Ki tov!* que em grego foi traduzida por *oti kalon* é, de fato, uma exclamação que deveria ser traduzida por "como é belo!"

Ki tov não é apenas um julgamento ou uma apreciação estética de alguma coisa ou de um acontecimento, é uma jubilação justa, um deslumbramento, uma experiência que amplia e faz vibrar o campo ou as *cordas* da Consciência.

A existência existe! A luz, a árvore, o gato, o homem, a mulher, você, eu. A consciência daquilo que existe, existe e exulta.

A palavra Deus/YHWH, o Ser que é e que faz ser tudo aquilo que é, nomeado ou inominado, está no coração de todos esses júbilos.

Nessa exclamação *ki tov!* o Real, a Realização e a Realidade são um.

Perceber que toda realidade participa do único Real é motivo de alegria para os sentidos, o coração e a razão; apenas o Real infinito existe, existe apenas isso que chamamos Deus, a Consciência criadora e sua manifestação. O Real é um, "natureza naturante e natureza naturada", diria Espinosa. A Bíblia é uma escola do olhar; ela gostaria de nos fazer ver as coisas como YHWH/Deus as vê. Ou seja, como a Consciência e a Imaginação criadora as veem ou, mais precisamente, no respeito ao termo empregado no Livro do Gênesis, como *poiètes* os vê e como Ele interpreta sua *poésis* (criação). Ele vê e experimenta que isso é belo (*tov, kalos*).

Essa beleza é inseparável da bondade, da verdade, do bem.

O Real é indissociavelmente Belo/Bem/Bom/Verdadeiro, é o Um quaterno.

O que seria de uma beleza que não fosse verdadeira e boa? A beleza é o brilho da verdade e da bondade, ela é o Bem supremo. Se assim não fosse, ela não passaria de uma ilusão, um reflexo, um espelhamento, ao invés de ser a luz. A visão da beleza traz alegria e desperta o desejo (*eros*) de unir-se a ela (essa união será chamada Ágape, o puro amor).

A filocalia é um modo de conhecimento pelo qual nós vemos não apenas que o mundo é, aquiescência e adesão primeira ao Real, que chamaremos de verdade (*aletheia*), mas vemos também que o mundo é belo, aquiescência e adesão ao real como tendo sido *dado*, pura graça, aquilo que chamaremos de beatitude.

Beatitude a ser vivida desde já, no tempo, pois as realidades que manifestam esse Real soberano devem ser descobertas e vividas nesse espaço-tempo.

A luz, o céu, a terra, as águas, as plantas, os animais, o homem, enfim... a cada uma dessas manifestações, a exclamação *ki tov oti kalon* se fez ouvir, testemunhas do júbilo vivenciado pela consciência que, assim, percebe tudo o que existe[3].

Os Padres da Filocalia chamaram essa atitude positiva e feliz para com o mundo de *théoria física*, contemplação do *Théos* (luz) na *physis* (matéria).

Reconhecimento da presença de Deus na natureza, evidência do invisível que envolve e habita todas as coisas visíveis, envolvimento infinito de toda finitude, experiência e visão (*théoria*) da luz ou consciência incriada em toda criação.

---

3. A fórmula *ki tov oti kalon* é lida 8 vezes na Septuaginta, 7 vezes no Texto Massorético. Ela celebra, assim, cada dia da semana e assinala sua aprovação a cada nova criação ou manifestação do Real.

Palavras são acrescidas às palavras sem jamais conseguir expressar o significado da beleza naquilo que ela possui de eternamente inefável.

O único momento em que YHWH/Deus (a consciência, a imaginação criadora) *vê* algo que não é belo (verdadeiro e bom) é quando Ele vê que o homem está só. Só, ou seja, separado, desligado do Real e de todas as formas de realidade que o Real encarna em sua manifestação.

E é ali que Ele vai imaginar um *ajudante* (*Ezer kenegdo*) alguém que vai estimular nele a relação... A relação que é à imagem e semelhança de YHWH/Deus, pois Ele mesmo é relação, inter-relação na origem de tudo aquilo que vive e respira.

E tendo chegado a esta conclusão, o Livro do Gênesis assinala: "Ele viu que isso era *muito* bom" (*kai idou kala lian*) (Gn 1,31).

Se a graça é a essência de toda beleza, a capacidade de entrar em relação – ou seja, de participar do Ser/Amor (*o on/o Agapè*) –, é a essência da graça. Isso é ,"*muito*", belo, beleza da beleza, graça sobre graça, dirá o Evangelho de João, transfiguração da "vaidade das vaidades" do Qohelet em "ocasião das ocasiões" (*kairos*) do Livro do Apocalipse.

A cada instante o amor pela beleza (o *eros*) nos salva ou nos tira da vaidade e do nada. Sem essa filocalia (amor pela beleza), o mundo nos apareceria *objetivamente* cinza e sem sabor.

O vinho das núpcias acabou, não estamos mais em gênese, estamos em via de separação e desaparecimento. A filocalia nos lembra que um novo nascimento é possível, uma nova consciência, um novo olhar. *Ki tov*: ver, apesar de tudo, que tudo é belo.

Esse olhar *poiético* ou filocálico que a consciência criadora pousa sobre tudo aquilo que ela faz existir e ser percebido nós encontramos no Livro da Sabedoria antes de encontrarmos no olhar do *poiètes*, do santo e do sábio por excelência, que é Yeshua.

Nós o encontramos também nessa antologia de Padres Népticos que nos transmitem a experiência desses homens e dessas mulheres que, seguindo o exemplo de Cristo, libertaram-se de todas as formas de idolatria ou obstáculo que os impediria de ver a beleza e a glória pelas quais o homem e o universo foram criados:

> Pai,
> quero que,
> onde estou, estejam comigo
> aqueles que me deste,
> para que contemplem a glória
> que me concedeste... (João XVII, 24)

II
A filocalia: arte de viver e coletânea de textos ascéticos e místicos

A filocalia é uma arte de viver ressuscitado em um corpo que pressente a sua glória. "Se Cristo não ressuscitou, (*anastasis*), é vã e vazia a nossa fé, é vã e vazia também a nossa pregação e transmissão" (1Cor 15,13-14). Viver ressuscitado é uma atitude do corpo (e do seu mundo) voltado para Deus, *pros ton theon* (cf. Jo 1,1), como no início.

Um corpo voltado para o Infinito do Ser/Amor (*o on/o ágape*), que lhe faz existir, um ser aqui, que se mantém no aberto; caso contrário, ele não passa de um corpo (e um mundo) voltado sobre si mesmo, fechado em sua própria finitude, um "ser aqui" no inferno.

A arte de viver à qual a filocalia nos convida é uma arte de viver não apenas no espaço – nosso ser aqui –, mas também uma arte de viver no tempo, voltado para o futuro, e o futuro é a morte, quaisquer que sejam os prolongamentos ou os acréscimos que a habilidade do homem e das suas tecnologias lhe proponham.

A flecha do tempo na horizontal é uma marcha sem fim e sem finalidade. O *chronos*, o tempo que nos curva, nos enruga e nos devora, é seu tirano e seu deus... Mas, dessa maneira, o ser humano pode se voltar para o Eterno, viver em um tempo aberto ao Inalcançável, ao Incompreensível, ao Desconhecido; é o *kairos*, o tempo favorável ao despertar, livre em relação à duração da vida e à morte.

O *kairos* não é um tempo que dura, mas um tempo que abre. Um tempo *anastasiado*[4], ressuscitado; ou seja, elevado, declarado. Esse *tempo suspenso*, por vezes evocado pelos poetas e que se mantém aprumado na luz.

É justo dizer que *temos a escolha* entre um tempo horizontal (*chronos*), voltado para a morte, e um tempo vertical (*kairos*), voltado para a vida eterna?

Nós não temos escolha: *embarcamos*, quer queiramos ou não; nosso futuro e o futuro de todas as coisas finitas é a morte.

Mas nós temos a escolha de crer (no sentido primeiro de aderir) que nossa vida finita, limitada, mantém-se aqui, no aberto; aberta não apenas à morte, mas também à não morte, que chamamos de ressurreição ou vida eterna (*anastasis*[5]).

O acesso a essa vida *elevada*, despertada e profunda se realiza por meio da *métanoésis* e da *métamorphosis* evangélica; transformação do ser humano em sua totalidade, corpo, coração, espírito, que os textos da filocalia nos transmitem.

Para a filocalia, o drama ou pecado é o esquecimento do Ser, o esquecimento de Deus ou do Ser eterno.

O homem perdeu seu *bom-senso*, seu Espírito Santo voltado para o *Théos*; ou seja, para a luz ou a consciência incriada, fonte de tudo aquilo que existe. A perda do Espírito Santo é a catástrofe original.

Cristo vem nos devolver nosso Espírito Santo e nos leva com Ele para Aquele que Ele chama de "seu Pai e

---

4. Neologismo criado pelo autor a partir da palavra grega *anastasis* (ressurreição) [N.T.].

5. *Ana*: subir, elevar-se; *stasis*: colocar-se; *anastasis*: colocar-se no elevado, elevar-se, despertar.

nosso Pai". "Ali onde eu sou, onde eu estou, eu quero que vocês sejam, que vocês também estejam."

Todos os exercícios de atenção e consciência propostos pela filocalia têm como único objetivo nos lembrar *Quem* está aqui, voltar do esquecimento, do exílio que nos afasta do infinitamente presente; "nele temos a Vida, o movimento e o Ser".

Essa arte de viver como ressuscitado, como metamorfoseado, não é tanto uma mudança de substância, uma *transubstanciação* quanto o acesso a uma outra maneira, um outro *modo* de estar no mundo, em nosso corpo mortal, *voltado para*, em relação ininterrupta (este é o sentido da prece perpétua) com o "Ser que era, que é e que virá".

O hesicasta vela incessantemente para manter sua orientação voltada para a luz incriada, mesmo que seja como o ladrão às portas do inferno, próximo do desespero e do confinamento em seu ser finito, mortal aos atos e suas consequências imperdoáveis.

Mas se a substância do nosso ser é relação, interdependência, trata-se de uma transubstanciação, já que mudamos nossa relação com a Vida e com todos os viventes (com o Ser e com todos os entes). É através da consciência e do amor exercidos – ou seja, através da *nepsis* (vigilância) e da oração do coração – que somos introduzidos neste mistério evocado pelo Apóstolo Paulo. "Eis que vos revelo um mistério: nem todos morreremos, mas todos seremos transformados..." (1Cor 15,51-52). O instante eterno, nosso ser aqui, no aberto, *pros ton theon*, ali onde nós "habitamos em Deus e onde Deus habita em nós".

Nosso ser ressuscitado pertence mais ao *modo de ser* do nosso corpo do que à sua *substância*? Nossa ressurreição seria, então, a recuperação e a transfiguração da nossa maneira de ser e estar no mundo por meio do nosso corpo? Se somos apenas um tecido de relações, tanto no nível corporal e afetivo quanto intelectual, somos feitos de todo o universo e de todos os outros que nos cercam. Trata-se de elevar, através de um ato pessoal, nossa interdependência; essa ressurreição (*anastasis*) e esse despertar (*aletheia*) não são apenas nossos, mas de todo o universo.

O modo de relação particular com a Vida e os viventes (com o Ser e os entes), que é a oração do coração é, sem dúvida, o ato mais eficaz quanto à transformação do antropoceno, essa era na qual o homem e o universo descobrirão que jamais estiveram separados.

A filocalia, como espírito e arte de viver na beleza, inspirou um grande número de ensinamentos espirituais que são relatados em uma antologia escrita em língua grega, cuja redação se estende do século IV ao século XV. O título exato desta coletânea é: *Filocalia dos Padres Népticos, antologia composta a partir dos escritos dos Santos Padres Teofóricos na qual, por uma sabedoria de vida, feita de ascesis e theoria, a consciência é purificada, iluminada e chega, assim, à sua realização ou à sua perfeição...* Esse título é interminável, ele anuncia todo o programa espiritual e prático desses homens vigilantes ou *népticos* (da palavra grega *nepsis*, que poderíamos traduzir por *plena consciência*, atenção ou despertar).

Trata-se de fato de homens e mulheres atentos àquilo que é; plenamente conscientes daquilo que está aqui, presente; seres despertos à presença que está aqui, em todas as coisas presentes.

Esses Santos Padres também são chamados de *teofóricos*, por vezes *christophoros*; ou seja, eles *carregam* em si a presença de Deus ou de Cristo, eles estão plenamente conscientes e atentos a esta presença, que para eles é a experiência da Vida verdadeira. Essa experiência da vida verdadeira e o comportamento que lhe é associado chamamos de sabedoria.

O título indica que por meio da *ascesis* (do exercício e da *théoria*) – isto é, da contemplação – é que a consciência se torna pura.

A ascese, como dirá mais tarde Santo Tomás de Aquino, "é um trabalho bem-ordenado sobre si mesmo", uma reorganização daquilo que se tornou caótico devido à dispersão e ao esquecimento do centro que une todas nossas faculdades (o coração).

A *ascesis* é a consciência exercida nos atos mais concretos da nossa existência (o alimento, o sono, as relações...) para chegar a essa sobriedade ou tranquilidade que é nossa verdadeira natureza, que também chamamos de *hesychia* (calma, silêncio) ou *apatheia* (um estado livre com relação a nossas *pathé*, patologias ou paixões ligadas aos desejos desorientados e ao medo).

Ao exercício é preciso acrescentar a contemplação ou a *théoria*, que literalmente quer dizer *visão*, de onde vem a palavra *Théos*, traduzida geralmente por Deus, em relação com *dies*, o dia, a luz, o Deus latino.

Contemplar é ter olhos para ver não apenas as coisas e o mundo (*theoria physiquè*), mas também para ver a luz: "Na tua luz nós veremos a luz" diz o Salmo.

Trata-se de ver na luz incriada (a consciência pura) todas as luzes criadas (as consciências intencionais, consciência disso ou daquilo, do mais sutil ao mais grosseiro, sendo a própria matéria uma das formas mais pesadas e lentas da luz).

Consciência exercida (*ascesis*) e consciência purificada (*théoria*) é o que os Padres chamarão mais tarde de *práxis* e *gnosis*, as duas asas que o pássaro necessita para voar, "o esforço e a graça", sem os quais o ser verdadeiramente humano não consegue se realizar. Pois o objetivo de todos esses exercícios e dessas contemplações é a realização do homem em Deus e de Deus no homem; do *anthropos* no *Théos* e do *Théos* no *anthropos*, que os teólogos chamarão de *cosmoteantropo*, no qual Deus, o homem e o cosmos não estão mais separados.

Os textos da filocalia são oriundos desse laboratório que é a odisseia da consciência, esse longo trabalho de milênios para que a consciência tomasse corpo e para que o corpo tomasse consciência da Consciência. A tradição nos lembrará disso incessantemente em termos sucintos: "Deus se fez homem para que o homem se tornasse deus". A filocalia guarda os sinais de todas as provações do *laboratório*, que são o deserto e as derrotas, mas também os êxitos que a antologia dos Padres Népticos terá tendência a privilegiar, indicando os combates que foram necessários para essa realização.

Assim, a filocalia compila um ensinamento que foi transmitido de mestre a discípulo durante mais de dois milênios; a antologia que nós conhecemos limita-se ao primeiro milênio (no qual a Igreja era indivisa na variedade das suas expressões).

Na sua introdução à *Filocalia*, traduzida por Jacques Touraille, Olivier Clément descreve perfeitamente a história dessa antologia: A *filocalia* foi publicada – em grego – em Veneza em 1782, pois o livro cristão não podia ser impresso no Império Otomano. Sua redação está ligada à renovação espiritual que se produziu no mundo helênico e na Moldávia e fundamentou-se em uma tomada de consciência da teologia, da espiritualidade e da vida sacramental ortodoxas. Macário de Corinto, que escolheu os textos, e Nicodemo o

Hagiorita[6], que os introduziu, tinham publicado uma obra recomendando a comunhão frequente (na época, ela tinha se tornado muito rara tanto no Oriente quanto no Ocidente) e Nicodemo mandara editar as obras principais dos grandes teólogos de Bizâncio.

Com a *filocalia*, o que emerge novamente em plena luz é a tradição hesicasta (do grego *hésychia*: paz, silêncio da união com Deus), que está no coração da espiritualidade monástica original, jamais interrompida no Oriente. Macário tinha aparentemente descoberto, na biblioteca do monastério de Vatopédi, "uma antologia sobre a união do espírito com Deus, coletada entre os escritos dos antigos Padres graças aos cuidados dos monges piedosos de outrora; ele encontrou também outros livros sobre a oração sobre os quais ele jamais ouvira falar"[7], sem dúvida porque a língua na qual eles tinham sido redigidos tinha envelhecido a ponto de tornar-se incompreensível.

Muito pouco conhecida no mundo grego, onde só foi reeditada em 1893 e em 1957, a filocalia foi muito mais difundida na Rússia. O *starets* Paissi Vélitchkovsky, instalado na Moldávia, traduziu-a para o eslavo e fez com que ela fosse impressa na Rússia a partir de 1793. Uma nova edição surgiu em 1822. A filocalia traduzida para o russo por Teófano o Recluso foi publicada em 1877, foi reimpressa quatro vezes até a véspera da guerra. Ela penetrou

---

6. Hagiorita significa *da Santa Montanha*; ou seja, do Monte Athos. É preciso notar que os monges atonitas foram violentamente divididos diante desse movimento reformador, sobretudo em relação ao problema da comunhão frequente.

7. TACHIAOS, A.E. *Paissi Velitchkovsky* [e sua escola ascética e filológica (em grego)]. Tessalônica, 1964, p. 109-110. O próprio Paissi, durante sua estadia em Atenas, anterior à estadia de Macário, diz que conheceu tais coleções e começou a traduzi-las para o eslavo. Tratava-se, segundo Tachiaos (p. III), dos cod. Vatop 650 (século XIII).

e foi bem aceita tanto nos meios intelectuais quanto entre a população. A "filosofia religiosa" russa foi, por um lado, uma tentativa de conceitualizar a experiência filocálica. No século XX, na Romênia, onde a tradição hesicasta é muito antiga, o Padre Dimitru Staniloae publicou uma filocalia ainda mais ampla (quatro volumes em 1946-1948 e seis outros de 1976 a 1981).

Os textos da filocalia estão dispostos em ordem cronológica: textos monásticos originais, com predominância do pensamento de Evágrio Pôntico, síntese conclusiva da grande época patrística, na qual Máximo o Confessor dá o tom, movimento carismático do ano 1000 a meados do século XII, em que um autor pouco conhecido, Pedro Damasceno, é longamente representado (ele sabe unir as indicações concretas e a profundidade espiritual), em seguida a síntese do século XIV – um quarto da obra – dominada pela teologia experimental de São Gregório Palamas.

A obra, como indicado por Nicodemo em seu prefácio, é destinada "tanto aos monges quanto aos laicos". Todos são chamados a "unificar-se" interiormente unindo-se a Deus e, dessa maneira, em Cristo, com todos os homens, segundo a oração sacerdotal citada por Nicodemo: "que todos sejam um como nós somos um" (Jo 17,22).

Os mestres da obra da filocalia, inquietos com o domínio crescente da *Aufklärung* sobre os gregos cultos, quiseram opor à Enciclopédia francesa das "luzes" um tipo de enciclopédia da Luz incriada. Contudo, como Paissi, que transmitiu a obra do mundo grego ao mundo eslavo (e romeno), eles trabalharam de maneira eficaz com os métodos da erudição ocidental. Da mesma maneira, na nossa época, o Padre Staniloae não apenas se aproveitou das conquistas científicas do Ocidente, como tentou corresponder, em notas frequentemente abundantes, às interrogações e descobertas ocidentais, citando tanto Heidegger quanto Maurice Blondel.

Ora, esse fato é significativo: foi na Europa Ocidental da segunda metade do século XX que a filocalia parece ser ao mesmo tempo mais conhecida e mais aguardada. Alguns trechos surgiram nos anos de 1950; em seguida, desde o final dos anos de 1980 ao início dos anos de 1990 surgiram traduções integrais na Inglaterra, na Itália e agora na França. Afinal de contas, entre os descendentes desta *Aufklärung* temida por Macário e Nicodemo, a busca pela liberdade talvez exija agora uma libertação da morte; é a mesma inteligência que, após ter explorado o mundo exterior, mergulha cada vez mais na interioridade. A filocalia não é uma obra confessional. Ao apresentar os textos de Gregório Palamas, frequente e furiosamente antilatinos, Macário e Nicodemo deixaram de lado algumas passagens polêmicas[8]. Com a filocalia e a tradição hesicasta – aliás, como a *hésychia* é próxima da paz beneditina! – a Igreja Ortodoxa sustenta o testemunho da Igreja indivisa onde se enraízam todas as confissões cristãs. A filocalia é, de fato, fundamentalmente cristã e eclesiástica, dando todo alcance à iniciação batismal. Mas ela assume métodos imemoriais que poderíamos encontrar da Índia à China: é verdade, em uma perspectiva não de fusão mas de comunhão, na qual o indivíduo ocidental, longe de se perder, se realizaria tornando-se uma existência plenamente pessoal. Como foi enfatizado, em nosso século, por um *starets*, Siluane do Monte Athos, um Dimitru Staniloae, um "monge da

---

8. Aliás, Nicodemo adaptou para o grego diversas obras católicas.

Igreja do Oriente"[9], a característica eclesiástica da filocalia engloba toda humanidade e todo universo[10].

Diante da quantidade das páginas recenseadas, após fazer o inventário de todas essas filocalias, foi preciso escolher. Seria necessário acrescentar a essas filocalias, a *cadena aurea* da Idade Média latina, que também é uma coletânea de textos dos Padres, mas que não dizem respeito à oração. Essa é, aliás, uma das razões pela qual Dionísio o Teólogo (dito o Areopagita), mas também João Crisóstomo, Gregório de Nazianzeno, Basílio o Grande, Gregório de Nissa... que tanto influenciaram o espírito e a prática dos autores da filocalia, não fazem parte desse compêndio; a perspectiva teológica e especulativa de suas obras enfatiza o aspecto ascético e prático, mas não é por essa razão que elas deixam de ser contemplativas. Para eles, ser teólogo é orar sempre, e "orar é ser teólogo".

Nossa escolha se limitou a doze autores imperdíveis que encontramos em diferentes filocalias, gregas ou russas.

A esses, acrescentamos dois hesicastas contemporâneos, herdeiros da sua tradição. Para cada um desses doze autores, escolhemos doze textos que nos pareceram resumir o aspecto essencial da sua doutrina e da sua experiência. Fizemos igualmente a escolha da transmissão, ao invés da erudição (com notas e referências em rodapé).

Ao invés de explicar o texto, preferimos a ressonância ou o eco desses textos que pode haver no espírito e

---

9. Não conseguiríamos recomendar o suficiente a breve mas profunda obra intitulada *La prière de Jésus*. Chevetogne: Du Seuil, 1974 [Livre de vie, n. 122].

10. Cf. Olivier Clément. In: *La philocalie* – Les écrits fondamentaux des pères du désert aux pères de l'église (IVe-XIVe siècles.). Paris: J.-C. Lattès, 1995.

na experiência contemporâneos, o espírito e a experiência dos *antigos*.

Na apresentação dos autores nós evitamos qualquer hagiografia. Tradição não significa venerar as cinzas dos nossos ancestrais, mas transmitir a sua chama. É essa chama da experiência filocálica que queremos compartilhar. Que ela possa iluminar e manter acesas as centelhas de luz vacilantes da nossa atual experiência.

III
Antônio, o primeiro Padre Néptico

O primeiro autor a ser citado na filocalia é Santo Antônio o Grande. Ele será considerado o arquétipo do monge; todos farão mais referência à sua vida, contada por Atanásio de Alexandria, do que aos seus escritos, cuja origem é incerta.

Antônio é contemporâneo das perseguições de Diocleciano (303), uma das mais terríveis perseguições que os cristãos tiveram que suportar, mas, em seguida, ele conheceu a liberdade de culto concedida ao cristianismo em 313 pelo Imperador Constantino, com o qual ele teria mantido correspondência.

Antônio nasceu em uma família abastada, no burgo de Quôman, no Vale do Nilo, por volta de 250. Ele perdeu seus pais quando tinha 18 anos. Sua vocação para a vida monástica, pelo seu caráter ao mesmo tempo evangélico e eclesiástico, parece ser típica de qualquer vocação monástica. Menos de seis meses após a morte dos seus pais, enquanto ia, como de hábito, à casa do Senhor, ele meditava consigo mesmo durante o trajeto sobre a maneira como os apóstolos, depois de terem abandonado tudo, tinham seguido o Salvador, e como os fiéis, segundo os Atos dos Apóstolos, venderam seus bens e depuseram esse valor aos pés dos apóstolos para ser distribuído entre os pobres; ao mesmo tempo ele sonhava com a grandeza da esperança que lhe seria assegurada nos céus.

Tendo o espírito repleto desses pensamentos, ele entrou na igreja no momento em que se lia o Evangelho e ouviu o Senhor dizer ao jovem homem rico: "Se queres ser perfeito, vai, vende teus bens, dá-os aos pobres e terás um tesouro no céu. Depois, vem e segue-me!" (Mt 19,21). Antônio concluiu que esse pensamento que ele tinha tido sobre o exemplo dos primeiros cristãos viera de Deus e que essa passagem do Evangelho tinha sido lida para ele. Ele saiu imediatamente da casa do Senhor. Em seguida, vendeu todos seus bens, conseguindo assim uma soma considerável que ele distribuiu entre os pobres, guardando apenas uma pequena reserva para sua irmã[11] [12].

A experiência de Antônio enraíza-se na atenção à consciência e à informação criadora que os antigos chamavam de *Logos* tal qual é transmitido nos evangelhos. É, antes de tudo, o despertar de um desejo: o de realizar-se, de cumprir-se, de ser perfeito.

O *Logos* dirige-se à nossa liberdade: "se quiseres". A realização proposta a Antônio não é o acúmulo de bens, de saberes ou poderes, mas a renúncia a tudo aquilo que é evanescente e transitório para consagrar-se àquilo que é e àquilo que permanece; concretamente, trata-se de desapegar-se de tudo aquilo que consideramos como bem ou de desapegar-se dos bens, "de vendê-los e dá-los aos pobres" e a todos aqueles que ainda estão em necessidade de ter, saber e poder, para existir. Antônio despertou para o desejo de uma outra existência, desejo de ser o Ser que o faz existir. "Venha, esteja comigo e terás um tesouro no céu".

O que é estar com Ele? É estar com Aquele que É, a encarnação, a presença do "Eu sou", *eyeh asher eyeh*,

---

11. SANTO ATANÁSIO DE ALEXANDRIA. *Vida de Antônio*, 2 (SC 400, p. 133s.).

12. DESEILLE, P. *La spiritualité orthodoxe et la philocalie* [A espiritualidade ortodoxa e a filocalia]. Paris: Bayard, 1997, p. 15.

YHWH, o Deus e o fogo revelado a Moisés em uma sarça que não se consome" (cf. Ex 3), símbolo dessa humanidade que não é destruída, mas é iluminada e transfigurada pela presença do Ser.

Não é esse todo o programa da filocalia? O convite a tornar-se um com o Ser que é luz, beleza infinita. Esse é o *tesouro* prometido. Esse tesouro, segundo o Evangelho, está *no céu*, o céu que, para os hesicastas, é o espaço do coração, o espaço interior que pode acolher aquilo que nenhum espaço exterior pode conter: a própria presença do "Eu sou", luz infinita e incriada.

Apesar de Antônio ter o coração repleto de céu, seu corpo e seus pés estão sobre a terra. Antônio entra, então, na escola dos ascetas situada nas cercanias do seu vilarejo e leva um estilo de vida que será, em sua essência, o estilo de todos os monges que virão em seguida.

Havia na época, no vilarejo vizinho, um ancião que, desde a sua juventude, levava uma vida ascética. Ao vê-lo, Antônio inflamou-se pelo desejo de imitá-lo. Todo seu zelo era voltado ao esforço ascético. Ele trabalhava usando suas mãos, após ter ouvido as palavras da Escritura: "Quem não quiser trabalhar, não tem o direito de comer" (2Ts 3,10). Uma parte do seu ganho era para comprar o seu pão, o resto ele dava aos pobres. Ele orava continuamente, pois tinha aprendido que era necessário orar incessantemente em seu coração (cf. 1Ts 5,17), e lia com tanta atenção que nada nas Escrituras lhe escapava; ele se lembrava de tudo, sua memória tomava o lugar dos livros[13].

Em sua solidão relativa, Antônio fez a experiência do combate invisível contra as tentações dos demônios, aos quais ele opôs a arma da oração incessante. Mas ele sentiu

---

13. Ibid., p. 15.

a atração do grande deserto que se estende de um lado a outro pelo luxuriante mas estreito vale do Rio Nilo. Ele pressentiu que essse seria para ele o lugar dos combates decisivos e da intimidade divina. Ele se embrenhou no primeiro lugar que encontrou e, aos poucos, foi se estabelecendo em lugares cada vez mais afastados e retirados.

Antônio, como todo adolescente, tinha necessidade de um modelo. Ele o encontrará entre os anciãos cujo coração foi libertado de muitas ilusões através das provações e da experiência de vida, dos anciãos sem arrependimentos nem amargura, atentos a tudo aquilo que lhes é dado no instante presente com serenidade e gratidão. Seus conselhos são repletos de bom-senso: "Quem não trabalha, não come". Antônio deve, então, trabalhar com suas mãos para se alimentar e para compartilhar com aqueles que não podem ou não conseguem mais trabalhar.

Os monges, em seguida, insistirão sobre a importância do trabalho manual que não apenas permite assumir sua subsistência, mas também acalma o espírito e os liga à terra (o *humus* que dará origem às palavras *humildade* e *humanidade*). Sobretudo, o trabalho manual mantém o espírito livre e disponível para a oração. Pois está ali o objetivo da vida do monge: *orar incessantemente no coração*; ou seja, lembrar-se incessantemente daquele que está aqui, presente: "Eu sou", que é um conosco até o fim do mundo.

Essa atenção contínua se alimenta e fortalece igualmente pela leitura das Escrituras (*lectio divina*); se a pura consciência está além de todos os pensamentos, ela não destrói a inteligência; essa, tanto quanto o corpo, precisa de alimento e alimento saudável que a mantenha na sua orientação para a luz (*pros ton theon*).

As Escrituras e os textos inspirados têm essa virtude de não nos distrair do essencial, mas, pelo contrário, conduzir-nos a ele; a meditação das palavras não tem outro objetivo senão o de nos conduzir ao silêncio do Espírito. Não estudamos somente para saber, mas para contemplar.

Antes de chegar a essa contemplação, Antônio terá que suportar várias provações. O céu do coração será frequentemente encoberto por nuvens escuras e tempestades vigorosas; é o que chamaremos de *combate contra os demônios*, os *logismoi* que agitam nosso espírito e nos impedem de manter o silêncio e a pura presença do Ser que está em todo lugar e sempre presente. Esse tema do *combate contra os demônios* será frequentemente desenvolvido nas diferentes fases da vida de Antônio e dos Padres do Deserto, particularmente Evágrio.

Sem nada negar das suas influências concretas e muito reais, eles mostrarão a natureza mental e imaginária desses maus espíritos ou maus pensamentos, que chamamos de demônios (*logismoi*)[14].

Antônio opõe a oração incessante a esses demônios, a esses pensamentos perversos ou obsessivos. O nome de Jesus ao mesmo tempo desperta e faz fugir os demônios; passo a passo ele adquire o discernimento; todas essas provações têm como objetivo mantê-lo na humildade, pois apenas a humildade consegue escapar do domínio do *ego* devorador (o dragão). Esse cara a cara consigo mesmo, na solidão do deserto, revela-lhe seu nada, "um nada capaz de Deus", diremos mais tarde.

É este desejo de solidão e deserto, no qual pode se revelar a verdade do seu ser, que o conduz além do vale do Nilo, "a lugares cada vez mais retirados".

> Cada uma das suas fugas sucessivas traduz uma concepção essencialmente dinâmica e

---

14. Cf. LELOUP, J.-Y. *Métanoia*. Paris: Albin Michel, 2020.

progressiva da vida espiritual. Como escreve o seu biógrafo, ele não pensava no tempo transcorrido, mas, a cada dia, como se debutasse na ascese; ele buscava progredir com ardor renovado. Ele repetia frequentemente as palavras do Apóstolo (Fl 3,13): "Consciente de não tê-la ainda conquistado, só procuro isto: prescindindo do passado e atirando-me ao que resta para a frente". Antônio finalmente se estabelece em uma caverna estreita e profunda situada no flanco do Monte Qolzoum, em um deserto próximo ao Mar Vermelho[15].

Esse texto nos lembra que na vida espiritual, jamais *chegamos*, jamais amamos o suficiente! Acreditar que somos justos é o sinal da nossa injustiça. Proclamar-se desperto é um testemunho da nossa falta de despertar.

A presença que era e que é vem incessantemente, de maneira inesperada e sempre nova. É o desvelamento do nome divino em cada um de nós; cf. Apocalipse: *O on, o en, o erkomenos*: Ele era, Ele é, Ele virá. A cada manhã eu começo: "de início em início rumo a inícios que não têm fim", dirá mais tarde Gregório de Nissa.

Essa adesão ao *movimento presente* permite então, acolher aqueles que vão até ele; liberto de toda pretensão à sabedoria, ele pode ser sábio e dar conselhos, ele pode até mesmo fazer milagres; mas assim como Yeshua, ele jamais acredita ser a causa desses milagres."Tua fé te salvou", apenas Deus salva e cura.

Mais do que a sua austeridade e os sinais dos seus diversos combates, é a *hésychia*, a paz das profundezas que brilha nele:

---

15. DESEILLE, P. *La spiritualité orthodoxe et la philocalie*. Op. cit., p. 16.

Uma graça abundante e maravilhosa aparecia até mesmo em seu rosto [...]. É dessa maneira que reconhecemos Antônio: ele jamais parecia perturbado porque sua alma estava serena; ele jamais parecia sombrio, pois o seu espírito estava na alegria [...]. Ele era tão útil a todos, que muitos soldados e pessoas ricas renunciavam aos fardos desta vida para se tornarem monges. Em uma palavra, Deus o dera como médico a todo Egito. Quem vinha vê-lo na aflição, e não ia embora na alegria? Quem ia visitá-lo, chorando a morte dos seus, e não era imediatamente consolado? Quem vinha até ele irritado, e não era conduzido a sentimentos de benevolência? Houve algum pobre que, tendo vindo desencorajado, após tê-lo visto e ouvido, não passara a desprezar as riquezas e não fora consolado da sua pobreza? Houve algum monge que, tendo vindo sentindo-se desanimado, não tenha partido sentindo-se fortificado? [...] De fato, como recompensa pela sua ascese, Antônio recebera o carisma do discernimento dos espíritos; ele conhecia seus movimentos e não ignorava nada sobre as maneiras de agir e atacar próprias a cada um. Não apenas ele próprio não era enganado, como também consolava com suas palavras todos aqueles que eram importunados por seus pensamentos, ensinando-lhes como poderiam enganar as armadilhas do demônio e revelando-lhes a fraqueza e as múltiplas astúcias dos nossos adversários.

Antônio morreu em 356, sobre a montanha aos pés da qual eleva-se ainda hoje, até agora povoada por monges coptas, o monastério que carrega seu nome. Durante sua vida, os desertos do Egito estavam cheios de monges. Eles se tornaram o cadinho no qual iria tomar forma os traços principais da espiritualidade cristã, tal qual seria vivida ao longo dos séculos[16].

Essa é a vida de Antônio, que nos é relatada por seu amigo e discípulo Santo Atanásio de Alexandria, ele próprio um grande difusor da fé em Jesus Cristo em quem se realiza a união ou a não dualidade, de Deus e do homem, do eterno e do tempo, do infinito e da finitude...

Ele nos relata sua vida, mas não nos conta nada sobre seus escritos, exortações ou ensinamentos. É, no entanto, através deles que se abre a grande filocalia grega.

---

16. Ibid., p. 17.

IV
A pequena filocalia de Antônio

Na introdução aos escritos de Antônio, Nicodemo o Hagiorita assinala:

> Àqueles que o interrogavam, ele dava respostas muito sábias, para o bem maior da alma, como podemos ver nos relatos dos Padres do Deserto. Além desses testemunhos, ele nos deixou 170 capítulos repertoriados no presente livro. Pedro Damasceno, entre outros, confirma que ele é o verdadeiro autor desses pensamentos. A textura das frases exclui a dúvida. Ela permite, contudo, as interpretações daqueles que as examinaram minuciosamente. De qualquer forma, os pensamentos são contemporâneos de uma antiguidade sagrada[17].

A esta afirmação de autenticidade de Nicodemo, alguns respondem mostrando evidências que apoiam suas alegações (particularmente o manual de Epíteto) de que os ensinamentos de Antônio que abrem a filocalia são uma compilação de escritos estoicos tardios, revisados por um monge cristão.

Seria necessário, então, acusar a filocalia de plágio ou de sincretismo? Não seria, pelo contrário, uma maneira de os Padres integrarem a sabedoria que os precede, a ponto de repetirem, palavra por palavra, sem nenhuma pretensão à originalidade? A transmissão da tradição é

---

17. *La philocalie.* Op. cit., p. 42.

mais importante do que o indivíduo que a transmite; o que chamamos hoje em dia de *direitos autorais* não existia na época.

Ainda mais profundamente, Antônio e aqueles que o seguiam lembram-se das palavras de Cristo: "Não vim para abolir, mas para cumprir" (Mt 5,17), e para Ele não se trata apenas de cumprir a Torá e a lei hebraica, mas também as sabedorias e as filosofias que o precederam.

Pois se Ele é *mais* do que Salomão, Ele é também *mais* do que Sócrates, Platão, Aristóteles [...] ou ainda Epíteto, Marco Aurélio e os estoicos que, do escravo ao imperador[18], queriam levar uma *vida justa*, em harmonia com o *Logos*, a Consciência criadora que rege todo o universo (cosmos).

A filocalia não abole a ciência e a filosofia, mas as realiza e concretiza. Às observações e aos questionamentos acerca dos diferentes níveis de realidade que elas exploram, a filocalia acrescenta a celebração e o reconhecimento do Real que as fundamenta.

Isso é particularmente verdadeiro quando se trata da experiência interior (que é uma coisa diferente da experiência científica ou da experiência filosófica); como indicará São Paulo, trata-se de despertar a uma sabedoria mais elevada do que as sabedorias tradicionais. Uma sabedoria que integra a loucura da cruz, uma consciência que integra a não racionalidade do amor e da alegria. Uma sabedoria que integra a natureza para mantê-la aberta à graça.

A graça que não destrói a natureza, mas a realiza. O amor que não destrói a consciência, mas a realiza fazendo-a brilhar ainda mais com esse brilho ou esta presença

---

18. Epíteto era escravo e Marco Aurélio, imperador.

do Ser que é Vida, Luz e Amor e que Yeshua chama de "Reino de Deus".

Para Antônio, o importante é entrar nesse Reino de Deus, no brilho da presença; Serafim de Sarov dirá mais tarde: "o objetivo da vida cristã (da vida humana) é acolher o Espírito Santo", o Santo Amor, a vida e a luz de Deus que não está *aqui ou ali*, mas no coração, *no meio*[19] de todo ser vivo.

Dentre as 170 *exortações* atribuídas a Antônio, nós escolhemos 12 que transmitem o essencial da sua doutrina e da sua experiência, evitando assim muitas repetições e dando-nos ao trabalho de explicitá-las para que elas façam sentido para a prática do hesicasmo hoje em dia.

Nossa tradução tenta permanecer fiel ao texto grego e segue frequentemente a tradução de Jacques Touraille. No entanto, ela se afasta dessa tradução quando esta não nos pareceu apropriada para transmitir a experiência oculta por trás de algumas palavras-chave. Por exemplo, para traduzir *Logos*, nós preferimos utilizar a palavra Consciência ao invés de razão; para *pronoia*, nós preferimos *sabedoria* ao invés de *providência* ou ainda *escutar e celebrar* ao invés de *obedecer e agradar a Deus*.

1

O homem dotado de consciência, em verdade, tem apenas uma coisa no coração: escutar e celebrar o Deus do universo e formar a sua alma no único necessário, adorá-lo, ser-lhe agradável, dar-lhe graças pela realidade e a força da sua sabedoria através da qual Ele dirige todas as coisas. De fato, seria inadequado agradecer pela

---

19. Alguns traduzirão "no espaço mediano", como o espaço que está entre nós, entre tudo.

saúde do corpo aos médicos que nos prescrevem remédios amargos e desagradáveis, enquanto recusamos a Deus a gratidão por coisas que nos parecem dolorosas como se não soubéssemos que tudo acontece como deve ser e para nossa vantagem, pelos cuidados da sua sabedoria. Pois o conhecimento de Deus e a fé nele são a salvação e a perfeição da alma[20].

Reconhecemos aqui um eco das palavras de Epíteto: "Não queira que aquilo que acontece aconteça como queres, mas queira que aquilo que acontece aconteça como acontece, e conhecerás dias felizes"[21].

Para Antônio, não se trata de uma submissão ao destino, mas de uma escuta e de uma celebração da sabedoria que rege todo o universo. A consciência é dada ao homem para entrar em harmonia com essa sabedoria. Ele pode praticar a adoração, que é abertura ao infinito e todas as outras formas de oração e de ação de graças.

Aqui está a fonte da sua liberdade e da sua alegria.

2

A temperança, a aceitação daquilo que é, a pureza, a resiliência, a paciência e seus semelhantes são poderes virtuosos consideráveis que recebemos de Deus para resistir às dificuldades do momento, encará-las e buscar socorro. Se exercermos e mantivermos esses poderes, nós perceberemos que dali em diante nada de difícil, de doloroso e de intolerável nos acontecerá, basta pensarmos que tudo é humano e deve ser amansado pelas virtudes que estão em nós. Aqueles que não têm inteligência da alma não pensam nisto. Pois eles não compreendem que tudo acontece para o bem e como deve

---

20. *La philocalie.* Op. cit., p. 44
21. EPICTETO. In: *Les* Stoïciens. Paris: Gallimard/Pléiade.

ser, para nossa vantagem, para que brilhem as virtudes e para que sejamos coroados por Deus[22].

"Tudo concorre para o bem daqueles que amam Deus", dizia São Paulo. Agostinho acrescenta: "mesmo o pecado".

O importante é, através da oração, manter esse amor e essa orientação da consciência para Deus, quaisquer que sejam as circunstâncias favoráveis ou desfavoráveis da nossa vida, mas também pelo exercício daquilo que Antônio chama de virtudes, as energias e os atos pelos quais nós nos esforçamos, apesar das nossas quedas, a nos manter aprumados no Bem.

A temperança, a aceitação daquilo que é ao invés da resignação, a pureza, a resiliência, a paciência são, de fato, *graças*, mais do que *poderes*, consideráveis. Nós os vimos à obra na vida de Antônio e dos outros Padres do Deserto. O que eles chamavam de *ascesis*, a ascese, é essa consciência exercida por ocasião das provações diversas; "nós jamais somos tentados além das nossas forças" se estivermos atentos à prova presente sem nos preocuparmos com o que virá amanhã.

Aqui Antônio é tanto o discípulo de Cristo quanto de São Paulo ou de Epíteto.

3

É examinando a si mesmo que o homem dotado de razão prova aquilo que lhe convém e lhe é útil, aquilo que é apropriado à alma e lhe é vantajoso e aquilo que lhe é estranho. E é desta maneira que ele evita o mal que faz mal à alma, a partir do momento em que este lhe é estranho e o separa do eterno[23].

---

22. Ibid.
23. Ibid.

O tema será frequentemente desenvolvido posteriormente em diferentes correntes de espiritualidade: a prática quotidiana ou regular do *exame de consciência* desenvolve nosso discernimento através da atenção àquilo que nos afasta ou nos aproxima do nosso ser essencial, àquilo que nos conduz ou nos estabelece no exílio e o esquecimento daquilo que em nós é eterno. Somos, então, *estrangeiros* à nossa verdadeira humanidade. João Damasceno dirá mais tarde que a conversão é "voltar daquilo que é contrário à nossa natureza àquilo que lhe é próprio".

O que quer que eu faça, devo me colocar à questão com uma consciência elevada: O que eu penso, o que eu digo, o que eu faço, isso me aproxima de "Eu sou" ou me afasta? O que eu penso, o que eu digo, o que eu faço, isso me aproxima da vida, da luz e do amor ou me afasta?

4

Quanto mais alguém vive de maneira sóbria, tanto mais ele é feliz. Ele tem poucas preocupações. Ele não se inquieta com servos e trabalhadores. Ele não busca possuir gado. Pois aqueles que se deixam pregar ao chão pelas preocupações e caem sobre as dificuldades que elas acarretam, atacam a Deus. Mas então essa cobiça que só depende de nós irriga a morte e permanecemos errando nas trevas de uma vida de pecado, sem conhecer a nós mesmos[24].

"Não vos preocupais com o amanhã, com o que comereis, com o que vestireis..." "Vivei sobriamente." Não são palavras de estoicos, mas palavras do Evangelho. Não se trata de descuido, mas de confiança e abandono ao Ser que nos dá a vida.

---

24. Ibid.

Trata-se igualmente de conhecimento de si mesmo. O que chamamos de pecado (*hamartia*: visar ao largo) é não ver a luz, o dia que está diante dos nossos olhos (*dies, deus*), é errar nas trevas, é a ignorância que nos torna estrangeiros ao Ser que nos faz ser aquilo que somos.

5

Carrega o nome de homem aquele que é dotado de consciência e aceita transformar-se. Aquele que não se transforma não é digno de ser chamado de homem[25].

O homem não é perfeito, ele é perfectível. A humildade é, antes de tudo, aceitar que tudo é impermanente, que tudo muda e se transforma incessantemente. E é aceitar transformar a si mesmo no movimento da vida que se dá. "De início em início, por inícios que nunca têm fim."

No final da sua vida, Antônio, assim como São Paulo, dizia que não tinha chegado ao fim, que ele estava no início da sua vida. Um ponto sobre uma linha infinita é sempre um início e um fim, um *alpha* e um *ômega*.

A consciência de ser *um instante eterno* faz de nós seres humanos. Este instante permanece e muda incessantemente, "é um movimento e um repouso", diz o Evangelho de Tomé.

6

A marca de um ser dotado de consciência e de retidão está no olhar, na maneira de caminhar, na voz, no riso, nas ocupações e nas diversões. Pois tudo se transformou e readaptou para chegar ao mais nobre. A inteligência amada por Deus, como guardiã das portas,

---

25. Ibid.

vigilante e sóbria, proíbe a entrada à infâmia dos maus pensamentos e aos maus espíritos[26].

O sinal de que um ser humano foi realmente tocado pela experiência do Ser (YHWH) pode ser lido em tudo aquilo que o constitui: olhar, caminhar, voz, riso e em todos seus atos.

Ele reencontrou a transparência perdida e a não dualidade, que é a sua verdadeira natureza. Ele faz aquilo que diz, ele diz aquilo que pensa, ele pensa aquilo que é; pela consciência exercida e por uma atenção viva, não apenas no momento da meditação e da oração, mas a cada instante da sua vida, ele é o guardião vigilante das suas portas, quer elas sejam sensoriais, emotivas, afetivas, mentais, a fim de não ser invadido por quaisquer maus espíritos ou paixões tristes que lhe envenenariam a vida, o santo amor que habita nele, ele está atento a tudo que faz obstáculo à *hésychia*, à calma, ao silêncio, à realidade e que desfigura a imagem e a semelhança da beleza para a qual ele foi criado.

7

Aqueles que foram afastados pelos desejos da vida mortal só sabem por palavras, por ouvir falar, que há uma vida, mais profunda e mais bela, eles se assemelham um pouco aos doentes que foram procurar remédios e instrumentos de medicina, mas que não sabem utilizá-los e não se preocupam com isso. É por isso que, quando estamos em falta ou passamos por dificuldades, não devemos jamais acusar nossos pais ou qualquer outra pessoa, mas apenas a nós mesmos; se não estivermos incessantemente atentos, a realização é impossível[27].

---

26. Ibid.
27. Ibid.

A vida mortal não é a única vida, ela está na superfície da nossa vida profunda e eterna. O nível de realidade espaçotemporal no qual nos encontramos ordinariamente não é todo o Real.

Os pensamentos que nos agitam não são a Consciência, existe uma outra consciência, pura e apaziguada.

A finitude não pode ser considerada em si mesma, sem relação com o infinito; a palavra *relativo* supõe um absoluto ao qual ela se refere. Dizer que *tudo é relativo* poderia supor um absoluto além do tudo?

Nós todos seremos atingidos pela *doença da morte*; nós temos, no entanto, fé, todo tipo de exercícios e de remédios que podem nos abrir àquilo que jamais nasceu e que não morre, que chamamos de vida eterna.

Não praticamos o suficiente a oração, o silêncio dos pensamentos, que poderiam nos despertar àquilo "que é maior do que nós". O sinal de que ignoramos essa realidade é que não estamos em paz e julgamos uns aos outros.

Quando o mau espírito nos deixar poderemos dizer, junto com o Livro do Apocalipse: "ele está morto, o acusador dos nossos irmãos".

Nós só poderemos alcançar essa liberdade quando estivermos atentos à presença de "Eu sou" em nós, que é lucidez e misericórdia.

8

Aqueles que consideram a perda do dinheiro, dos filhos, dos servos e de qualquer outro bem uma desgraça, que eles saibam que é preciso antes de tudo contentar-se com o que Deus nos deu e devolvê-lo com entusiasmo e gratidão quando for a hora de fazê-lo, sem sermos afetados por essa privação, ou melhor, por essa restituição, pois aqueles que se serviram do que não era deles nada mais fazem do que devolvê-lo[28].

Antônio inspira-se em Epíteto ou no Livro de Jó?

"Jamais diga: "eu o perdi", mas "eu o devolvi". Teu filho está morto? Ele foi devolvido. Tua mulher está morta? Ela foi devolvida. Tiraram minhas posses; pois bem, elas também foram devolvidas.

Mas foi um ladrão, um bandido que as tirou de mim. O que importa qual foi o meio que o doador as reclamou?

Enquanto tiveres aquilo, cuide disso como se fosse o bem de outra pessoa, assim como aqueles que passam utilizam a hospedaria[29]. "Deus deu, Deus tomou, que o nome de Deus seja abençoado. Nu saí do ventre de minha mãe, nu voltarei. O Senhor deu, o Senhor tirou: bendito seja o nome do Senhor!" (Jó 1,21).

Antônio nos convida a viver na lucidez mais radical; nada nos pertence, tudo nos é emprestado: a vida, a saúde, a riqueza, o poder, a amizade, a santidade... tudo nos será tirado. Isso não é triste ou injusto; assim é.

Essa lucidez conduz ao desapego e à liberdade, pois somos livres para nos apegar ou desapegar daquilo que passa.

A experiência de Antônio e dos Padres do Deserto é a de que todo apego gera sofrimento, medo de que aquilo venha a faltar ou medo da perda. O não apego nos mantém livres e gratos por tudo aquilo que nos é dado a viver e a amar no instante.

---

28. Ibid.
29. Ibid.

Ser consciente e testemunhar tudo aquilo que nasce, morre e passa; isso é estar desperto. A testemunha daquilo que morre, não morre; a consciência daquilo que passa, não passa.

O que em nós, além do nosso mental, se apega ou até mesmo se identifica a tudo aquilo que é impermanente? Libertos do mental e dos seus múltiplos apegos, a consciência é silenciosa e livre.

9

O homem cuja consciência foi despertada e que se lembra que ele é partícipe da natureza divina e um com Deus, não se ligará mais a nada de material ou grosseiro.

Ele tem sua inteligência (o coração da sua inteligência) voltado para o celestial e o eterno. Ele sabe que a vontade de Deus é a salvação (théosis) do homem, pois Deus é para os homens a causa de todos os bens e a fonte da beatitude eterna[30].

Aqui Antônio novamente se lembra de um texto da Escritura (Segunda Carta de São Pedro) e de uma fala famosa de Epíteto:

> De fato, o poder divino nos fez o dom de tudo aquilo que é necessário à vida e à piedade, fazendo-nos conhecer aquele que nos chamou pela sua própria glória e força originadora. Por elas, os bens de mais alto valor que nos tinham sido prometidos nos foram concedidos, para que, por meio destes, possamos entrar em comunhão com a natureza divina, a fim de tornarmos, por esse meio, partícipes da natureza divina, subtraindo-nos

---

30. Ibid.

à podridão que neste mundo é alimentada pela cobiça (2Pd 1,3-5).

Tu és um fim em si mesmo, um fragmento de Deus; tu tens em ti mesmo uma parte de Deus. Por que, então, ignoras esse parentesco? Por que não sabes de onde vens? Não queres lembrar-te, quando comes, quem tu és, tu que comes e te alimentas? Quando estás com alguém, quem és tu, que tens esta relação? Na tua vida social, no ginásio, nas tuas conversas... não sabes que alimentas Deus, que levas Deus ao ginásio? Tu transportas Deus, infeliz, e não o sabes. Acreditas que eu falo de um deus externo, feito de prata ou de ouro? É em ti mesmo que o carregas e não percebes que te maculas com pensamentos impuros e atos sujos. Mesmo diante de uma imagem de Deus, não ousaríeis fazer uma única das coisas que fazes. E com o próprio Deus presente em ti, que observa e ouve tudo, não tens vergonha daquilo que pensas e do que fazes? Não és consciente da tua própria natureza; tu suscitas a cólera de Deus[31].

É a partir de textos como estes que Atanásio de Alexandria, o arcebispo discípulo de Antônio, poderá proclamar esta frase que está na origem de toda a teologia ortodoxa: "Deus se fez homem para que o homem se tornasse deus".

A salvação é a *théosis*, nossa divinização ou participação na natureza divina, que nos torna livres para com toda forma de idolatria da natureza humana ou da natureza cósmica.

---

31. EPICTETO. Entretien, II, 8,10-14. In: *Livre de la Sagesse*. Paris: Bayard, p. 1.094.

A oração é manter o olhar aberto, voltado para o céu, *pros ton theon* (cf. Jo 1,1-2).

A consciência deve estar voltada para Deus, e não devemos nos esquecer de "quem está aqui", em todos os nossos pensamentos e em todos os nossos atos.

A luz incriada "na qual temos a vida, o movimento e o ser"[32], na prática dos hesicastas, significa permanecer na consciência da imensidão celeste e radiosa que se encontra no coração.

10

Aquilo que é segundo a natureza não é um pecado. O pecado é a escolha do mal. Comer não é um pecado. O pecado é comer sem dar graças, sem decência e sem temperança. Pois convém manter o corpo em vida, fora de toda imaginação ruim. O olhar, se ele for puro, tampouco é um pecado. O pecado é olhar com inveja, com orgulho ou com indiscrição. É não escutar pacificamente, mas com hostilidade. É não reservar a língua à ação de graças e à oração, mas deixá-la dizer qualquer coisa. É não trabalhar com nossas mãos para socorrer os outros, mas usá-las para matar e roubar. Assim, cada um dos nossos membros peca por si mesmo fazendo o mal no lugar do bem, contra a vontade de Deus[33].

O pecado, *hamartia*, como sabemos, é *deixar o amor faltar, estar longe de si mesmo, fora do seu eixo*... A natureza é boa, ela segue o seu curso, ela se dá, não lhe falta amor e não deseja outra coisa a não ser permanecer nesse dom que a anima.

Escolher o mal é entravar esse movimento da vida que se dá, é fazê-la sair do seu curso; poderíamos quase

---

32. Cf. O discurso de Paulo no areópago (At 17-28).
33. EPICTETO. Entretien. Op. cit.

dizer que não amar, para os antigos, é ir contra a natureza. E podemos verificar isso nos campos da vida quotidiana; a alimentação, por exemplo: comer sem dar graças é não dar atenção e amor àquilo que nos é dado.

Comer compulsivamente (*gastrimargia*) é faltar com a decência e a temperança, é estar fora do seu eixo, da medida e da harmonia que deveria participar de todos os nossos atos. Olhar uma mulher bonita não é um mal, mas olhá-la com cobiça, reduzi-la a um estado de objeto, a uma coisa que poderíamos *consumir*, é se esquecer que ela é uma pessoa com a qual é possível "comungar"; é ter falta de amor.

O Evangelho chega a afirmar: "é cometer adultério". O adultério, entre os antigos, é a idolatria, é enganar o real, preferir o reflexo à realidade. Não ver mais uma pessoa, mas apenas um objeto.

Quando falta amor ao olhar que colocamos sobre o mundo, este é reduzido e passa a ser nada mais do que um mundo *objetivo*, uma matéria, ele deixa de ser um mundo vivo; é como se ele estivesse esvaziado da sua interioridade e da sua presença. Olhar com inveja, orgulho ou indiscrição é passar ao largo do mundo real e da sua beleza.

Para Antônio e os antigos, a função do olhar não é a de escrutinar, definir e objetivar como se fosse o olhar do inquisidor. A função do olhar é admirar, maravilhar-se e celebrar (*filocalia*). Da mesma maneira, a função da palavra não é dizer *qualquer coisa*, mas louvar e dar graças.

Quando o amor falta, é como se cada um dos nossos membros ficasse doente; eles não preenchem mais suas funções, estão ao largo do movimento da vida que se dá. O galho cortado da videira resseca (cf. Jo 15,6), a água viva cortada da sua fonte não demora a apodrecer.

11

Aquele que faz da oração a companheira da sua vida não permite que o mal entre em sua alma. E se o mal não está nela, a alma está ao abrigo do perigo e do infortúnio. Nem o engodo do demônio, nem os golpes do destino conseguem vencer esses homens. Pois Deus os livra do mal. Eles vivem sob sua guarda, longe de todo infortúnio, parecidos com Ele. Se os elogiamos, eles riem daqueles que os louvam. E se os culpamos, eles não respondem àqueles que os insultam. Pois não se impressionam com aquilo que se fala deles[34].

Para os antigos monges, a oração é realmente a companheira da sua vida, ela os acompanhava desde o raiar do dia, em seus menores atos, até o seu repouso.

Nada fazer sem orar, sem estar atento ao Ser que está aqui, em tudo e em todos. É o amor que nos liberta do medo e de todos esses *diabolos* que nos dividem e despedaçam.

A prática incessante da oração nos conduz a esse estado de amor que os estoicos, assim como os cristãos, chamam de *apatheia*; um estado não patológico, ativo mas não reativo, sensível sem ser insensato.

O sinal desta *apatheia* é a indiferença tanto à culpa quanto ao elogio. Em um caso como em outro, isso os faz rir, pois eles sabem que nada são e que Deus é tudo. Quaisquer que sejam as inconsistências, nada pode impedi-los de amar, nada pode impedir Deus de ser Deus, a luz de ser a luz.

"Tende uma luz em vós, um sol que brilha sobre os bons assim como sobre os maus", diz o Evangelho. É esse evangelho que os monges têm a felicidade de viver.

---

34. Ibid.

A escuridão, a ausência de luz, o infortúnio são ausência de amor.

Quando a luz está aqui, não há escuridão. Quando o amor está aqui, não há tristeza, mal ou infortúnio.

Orar é ligar-se incessantemente à fonte da luz e do amor. É permanecer e habitar no *lugar do coração*.

12

Quando voltares ao teu leito dando graças, lembrando-te dos bem-feitos de Deus e de toda sua sabedoria, tu te sentirás cada vez mais alegre por estares pleno de bons pensamentos, e o sono do teu corpo será a vigilância da alma. Fechar os olhos é ter uma verdadeira visão de Deus. E o teu silêncio, que é a gestação do bem, o faz ouvir o louvor que fazes subir até Ele, glorificando o Deus do universo. Quando o homem de fato afasta-se do mal, a ação de graças, e apenas ela, agrada a Deus mais do que qualquer sacrifício precioso. A Ele, a glória nos séculos dos séculos. Amém [35].

Antes de ir dormir é bom nos lembrarmos de todos os benefícios feitos graças a Deus e à sua sabedoria que nos informa, "pois sem mim (Eu sou)" nada podeis fazer (Jo 5,5).

Sem a Vida não podemos viver e respirar com tudo aquilo que vive e respira. Sem a Consciência, não podemos ficar atentos àquilo que é. Sem o Amor, não podemos amar, orar e nos alegrar por tudo aquilo que é.

"O sono do teu corpo é a vigilância da tua alma." Quando o corpo está em repouso, relaxado e apaziguado, quando o mental está em paz e em silêncio, quando

---

35. Ibid.

o coração está sem expectativa e sem medo, aberto e em atitude acolhedora, o Ser que é Vida/Luz/Amor pode se revelar, despertar e fazer do homem um bem-aventurado.

Ele pode, então, fechar os olhos e ver a Deus. Pois é preciso fechar os olhos para ver o Invisível, piscar para ver a luz.

Conhecer a Deus é saber que não podemos conhecê-lo, Ele permanece inalcançável no coração de tudo aquilo que podemos compreender ou alcançar. Apenas o silêncio conhece o silêncio, e esse silêncio é nosso mais elevado louvor. O puro reconhecimento do Ser/Amor, que é o que Ele é, aqui e em todo lugar, agora e sempre.

V
A pequena filocalia dos Terapeutas do Deserto

Assim como os Terapeutas de Alexandria, os Padres do Deserto são chamados de *terapeutas* no sentido de que eles cuidam do Ser que faz ser tudo que é, neles, em tudo e em todos.

A prática da atenção (*prosokê*) e da oração (*proseukê*) é o caminho (*odos*) ou o método (*méthodos*) que lhes permite permanecer na presença da Vida, da Luz e da Paz (*hésychia*), que se dá a eles e através deles.

As coleções de apoftegmas[36], máximas, provérbios ou palavras salutares desses antigos terapeutas, são numerosas:

Em sua *Pequena filocalia da oração do coração*, Jean Gouillard[37] escolheu apenas algumas; nós nos limitaremos igualmente a 12 palavras dentre as mais significativas e precursoras da grande época do hesicasmo.

1 Abba Bessarion

O monge deve, assim como os querubins e os serafins, ser apenas um olho.

---

36. Dito breve e memorável de pessoa ilustre [N.T.].

37. GOUILLARD, J. (ed.). *Petite philocalie de la prière du coeur*. Paris: Du Seuil, 1953.

O modelo do monge, além de Cristo e da *Theotokos*, são os anjos cuja única vocação é contemplar Deus, o Invisível, o Inalcançável, o Incompreensível, e, como eles, tornar-se um olhar pleno.

O olhar do querubim é o olhar inocente, a consciência pura, sem objeto, sem representação, liberto do conhecido. O olhar do serafim é o olhar que queima de amor e compaixão.

A pureza e o amor são os dois olhos pelos quais o monge pode se aproximar de Deus e realizar em si mesmo sua presença que é justamente luz e amor.

Através deste olhar de luz é Deus que vê a si mesmo. Através deste olhar do coração é Deus que se conhece e ama a si mesmo.

2 Abba Doulas

*Quando o inimigo nos apressa para deixarmos a solidão e o silêncio (*a hésychia*), não o escutemos. Nada é mais valioso do que a aliança da solidão e do jejum para lutar contra ele. Ela fornece uma vista, uma visão penetrante, para o olhar do coração.*

Quem é o inimigo? Para os hesicastas, é essa *má consciência* ou *mau espírito* que nos afasta ou nos separa (*Shatan* em hebraico) da nossa verdadeira natureza, que é Vida, Luz e Amor, à imagem e semelhança de Deus. Ele nos *apressa*, busca nos convencer de que a solidão e o silêncio são nefastos para nós, quando, na verdade, a solidão e o silêncio são graças e meios que Deus nos propõe para nos aproximarmos dele e do nosso ser essencial.

"Nada é mais valioso do que a aliança da solidão e do jejum"; essas palavras fazem eco às palavras do

Evangelho, nas quais os discípulos questionam Yeshua a respeito de certos demônios que eles não conseguem domesticar (ou certos *logismoi*, pensamento que eles não conseguem frustrar ou *trazer para fora*, segundo a interpretação de Evágrio): "Esse tipo de demônio só pode ser vencido pelo jejum e oração" (Mt 17,21; Mc 9,29). Algumas versões contemporâneas do Evangelho omitem a menção ao jejum, imaginando, sem dúvida, que a fé e a oração são suficientes.

O jejum era uma prática habitual entre os antigos, quase permanente, pois normalmente eles só comiam uma vez ao dia. Isso não parecia alterar sua saúde, pois lhes é atribuída uma média de idade de mais de 90 anos. Sem dúvida, eles se alimentavam de outras fontes de energia. "O *Logos* e a energia que ele comunica é realmente um alimento", diz Yeshua.

O objetivo do jejum e da oração é purificar nosso olhar e chegar a uma visão penetrante e iluminadora. Com o olhar do coração, que é também o olhar de Deus, vemos todas as coisas como Deus as vê; "E Ele viu que isso era bom", é a prática essencial da filocalia.

3 Abba Theonas

É porque nosso espírito negligencia a contemplação de Deus que caímos nas paixões carnais.

"Ali onde está o teu tesouro, ali também estará o teu coração." O homem é um espelho livre, ele reflete o que vê, ele pode se tornar caos se olhar o caos; luz, se ele olhar a luz.

Nós nos tornamos aquilo que desejamos, nós nos tornamos aquilo que amamos, daí a importância, para os antigos, da vigilância ou da contemplação, estar atentos ao nosso desejo, à nossa orientação. Trata-se também de estarmos atentos ao nome que invocamos, e não invocar ou não evocar, caso trate-se de uma imagem, qualquer coisa ou qualquer pessoa, pois nos tornamos aquilo que invocamos.

Quando nosso espírito negligencia sua atenção e sua orientação para a luz e para a fonte de todas as luzes, ele se dispersa e se deixa *prender* ou *cair na armadilha* pelas formas impermanentes e transitórias. Qual é o tesouro que nos mantém sempre livres, que nada nem ninguém pode nos tirar?

> Não ajunteis para vós tesouros na terra, onde a ferrugem e as traças corroem, onde os ladrões furtam e roubam. Ajuntai para vós tesouros no céu, onde não os consomem nem as traças nem a ferrugem, e os ladrões não furtam nem roubam. Porque onde está o teu tesouro, lá também está teu coração. O olho é a luz do corpo. Se teu olho é são, todo o teu corpo será iluminado. Se teu olho estiver em mau estado, todo o teu corpo estará nas trevas. Se a luz que está em ti são trevas, quão espessas deverão ser as trevas!" (Mt 6,19-23).

Quando algo havia sido perdido ou tirado, algo particularmente caro (não apenas um bem material, mas uma relação preciosa ou um estado espiritual ainda mais precioso), os antigos tinham o costume de dar graças a Deus, como se uma ilusão lhes tivesse sido tirada; algo que os separava do único necessário: sua presença, sempre e em todo lugar presente, inalcançável e ofertada a todos.

4 Abba Cronios

Que a alma pratique a sobriedade, retire-se da distração e renuncie às suas vontades; então, o Espírito de Deus se aproximará dela.

A sobriedade ou a equanimidade, às quais seria necessário acrescentar a magnanimidade, são as grandes qualidades do monge. Só é possível ter igualdade e grandeza da alma, ver todas as coisas com serenidade ou generosidade, quando o Espírito despertou *o olhar do coração*.

Só depende de nós nos retirarmos das distrações, dos divertimentos ou das dispersões que nos afastam da consciência do Ser/Luz/Amor, aqui, em todo lado e sempre presente. Mas de nada serve dizer que Deus está presente em todo lugar. É como dizer que a eletricidade está em todo lugar e continuar a se iluminar com uma vela. É preciso apagar nossa vela – ou seja, nossa vontade própria – e nos iluminar, ligando-nos nessa luz mais elevada que chamamos de vontade de Deus. Colocar a vontade do eu e dos seus pequenos desejos em uma vontade mais vasta, que é a do Ser: o mais simples, grande e santo Amor.

5 Abba Poèmen

O princípio de todos os males é a distração. Precisamos de uma única coisa: uma alma sóbria.

A palavra distração vem do latim *distractio*, que, segundo os dicionários, quer dizer: desunião, desacordo, discórdia, afastamento.

A palavra grega empregada na filocalia é *perispatos*, do verbo *perispao*; isso quer dizer entrar em pânico, ser manipulado mentalmente, estar ocupado, preocupado... A palavra em hebraico é igualmente interessante; *huwm* (distração) também quer dizer entrar em pânico, estar agitado, fazer barulho, estar inquieto, estar abalado, estar fora do caminho...

As nuanças do vocabulário, nos termos grego e hebraico, podem nos ajudar a adivinhar a variedade de experiências que os antigos colocavam por trás da palavra *distração* e a importância que lhe é dada, considerando-a como *o princípio de todos os males*. Para eles, a distração é a perda da atenção, o esquecimento da presença; é, de fato, aquilo que nos afasta, tira de sintonia, desune e é fonte de infortúnio e sofrimento.

É também um estado de agitação, de pânico. A multidão de pensamentos nos condicionam, nos manipulam; é o *barulho* interno ou externo que nos oculta e nos priva do claro silêncio, que é esse estado apaziguado da consciência (*hésychia*) que eles desejam de todo coração.

A consciência é *ocupada* pelos pensamentos, ela está *preocupada*, sempre inquieta. Como sair deste *estado de ocupação* e reencontrar a liberdade dos filhos de Deus? Precisamos de uma única coisa, nos diz Abba Poèmen: "uma alma sóbria, um psiquismo pacificado, um estado mental silencioso". Mas, como? Pela atenção ao sopro da vida que habita nosso inspirar e nosso expirar, atenção à pura consciência, ao claro silêncio entre dois pensamentos, entre todos esses *barulhos* que agitam nosso mental, atenção à presença oculta no nome que invocamos.

Mais do que uma *sobriedade feliz* (mas não é por aí que devemos começar), trata-se aqui de uma *sobriedade bem-aventurada* que toca não apenas a vida corporal e social, mas também as profundezas da alma e do espírito, e assim "permanecemos ligados ao Senhor sem distrações (*aperis-patos*)" (1Cor 7,35).

6 Abba Silvain

Um irmão perguntou a um ancião: "Que tipo de pensamentos devo ter no coração?" O ancião respondeu: "Tudo que o homem pode pensar, do céu à terra, é vaidade. Aquele que persevera na lembrança de Jesus, este está na verdade". O irmão lhe disse: "E como chego até Jesus?" Ele respondeu: "O labor da humildade e a oração incessante farão com que você chegue até Jesus. Todos os santos, do início ao fim, deveram sua salvação a esses meios..."[38].

Que tipo de pensamentos devo ter no coração? O ancião parece responder que nenhum pensamento é digno do coração, apenas o silêncio, que é a ausência de pensamento e também pura consciência. Tudo é vaidade, diz ele junto com o Qohelet (*Evel* em hebraico), *vapor sobre uma vidraça*; tudo está sempre mudando, é evanescente; *tudo deverá desaparecer...*

Os Terapeutas do Deserto têm um sentido agudo da impermanência: *Tudo desmorona, exceto a Vida*. Para eles, a vida é Aquele cujo nome eles invocam: "Para mim, viver é Cristo", já dizia São Paulo.

"Mas como chegar até Jesus?", pergunta o discípulo. Cristo não deve ser *adquirido*, mas acolhido, descoberto, revelado... E então, o esforço da humildade e a oração ininterrupta nos revelam Jesus. "Aprendam de mim, que eu sou (é) doce e humilde de coração".

O labor da humildade é o labor da lucidez, reconhecer nosso *humus*, nós somos *argilosos* (em hebraico dizemos *adamah*).

---

38. GOUILLARD, J. (ed.). *Petite philocalie de la prière du coeur*. Op. cit., p. 35.

A humildade é a verdade, assim como a doçura é o amor. Cristo não diz "aprendam comigo que eu sou a Verdade e o Amor"; Ele nos indica como ser verdadeiros e conhecer a verdade (pela humildade) e também como nos tornarmos capazes "de amar como Ele amou" (pela doçura).

De fato, "todos os santos, do início ao fim, devem sua salvação e sua liberdade a esses meios".

7 Abba anônimo

Conta-se que um ancião estava morrendo em Escetes; os irmãos que cercavam seu leito o vestiram com seu hábito enquanto choravam. Ele abriu seus olhos e riu; em seguida riu uma segunda e uma terceira vez. E os irmãos lhe perguntaram insistentemente: "Abba, diga-nos por que, enquanto choramos, você ri". Ele respondeu: "Ri primeiro porque todos vocês temem a morte; ri uma segunda vez porque vocês não estão prontos, e ri uma terceira vez porque estou deixando o penar pelo repouso". E tão logo disse essas palavras, o ancião adormeceu[39].

Não foi guardado o nome desse abade de um dos desertos mais rudes, o de Escetes. Sua morte é exemplar e cheia de bom humor. Eis aqui alguém que sabe "morrer vivendo"!

Enquanto todos se afligem em torno dele, ele lhes oferece uma "trindade do riso", talvez à imagem do riso ou do sorriso que está no coração da Trindade e de toda inter-relação profunda.

---

39. *Les sentences des Pères du désert*. Bégrolles-en-Mauges: Abadia de Bellefontaine, 1985, p. 99.

1) Rir porque tememos a morte. O que temos a temer? Só temos a perder as ilusões; a morte é apenas a morte daquilo que é mortal. A vida continua; ela estava lá antes de nós, ela estará aqui depois de nós.

2) Rir porque não estamos prontos; nós continuamos apegados à forma que iremos deixar. Não estamos prontos para deixar tudo: deixar o tempo para descobrir a eternidade; deixar o pensamento para encontrar a consciência; deixar o medo e o rancor para descobrir o amor.

3) Rir porque deixamos o pesar para encontrar o repouso. Essa *hésychia*, que é o objetivo dos nossos exercícios e das nossas orações, pode, enfim, se desvelar.

A morte é a morte dos nossos limites, "é a morte da morte" como cantamos no dia da páscoa. Como um monge poderia ficar triste no dia da sua morte, pois é o dia em que ele descobre a luz incriada, a infinita presença, que *já* estava lá e que ele sempre buscou.

8 Abba Pallade

Um arconte foi ao encontro de Abba Pallade para conhecê-lo; tinha ouvido falar dele. E ele levara consigo um taquígrafo, a quem dera a seguinte ordem: "Eu me apresentarei ao abade e tu tomarás cuidadosamente nota daquilo que ele me disser". Então, ao entrar em sua cela, o arconte disse ao ancião: "Ore por mim, abade, pois tenho muitos pecados". O ancião respondeu: "Apenas Jesus Cristo é sem pecado" "Será que devemos, abade [diz o arconte], ser punidos por cada pecado?" O ancião respondeu: "Está escrito: 'Darás a cada um segundo suas obras' (Sl 61,13)". "Explique-me essas palavras", pediu o arconte. "Elas explicam a si mesmas [replicou o ancião]. Escute, no entanto, esse comentário detalhado: 'Afligistes o teu próximo? Espere receber o mesmo de volta. Pegastes os bens dos mais modestos? Bateste em um pobre? Terás o rosto coberto de vergonha no dia do julgamento. Insultastes, caluniastes, mentistes? Projetastes um casamento com a mulher de um outro? Fizestes falsos juramentos? Não rejeitastes as regras dos Padres? Tocastes nos bens dos órfãos? Pressionastes as viúvas? Preferistes o prazer presente aos bens prometidos? Espera receber a contrapartida disso tudo. Pois o grão que o homem semeia, será colhido. Seguramente também se fizeste algum bem, aguarda para receber de volta muito mais, segundo as mesmas palavras: 'Darás a cada um de acordo com suas obras'. Se te lembrares durante toda tua vida dessa explicação, poderás evitar a maior parte dos pecados'". "O que é preciso fazer, abade?", perguntou o arconte. O ancião respondeu: "Pensa nas coisas eternas e imortais que virão de volta, nas quais não há nem noite nem sono. Imagina a morte após a qual não há mais nem alimento nem bebida, nem serviços prestados à nossa fraqueza; não haverá mais nem doença, nem dor, nem medicina, nem tribunais, nem comércios, nem riqueza, o princípio dos males, fundamento das guerras, a raiz do ódio. Essa será a terra dos vivos, e não daqueles que estão mortos no pecado, mas daqueles que vivem da vida eterna em Cristo Jesus". Tendo soltado um gemido, o arconte disse: "Realmente, abade, é como dizes". E sentindo-se muito edificado, voltou para sua casa dando graças a Deus[40].

Esse texto não demanda muitos comentários: "aquilo que semeamos, colheremos". É a lei do encadeamento das causas e efeitos, o *karma* mencionado pelos sábios orientais.

O que é preciso fazer para sair desse encadeamento ou *samsara* segundo esses mesmos sábios orientais é *pensar nas coisas eternas*; ou seja, pensar naquilo que está além do pensamento, entrar em uma outra consciência (*metanoia*), ali onde não há nem dia nem noite, nem doença nem julgamento. Trata-se realmente de uma outra terra, de um

---

40. Ibid., p. 308.

outro tempo, a terra dos vivos aberta ao infinito, o tempo dos vivos aberto à eternidade.

Também acedemos a esse lugar pela graça do perdão, pela consciência da misericórdia, que está na base de toda justiça.

Devemos, assim como o "bom ladrão" crucificado ao lado de Jesus, lembrar-nos que é o reino do amor que terá a última palavra e acreditar naquele que o encarna na eternidade e no tempo, assim na terra como no céu.

9 Abba anônimo

Um ancião me disse: "O homem que se senta em sua cela e medita os Salmos é como um homem que busca o rei. Mas aquele que ora incessantemente é como aquele que fala com o rei. Já o que pede em lágrimas, ele segura os pés do rei e lhe pede piedade, assim como fez a cortesã que em pouco tempo lavou todos seus pecados com as lágrimas" [41].

Os rudes ascetas do deserto consideravam uma grande graça compartilhar, junto com Maria Madalena, o dom das lágrimas, pois o maior perigo em sua vida monótona e austera era o endurecimento do coração. O pecado na Bíblia é a dureza do coração; um coração duro, sem doçura e sem piedade por si mesmo e pelos outros. Pelas lágrimas, o coração de pedra volta a ser um coração de carne; a água viva pode novamente circular no sangue do asceta.

Assim, não basta recitar seus Salmos, cantar e falar com Deus, tampouco basta orar incessantemente. Para ver a Deus é preciso ainda ter o coração puro, e são as lágrimas que lavam e purificam o coração.

---
41. Ibid., p. 208.

Há lágrimas de tristeza (*penthos*) que vêm da consciência, dos nossos erros, das nossas faltas e da nossa impotência.

Há também lágrimas de alegria diante da beleza e da grandeza de Deus, como também das pequenas coisas vistas em sua clareza.

Como Maria Madalena, os monges choram com todos os seus olhos, cegos e visionários, para celebrar a misericórdia e a glória do Vivente que não para de visitá-los.

10 Abba anônimo

Um ancião perguntou: "O que é a vida do monge?", e ele respondeu: "Uma boca sincera, um corpo santo, um coração puro". Aquele ancião ainda disse: "Os Padres entraram no interior (ou na vida) pelo rigor; nós, se pudermos, entraremos pela doçura e gentileza"[42].

A doçura e a gentileza não se opõem ao rigor, assim como a pureza e a verdade não se opõem à misericórdia. São declarados bem-aventurados os puros de coração e os misericordiosos (não devem ser confundidos com os corações duros e os amores apáticos).

O importante é entrar nas profundezas da Vida, que nem sempre é terna, mas jamais é má. Para os anciãos, o coração da Vida, o fundo do Ser, é *doce*.

Para eles, há apenas duas pessoas que encarnaram a doçura de Deus: Moisés e Jesus; os dois não eram *moles*; eles dominavam suas forças poderosas e por vezes suas justas cóleras a fim de servir, ao invés de dominar e escravizar.

---

42. Ibid., p. 287.

A doçura é esse respeito infinito pela liberdade do outro. A doçura é o outro nome do amor (*ágape, caritas*). O amor concreto, no quotidiano, no encontro com tudo aquilo que é.

Jesus não se contentará em chamar os doces e os mansos de bem-aventurados.

Ele nos fará conhecer "seu Deus e nosso Deus", "seu Pai e nosso Pai" através da sua doçura, gentileza e mansidão: "Aprendei de mim que sou manso". "Aprendei com 'Eu sou'", que "Eu" sou doce, gentil e manso.

11 Abba Isaías

É preciso rejeitar no coração o assalto do pensamento devido a uma contradição piedosa no momento da oração, para que não encontremos os lábios ocupados falando de Deus e o coração aplicado a pensamentos inconvenientes. Pois Deus não aceita de um hesicasta uma oração contaminada e desdenhosa.

No entanto, a Escritura atesta que devemos observar os sentidos da alma. Se a vontade do monge for submissa à lei de Deus e se sua inteligência conduz de acordo com a lei tudo aquilo que está em seu poder – quero dizer, todos os movimentos da alma, em particular a raiva e a cobiça, sendo estas submissas à razão –, então praticamos a virtude e realizamos a justiça. A cobiça está voltada para Deus e suas vontades, a raiva é exercida contra o diabo e o pecado. O que, então, buscamos? A meditação secreta[43].

Abba Isaías, que é frequentemente citado na filocalia grega (logo após Antônio), teria sem dúvida vivido também em Escetes, no Egito. Ele tinha contato com vá-

---

43. *La philocalie*. Op. cit., p. 72.

rios personagens mencionados em *As frases dos Padres do Deserto*: João, Anoub, Poemen, Paphnuce, Amoun, Lot, Agathon, Abraão, Sinoés. Ele teria sido discípulo de Amnoés antes de se tornar um *santo ancião*, cujo ensinamento é respeitado.

Ele também insiste na *guarda do coração*, que deve se libertar dos pensamentos. Ele não nega sua importância nem a importância dos desejos; não se trata de destruí-los, mas de reorientá-los em seu bom sentido. Todos os movimentos da alma, particularmente a cobiça, a luxúria e a cólera devem ser submetidos à razão, mais exatamente ao *Logos* que faz com que eles se voltem para a Fonte de toda Verdade e de todo Bem que Jesus chama de seu Pai e nosso Pai. Suas energias não são perdidas, elas são transformadas.

Essa transformação das energias pervertidas (cobiça-cólera) que chamamos de *metanoia* ou de *metamorphosis* (transfiguração, ressurreição) conduz à *oração secreta*. Pois essa alquimia que transforma o pior em melhor, a cólera em mansidão, o desejo em amor, o chumbo da matéria em ouro e luz, é um segredo.

12 22 questões colocadas a um Terapeuta do Deserto anônimo

1) Como podemos permanecer recolhidos na cela? Aquele que permanece em sua cela não deve guardar absolutamente nenhuma lembrança do homem.

2) Qual atividade deve, então, ter o coração? Eis a atividade perfeita do monge: estar sempre atento a Deus, sem distração.

3) Como o espírito deve expulsar os pensamentos? Por si mesmo, ele é incapaz de fazer isso, pois não tem forças para tal. Mas quando o pensamento vem à alma, esta deve tão logo se refugiar junto ao seu Criador, suplicando. E Ele fará derreter os pensamentos como se fossem cera, pois nosso Deus é um fogo que consome.

4) Mas então como os Padres de Escetes utilizavam o pensamento antirrético? Essa atividade é grande e excepcional; mas ela comporta alguma dificuldade e não é acessível a todos.

5) Como ela não é acessível a todos? Devido à divagação do espírito.

6) Como? Quando um pensamento tomou a alma, e essa pôde, após um rude combate, expulsá-lo, um outro pensamento se apresenta para investi-lo. Assim, ao passar o dia inteiro retaliando os pensamentos, a alma jamais está disponível para a contemplação de Deus.

7) Por qual meio o pensamento se refugiará junto a Deus? Se um pensamento de fornicação nascer em ti, desliga imediatamente tua mente e dedica-te a elevá-la. Não tarde a agir dessa maneira, pois tardar é um início de conivência.

8) Se surgir um pensamento de vaidade sob pretexto de que permanecemos inflexíveis, não deveríamos dar-lhe uma resposta? No próprio momento em que lhe replicamos, o pensamento torna-se mais forte e veemente. Porque ele encontra mais a responder do que tu, e o Espírito Santo não virá em teu socorro. Tu te encontras, de fato, como se dissesses: Eu me basto, mesmo para combater as paixões. Ora, da mesma maneira que aquele que tem um pai espiritual deixa todas as suas preocupações para esse pai, não fiques inquieto e não temas o julgamento de Deus; da mesma maneira aquele que se entregou a Deus não deve mais, de modo algum, preocupar-se com seus pensamentos ou responder a eles, nem deixar-lhes a menor possibilidade de entrar. Mas se eles se introduzirem, faz com que subam até teu Pai e diz: Eu não vou me preocupar com isso; eis meu Pai, Ele sabe como. E antes de tê-los feito subir a metade do caminho, eles o terão abandonado, fugindo. Pois eles não podem acompanhá-lo até a casa de Deus, teu Pai, nem permanecer em sua presença. Não existe, em toda a Igreja, atividade maior e mais apaziguadora do que esta.

9) Como, então, os habitantes de Escetes agradaram a Deus no pensamento antirrético? É por eles terem agido com simplicidade e temor a Deus que Ele se dirigiu a eles para socorrê-los e, em seguida, a atividade da contemplação sobreveio; ela lhes foi concedida por Deus devido a seus grandes esforços e à sua piedade. O ancião que ensinou essas coisas dizia: Encontrando-me em Escetes, eu quis visitar um santo que ali morava. Ele se contentou em me saudar; em seguida, sentando-se, não me respondeu mais nada. Tendo sentado e iniciado a contemplação, ao mesmo tempo que tecia uma corda, ele não levantou a cabeça para me olhar nem me convidou para comer; apesar de estar há seis dias em jejum, ele passou o dia todo trançando. E quando chegou a noite, ele molhou novamente as folhas da palmeira e passou a noite trançando-as. No dia seguinte, por volta da décima hora, ele me respondeu nesses termos: "Irmão, de onde tiras tua maneira de agir?" Eu lhe respondi: "Tu, de onde tiras tua maneira de agir? Pois para nós, nossos Padres no-lo ensinaram desde a nossa infância". O scetiota disse: "Eu não recebi dos meus Padres tal ensinamento; mas como tu me vês agora, assim permaneci a vida toda: um pouco de trabalho, um pouco de meditação, um pouco de oração e, tanto quanto sou capaz, conservar-me puro de pensamentos e opor-me àqueles que se apresentam. Assim, o espírito de contemplação veio sem que eu me desse conta e sem sequer saber que outros tinham uma prática similar". E eu respondi: "Quanto a mim, fui instruído desta maneira desde a minha infância".

10) De qual maneira um tal monge deve se aplicar à contemplação? Como as Escrituras ensinaram.

11) Como? Daniel contemplou Deus como "o ancião dos dias"; Ezequiel o contemplou sobre o carro dos querubins; Isaías, "sobre um trono elevado nas alturas"; Moisés "manteve-se firme como se visse o invisível".

12) Como o espírito pode contemplar aquilo que jamais viu? Jamais viste o imperador no trono, como nas imagens?

13) O espírito deve representar o divino? Não é preferível representá-lo do que condescender aos pensamentos impuros?

14) Isso não será imputado como uma falta? Presentemente, toma-a como os profetas a viram, segundo seu relato; e, assim, como disse o Apóstolo, a perfeição virá: "Atualmente, nós vemos como se olhássemos através de um espelho, como um enigma". Mas, então, cara a cara. Ao dizer "então", ele quer dizer que, quando o espírito se torna perfeito, ele vê livremente.

15) Isso não comporta uma divagação do espírito? Nem um pouco, se combatermos com a verdade. E ele dizia: Eu passei toda a semana sem conservar nenhuma lembrança humana. E um outro: Um dia em que estava caminhando vi dois anjos que caminhavam comigo, um de cada lado, e eu não lhes prestei atenção.

16) Por quê? Porque está escrito: "Nem os anjos, nem os espíritos podem nos separar do amor de Cristo".

17) O espírito pode contemplar incessantemente? Se não for incessantemente, ao menos no momento em que for dominado pelos pensamentos, ele não deve demorar em buscar refúgio junto a Deus. Pois, como eu disse, se o teu pensamento chegar à perfeição neste ponto, é mais fácil mover uma montanha do que trazê-la para baixo. Pois assim como um preso condenado a viver em um lugar escuro não quer mais, ao ser libertado e ver a luz, lembrar-se da escuridão, o mesmo acontece com o pensamento quando ele começa a ver seu próprio brilho. Um dos santos dizia: "Eu gostaria de experimentar uma vez se o meu pensamento, quando eu o deixo partir, desce e vagueia pelo mundo. Tendo deixado-o livre, ele permanecerá no mesmo lugar, sem saber para onde ir; então, eu o levarei de novo para o alto. De fato, ele sabia que, caso fosse vaguear pelo mundo, eu iria castigá-lo". O recolhimento unido à oração realiza essa atividade. E ele dizia: "Orar com constância logo conduz o espírito à retidão".

18) A oração que é mencionada não consiste apenas em se manter em oração em um momento determinado, mas sempre.

19) Como sempre? Quer tu comas, quer tu bebas, saiba que caminhas sobre o caminho; quer faças um trabalho qualquer, não te separes da oração.

20) Mas se conversarmos com alguém, como poderemos realizar o preceito de sempre orar? É por isso que o Apóstolo diz: "Por toda oração e súplicas". Quando, ao falar com um outro, tu não tens tempo para fazer uma oração, ora por uma súplica.

21) Com qual oração é preciso orar? O "Pai-nosso que está nos céus" e sua sequência.

22) Qual medida devemos guardar na oração? Uma medida não foi indicada porque dizer "Ore sempre e sem parar não inclui uma medida. De fato, o monge que ora apenas quando está de pé para a oração não ora. E ele dizia: "O monge que vai realizar esse preceito deve considerar todos os homens como um único e abster-se da calúnia" [44].

Estas 22 questões e suas respostas recapitulam bem a sabedoria dos Terapeutas do Deserto. Elas continuam sendo atuais para aquele que escolheu, durante um tempo ou para sempre, a vida simples, silenciosa e solitária do hesicasta.

1) Aquele que permanece em sua cela deve manter a *lembrança* de Deus. Isso não significa esquecer as pessoas; significa trazê-las consigo e colocá-las de volta em Deus.

2) A atividade do coração é a atenção a YHWH, o Ser que é o que ele é e que faz ser tudo aquilo que é, sem *distração*.

3) Jamais ser distraído pelos pensamentos é impossível, o silêncio que nós buscamos pelos nossos próprios exercícios é fugaz e impermanente. O claro silêncio é uma

---

44. *Les sentences des Pères du désert.* Op. cit., p. 295-299.

graça de Deus, a graça da sua presença que, como um fogo, ilumina a figueira estéril e a árvore morta.

4) A questão diz respeito ao pensamento antirrético. Do que se trata? Para os antigos monges, trata-se de uma arma ou de um método contra os pensamento (*logismoi*) ou maus espíritos; trata-se de citar as palavras da Escritura. No seu livro, o antirrético Abba Evágrio recolheu cerca de 500 textos do Antigo e do Novo testamentos para encarar os oito pensamentos que estão na origem de todos os vícios.

Por exemplo, quando o demônio da acédia (mais triste do que a tristeza, o desgosto de si e de Deus) faz com que o monge deixe sua cela, sob todo tipo de pretexto e às vezes mesmo os mais nobres (para pregar o Evangelho, cuidar dos pobres), ele responde usando as palavras do salmista: "é este o lugar do meu repouso (*hésychia*) para sempre: ali eu habitarei, pois eu escolhi" (Sl 132(131),14).

Esse método, nos diz o ancião anônimo, não é acessível a todos devido à divagação do espírito e às nossas dificuldades de atenção. Ele supõe, aliás, uma grande cultura e o conhecimento dos textos bíblicos. Face à tentação, a maioria prefere a invocação do nome de Jesus ou o *kyrie eleison*.

Essa simples invocação, feita com força e fervor, nos evita também a armadilha de entrar em conversação com os demônios e de opor uma razão a uma outra razão. Assim, não saímos do combate e da dualidade; pelo contrário, nós a reforçamos, nós a alimentamos.

A tentação se torna mais forte se respondermos a ela, esquecendo que é o Espírito Santo quem pode vencer nossos pensamentos.

É preciso ultrapassar seu próprio espírito com todos os seus conhecimentos (*metanoia*) para entrar na pura consciência que é o Espírito Santo. É o seu silêncio e a sua paz que superam todos os pensamentos e todas as tentações.

É, aliás, uma vida simples, trabalhosa, acompanhada de jejum e de oração, que supera os vícios e as paixões para onde nos conduzem os pensamentos perversos.

Com relação a Deus, que se revela à alma em paz na contemplação, o santo ancião indica que o Deus Uno nos aparece sob suas formas diversas: "Daniel contemplava Deus como 'o ancião dos dias'"; Ezequiel o via sobre uma "carruagem de querubins"; Isaías, "sobre um trono elevado nas alturas"; Moisés segurou-o com firmeza como se visse o Invisível... Não seria Moisés o mais próximo da realidade de Deus, que "permanece em uma luz inacessível", sempre invisível e inalcançável por ser incriada?

Não estaríamos reduzindo-o ao lhe dar uma ideia ou uma imagem? O monge anônimo parece antecipar a doutrina de Gregório Palamas, ápice do hesicasmo: "Deus inacessível em sua essência torna-se partícipe em suas 'energias'". Todas as imagens, todos os nomes que nós damos a Deus são expressões da sua grandeza e da sua bondade indizíveis.

A função desses nomes e dessas imagens, nos indica o ancião, é nos libertar através de sua beleza e de sua glória (o peso da sua presença) dos outros pensamentos e das outras imagens que nos afastam do Invisível.

Esse é o sentido do ícone que deve nos libertar de nossos ídolos. O ícone do Deus invisível é Cristo, que nos torna livres, mesmo os anjos.

O espírito, para contemplar incessantemente, precisa dessa imagem (ícone) intermediária; ele não encontra ponto de apoio no invisível e no incriado, correndo o risco de se perder e ficar desencorajado.

O ícone ajuda a orar com constância e retidão, pois ele não para o olhar: "Aquele que crê em mim, não é em mim que ele crê, mas naquele que me enviou".

O ícone é o caminho que do visível conduz ao Invisível, de onde ele vem e para onde ele retorna, como o nome invocado vem do silêncio e para lá nos reconduz.

Esse pequeno tratado sob forma de questões-respostas termina com uma evocação da oração perpétua, pois para os antigos aquele que ora e medita apenas nas horas dos ofícios ou em momentos particulares não medita realmente. A oração é um estado mais do que uma ação.

Como permanecer neste estado? O ancião retoma aqui as palavras do Apóstolo: "quer tu comas, quer tu bebas, quer tu caminhes sobre o caminho, quer tu faças um trabalho qualquer, não te afasta da oração".

E orar é ser um, é respirar com aquilo que fazemos, é amar aquilo que fazemos, aquilo que somos, instante após instante. Não há limites a essa atividade e a essa atenção do coração, pois "a medida do amor é amar sem medida".

Muito concretamente, o monge que quiser realizar esse preceito deve considerar os homens e todas as coisas como um só, o próprio Bem-amado, e abster-se não apenas de todas as calúnias (palavra inútil ou ruim), mas também de todo julgamento, pois "com o julgamento com o qual julgares, tu mesmo serás julgado".

VI
A pequena filocalia de Evágrio Pôntico

No deserto, apesar de haver monges frustrados, um pouco selvagens ou analfabetos, havia também monges letrados; esse foi o caso de Evágrio, discípulo de São Basílio e de Gregório Nazianzeno. Destinado aos mais altos postos em Constantinopla, ele preferiu se retirar em Jerusalém, em seguida nas Kellia, celas dos desertos do Egito. Ali ele encontrou outros monges letrados, iniciados como ele nas doutrinas de Orígenes. De fato, é preciso lembrar que a primeira filocalia foi a *Filocalia de Orígenes*, coletânea de textos do grande intérprete das escrituras instituídas pelos mestres capadócios de Evágrio (Basílio e Gregório).

Se a imagem que temos do homem e da sua finalidade é de prima importância para orientar nosso modo de vida — pois é segundo nosso pressuposto antropológico que consideramos um homem como são ou doente, santo ou pecador —, é importante conhecer a antropologia de Evágrio, e essa é fortemente influenciada, assim como a dos Padres que virão em seguida, pela antropologia de Orígenes. Isso demandaria estudos longos e minuciosos[45], mas será que podemos identificar algumas características essenciais que condicionam a *práxis* e a *gnosis* dos homens do deserto?

A antropologia de Orígenes fundamenta-se sobre a estrutura humana tripartite de São Paulo: "O Deus da paz

---

45. Cf. DUPUIS, J. *L'esprit de l'homme, étude sur l'Anthropologie religieuse d'Origène*. Paris: DDB, 1967.

vos conceda santidade perfeita. Que todo o vosso ser (espírito, alma e corpo) seja conservado irrepreensível para a vinda de Nosso Senhor Jesus Cristo!" (1Ts 5,23).

Orígenes retoma os três elementos constitutivos do ser humano:

1) o espírito – *pneuma* (a *ruah* hebraica);

2) a alma – *psychè* (*nephesh*);

3) o corpo – *soma* (*bassar*).

A própria alma contém duas partes, uma superior, a outra inferior: a superior é o *noùs* (*hégémonikos*) ou *kardia*, o coração, que na Bíblia é a sede da inteligência. A inferior se subdivide em duas partes: a irascível e a concupiscível (*thymos* e *épithumia*), sede daquilo que São Paulo chama de "o desejo da carne" (*to phronéma tès sarkos*).

Pneuma humano	Espírito de Deus no homem
Noùs	Inteligência voltada para o Espírito (*pneuma*) divino que existe no homem
Psyché	O mundo físico e mortal; inteligência e desejo voltados para a carne
Thymus	
Epithumia	
Soma	O corpo físico mortal

O combate, o exercício (*ascésis*) do ser humano se situa no nível psíquico; é ali que ele pode exercer a sua liberdade. Podemos escolher nos voltar para a inteligência (*noùs*) e o Espírito divino (*pneuma*) que estão no homem para nos tornarmos um com "Deus, que é Espírito" (*Pneuma o Theos*), ou nos voltarmos com cobiça e paixão para aquilo que é carnal e impermanente.

"Tomo hoje por testemunhas o céu e a terra contra vós: ponho diante de ti a vida e a morte, a bênção e a maldição. Escolhe, pois, a vida, para que vivas, tu e tua descendência" (Dt 30,19) será traduzido por: escolhe o Espírito, o pneuma, que é Vida e vivificante.

O homem está em boa saúde (*soteria*) quando todos os elementos do composto humano estão em harmonia; ou seja, orientados para sua participação na vida divina (*Pneuma o Théos*) quando eles escolheram a Vida...

Pneuma divino	↑	*Pneuma o Théos*
Pneuma humano	↑	O Espírito de Deus no homem
Noûs	↑	A inteligência
Psyché	↑	
Concupiscível, irascível	↑	O desejo e a vontade
Soma	↑	Os cinco sentidos

Quando o desejo e a vontade não são mais orientados pela inteligência para o Espírito, ali onde o *pneuma* humano se une ao *Pneuma* divino, sobrevém a queda, a perda da relação e da intimidade com Deus.

O homem perde sua inteligência e sua razão, ele cai na paixão e no apego aos objetos do mundo ilusório; é o drama do homem contemporâneo. Sua vida psíquica está separada da sua vida espiritual, sua inteligência não está mais voltada para a luz.

Essa antropologia experimentada e vivida vai condicionar a maneira de amar dos primeiros cristãos:

- o *eros*[46] é o amor carnal;
- *philia* é o amor psíquico;
- *ágape* é o amor espiritual.

Deus é Amor (Ágape) assim como Deus é Espírito (*pneuma*). Toda ascese do monge tem como objetivo despertar o coração ao amor espiritual (*ágape/pneuma*) e libertá-lo do amor psíquico e carnal, que é o amor segundo o mundo.

Dessa maneira, ele pensa, assim, seguir Cristo em seu amor e em sua união com o Pai e obedecer a seus ensinamentos: "Vós sois deste mundo; eu, *Ego eimi* (Eu sou), não sou deste mundo" (Jo 8,23).

Igualmente: "Se alguém vem até mim sem odiar[47] (*misein*) seu pai, sua mãe, sua mulher, seus filhos, seus irmãos e até mesmo sua própria vida (*psychê*), ele não poderá ser meu discípulo". Essa radicalidade evangélica pode assustar o homem dito "normal" ou ordinário.

A fuga do mundo significa a escolha irrevogável do Ágape sobre as formas mundanas do amor. Só nos libertamos de um amor através de um amor ainda maior.

O Ágape nos torna livres não apenas com relação ao desejo e ao apego às coisas materiais, mas também com relação aos afetos mais legítimos (pais, cônjuges, filhos) que devemos honrar, colocando-os em seu lugar justo e dando-lhes seu *peso justo* (sentido do verbo *honrar* em hebraico), nem demais, nem de menos; afastar-se não é menosprezar.

---

46. Há também um eros espiritual, quando o desejo e a vontade estão orientados pela inteligência, e a razão para o *pneuma* Espírito divino-humano.

47. Esse termo frequentemente edulcorado traduz bem a palavra grega *misein* ou o hebraico *Saweh*, que quer dizer odiar, desviar-se de...

Poderíamos citar diversos textos de Evágrio, mas já dedicamos a ele diversas obras[48]; não é necessário voltar a elas. Escolhemos 12 frases, citadas por Jean Gouillard em *sua pequena filocalia* da oração do coração. Para completar esse estudo só podemos aconselhar as lições de um contemplativo: *O tratado da oração de Evágrio Pôntico*, de Irénée Hansherr, que foi um exímio conhecedor dos Padres da Filocalia.

1

Moisés, quando quis aproximar-se da sarça ardente, foi impedido até tirar suas sandálias de pele. Como tu, que pretendes ver aquele que ultrapassa todos os pensamentos e todo sentimento, não te afastas dos pensamentos apaixonados?

Esse é um tema familiar a Gregório de Nissa e aos Padres Capadócios: as sandálias de pele. Elas simbolizam a abordagem carnal ou física do Real absoluto que brilha no coração de todas as realidades relativas. A sarça ardente é ao mesmo tempo a natureza e o nosso próprio corpo. Nas profundezas de tudo aquilo que é, há esse fogo, esse "Eu sou": YHWH, *eyeh Asher*, o Ser inatingível e brilhante.

Para aceder à nossa essência e à essência de tudo aquilo que é, é preciso ir além de todos pensamentos e representações do infinito Real. Ou seja, tirar "nossas sandálias de pele", nossos hábitos mentais ou afetivos, tudo que parece nos proteger, mas também nos afastar do contato nu com a terra nua.

---

48. Cf. *Introdução aos verdadeiros filósofos*. Petrópolis: Vozes, 2003. • *Escritos sobre o hesicasmo*. Petrópolis: Vozes, 2011. • *Metanoia, une révolution intérieure*. Paris: Albin Michel, 2020.

É preciso se calar, ser silencioso para conhecer o silêncio, deixar o mundo da palavra e do pensamento. Mas às vezes é o silêncio que nos queima, sua presença arranca todos nossos revestimentos, todas nossas projeções, todas nossas "sandálias de pele".

2

Os demônios te veem cheio de ardor pela verdadeira oração? Eles te sugerem os pensamentos de certas coisas que apresentam como sendo necessárias. Então eles não demoram em exasperar a memória que lhes é apegada, trazendo a inteligência para ir buscá-los. A inteligência não os encontra e ela entristece-se vivamente e fica melancólica. Tendo chegado o tempo da oração, eles lhe trazem então à memória os objetos das suas buscas e das suas lembranças para que, amolecida por essas associações, ela falte à oração fecunda[49].

Evágrio analisa aqui os mecanismos da memória que projeta incessantemente o passado sobre o presente, o conhecido sobre o Desconhecido, e que nos impede de contemplar o Ser aqui (YHWH) que se dá no instante (*kairos*).

Todas essas coisas passadas nos parecem necessárias para que o futuro seja possível e se elas vierem a faltar, a inteligência ficará triste, a oração ficará *mais mole*, como nos diz Evágrio.

Passamos ao largo da *oração fecunda*, que faz frutificar o momento presente, esse momento presente que pede toda nossa atenção para que seu tesouro escondido se revele a nós. Os arrependimentos e as projeções nos tornam estrangeiros a este segredo do Ser que está em todo lugar e sempre presente. As lembranças nos submergem, as *bus-*

---

49. GOUILLARD, J. (ed.). *Petite philocalie de la prière du coeur.* Op. cit., p. 38.

cas nos agitam, nós não sentimos mais a presença real do Deus que passa...

3

A oração é o fruto da doçura, da mansidão e da ausência de cólera.

A oração é o fruto da alegria e do reconhecimento.

A oração é exclusão da tristeza e do desencorajamento (cf. acédia). Se quiseres orar como é preciso não entristece nenhuma alma, senão terás corrido em vão.

Para Evágrio, a oração é um fruto, ela expressa, ela encarna uma qualidade de ser e de consciência. "O fundo do ser é doce."

Não há nele nenhuma cólera e nenhuma cobiça, assim como no fundo do oceano não há mais ondas ou tempestade; apenas a calma e o silêncio das profundezas abissais.

Para Evágrio, não há nada mais grave do que a cólera, o homem é possuído e está fora de si. A doçura, a gentileza e a mansidão são os sinais do homem que está em paz e que dominou e transformou seus humores, é também a força dos humildes.

Para Evágrio, Jesus e Moisés foram os homens "mais doces e mais humildes que a terra jamais conheceu". É por isso que sua oração era eficaz.

Ela não se baseava em seus próprios méritos ou seu ardor, mas na misericórdia de Deus.

A oração é também o fruto da alegria, da alegria que é gratidão e reconhecimento, ela exclui a tristeza e o desencorajamento, ou seja, na linguagem dos Terapeutas do Deserto: a *akedia*, ou acédia, acedia do verbo *acadeo* quer dizer não cuidar, negligenciar, estar sem atenção, negligência, indiferença, desgosto, tristeza, melancolia... Estar sem atenção é estar sem alegria, e esta é a fonte de todos os vícios. O homem triste torna-se preguiçoso, libidinoso, colérico, orgulhoso, incapaz de atenção e compaixão, é um morto-vivo, insensível e indiferente a tudo que o cerca e particularmente a toda beleza, "que o torna ainda mais triste". O homem habitado pela alegria, é vivo, atento àquilo que o cerca e humilde diante da beleza.

A oração que nasce da alegria é poderosa, da mesma maneira que a luz expulsa as trevas, ela expulsa a tristeza e o absurdo que invadem o mundo.

O monge existe para dar testemunho de uma alegria que não depende de nenhum objeto, de nenhuma situação.

É a própria alegria que dá existência a tudo aquilo que existe.

O mundo não nasce do vazio, ele nasce de um abismo de alegria que vive e é superabundante; pela oração, o monge mergulha neste abismo, ele não entristecerá seu irmão, ele não acrescentará mais tristeza à tristeza do mundo.

4

A oração sem distração é a mais elevada intelecção da inteligência. A oração é ascensão da inteligência em direção a Deus.

Em tua oração busca unicamente a justiça e o seu brilho; ou seja, o ato justo e a gnose e todo o resto lhe será dado em acréscimo (cf. Mt 6,33).

Assim como o pássaro canta, o homem ora, essa é a expressão mais elevada da sua inteligência e da sua natureza. É preciso incessantemente passar da idade da razão à idade da oração.

O homem sensato, mesmo tendo adquirido muito saber e estando saturado de diplomas, nem por isso é inteligente. Enquanto não estiver no louvor e na ação de graças, ele pode ser um grande erudito ou um bom filósofo, mas ele ainda não conhece nada sobre a filocalia, sua inteligência ainda não se uniu à beleza verdadeira, ele não *subiu* até Deus, ele não se abriu à sua presença.

É buscando ser verdadeiro mais do que possuir a verdade, ser justo mais do que falar de justiça, que ele poderá entrar no Reino de Deus, ou seja, em uma consciência pura, um amor puro no qual tudo nos é dado, nada nos é devido, "tudo é graça".

5

Será que vemos os demônios quando eles excitam em nós a gula, a impureza, a cobiça, a cólera, o rancor e as outras paixões? Eles querem que nossa inteligência, adensada por elas, não consiga orar da maneira como ela deve orar, pois as paixões da parte irracional, ao tomarem conta da inteligência, a impedem de mover-se seguindo a razão para buscar alcançar o Logos: o verbo de Deus[50].

Evágrio enumera aqui as paixões, os *pathé*, que seria melhor traduzir por "as patologias" que ele estudou em seu livro a *praktiké*, sobre os oito *logismoi* que alguns chamam ainda de demônios ou *pecados capitais*[51].

Se o *shatan*, o *diabolos* ou o demônio é um "funcionário de Deus", como mostra o Livro de Jó, qual é a sua função se não a de nos testar, nos tentar? (nós também o chamaremos de tentador), colocar à prova nossa capa-

---

50. Ibid., p. 41.
51. Cf. LELOUP, J.-Y. *Métanoia*. Paris: Albin Michel, 2020.

cidade de permanecermos na presença de Deus, ou seja, na contemplação?

Todas essas patologias nos *tornam mais densos*, elas nos impedem de aceder à transparência na qual o homem é a testemunha do Ser/Amor/Deus. Encontramos neste pequeno texto a antropologia de Orígenes.

As paixões oriundas da psique inferior impedem que o homem se mova para o alto, com razão e inteligência (*Noùs*) rumo à luz do Espírito (*pneuma*). Perceberemos aqui que o *pneuma* é indissociável do Logos.

Em uma teologia mais tardia diremos que o Logos e o *pneuma* são as duas mãos do pai (*arcke*) e que os três são Um (vida/consciência/amor).

6

Digamos que a inteligência se eleva acima da contemplação da natureza corporal, mesmo assim, ela ainda não tem a visão perfeita do lugar de Deus, pois ela pode se encontrar na ciência dos inteligíveis e compartilhar sua multiplicidade.

Aquele que ora em espírito e em verdade não recebe mais das criaturas os louvores que ele dá ao Criador: louvar a Deus faz parte do próprio Deus.

Se tu és teólogo, tu orarás verdadeiramente e se tu orares verdadeiramente, tu és teólogo[52].

Elevar-se acima do conhecimento sensível ainda não é a contemplação, é preciso elevar-se acima do conhecimento afetivo e inteligível.

---

52. Cf. Ibid. Teólogo é aquele que, tendo se purificado e ultrapassado a contemplação dos seres, contempla a Deus.

Enquanto estivermos na consciência do múltiplo e do particular, ainda não estaremos na consciência simples do Um manifestado neste múltiplo e neste particular.

Nós nos maravilhamos onde nos comprazemos com as criaturas, contudo, esquecemos de ver o criador.

Quando vemos o princípio invisível que faz ser todas as coisas visíveis, estamos vendo apenas a metade do Real (só ver o invisível também não é ver tudo). A partir dos efeitos, podemos voltar para a causa, mas podemos também, a partir da causa, constatar os efeitos.

É dessa maneira que o monge contempla, "louvar a Deus faz parte de Deus; é a partir do Real incriado, não manifestado, que ele louva o Real manifestado".

É dessa maneira que ele torna-se teólogo, participando, através da oração, da natureza divina, da Realidade inefável e indizível que ele discerne nas realidades palpáveis que são a natureza e as Escrituras.

Essa definição de teólogo, frequentemente citada nas igrejas do Oriente, é a sugestão de que o teólogo não é apenas um intelectual ou um erudito, mas um homem de oração que, através da contemplação, se aproxima do Real infinito cuja experiência ele deverá fazer antes de poder falar a respeito.

Como a palavra *sensato* é limitada demais para dar testemunho deste infinito, o teólogo usará frequentemente as formas litúrgicas ou poéticas. Se ele não se calar (como o monge hesicasta), o teólogo só poderá falar cantando, ou seja, através de imagens e símbolos.

7

Não imagina a divindade em ti enquanto oras, nem deixa a tua inteligência aceitar a impressão de uma forma qualquer; sê imaterial diante do imaterial e irás compreender.

> *Cuidado com as armadilhas do adversário: ele chega enquanto tu oras, de maneira pura e sem perturbações, apresenta-se de repente a ti em uma forma desconhecida e estrangeira para conduzi-lo à presunção de ali localizar Deus e de tomar pela divindade o objeto quantitativo repentinamente surgido aos teus olhos; ora, a divindade não possui quantidade nem figura*[53].

Evágrio é iconoclasta – ele proíbe todas as formas de imagens, de ideias ou representação de Deus?

Evágrio não é contra os ícones, pois eles não pretendem representar Deus, assim como as Escrituras que não têm a pretensão de dizer quem é Deus, mas de dizer que Ele é inconcebível. Da mesma maneira, os ícones lembram que Deus é invisível e o visível é apenas o sinal deste invisível e nenhuma representação da transcendência, a não ser a simbólica, é possível.

Ele lembra igualmente do mandamento transmitido por Moisés: "Tu não farás imagem". O ser que amamos é aquele sobre quem mais temos dificuldade para dizer o que Ele é.

O amor nos liberta de toda imagem, nunca esgotamos a imagem dos seres que amamos, não podemos congelá-los em uma representação ou em uma imagem imóvel e definitiva.

O momento em que achamos conhecer o outro é, de uma certa maneira, o fim do nosso amor. Preferimos uma imagem congelada, definitiva, finita, a um outro que está sempre em movimento, em constante vir a ser. Não é mais um ser vivo, mas um ser fechado, findo, morte: um ídolo.

Evágrio insistirá sobre esse aspecto, assim como muitos Padres que virão depois dele, particularmente Dionísio

---

53. Cf. Ibid.

o Teólogo[54]: Não criar imagens conceituais ou carnais do Deus/Vivente, ou seja, do Ser que se dá, não se deixar parar por uma forma qualquer que poderia limitar o Infinito que Ele é: "Sê imaterial diante do imaterial e tu compreenderás". Mantenha-te silencioso no silêncio e tu compreenderás aquilo que nenhuma palavra pode dizer.

A armadilha seria fazer de Deus, do Infinito, um objeto de percepção, uma luz que vemos não é a luz. A luz não se vê, ela nos faz ver, assim como não se ouve o silêncio, ele nos torna capazes de ouvir e escutar.

Não podemos possuir Deus, assim como não podemos possuir o amor e a verdade, ele não é um objeto que podemos segurar. A oração é estar *com* Ele, respirar em sua presença.

Sua presença é sem forma. Cristo, nos diz São Paulo, "é a imagem do Deus invisível"; não um ídolo que teria a pretensão de mostrá-lo, mas um ícone que nos abre os olhos a algo maior do que Ele, assim como a janela que se abre sobre a paisagem não é um quadro da paisagem. "Aquele que crê em mim, não é em mim que ele crê, mas naquele que me enviou." "Quem me viu, viu o Pai."

Mas ele só pode ver o Pai se tiver aberto a janela. Aqueles que não a abriram, não o veem. "Há tanto tempo que estás comigo e não me viste, Filipe."

Tu não viste o Invisível, o Inalcançável, o Inconcebível amor que está em mim. Tu o reduziste à minha forma e aos meus atos. "Eu sou" é sempre mais do que aquilo que digo e do que aquilo que faço.

É preciso que meu corpo e meu rosto se apaguem sobre a cruz para que descubras que Deus eu sou, que

---

54. Cf. LELOUP, J.-Y. *Teologia mística de Dionísio o Areopagita*: Um Obscuro e luminoso silêncio. Petrópolis: Vozes, 2014.

Amor eu sou! Quando mais te aproximas do amor, mais descobres que ele é inalcançável. Não podes segurar o Amor, não podes compreendê-lo, apreciá-lo, quantificá-lo; só podes dá-lo.

A encarnação do invisível é a transparência de todos os nossos atos, a *métamorphosis* de todas nossas carnes. Pressentimos tudo isso naquilo que Evágrio chama de oração pura, que é também claro silêncio, pura consciência.

8

Fica atento, resguardando tua inteligência de todo conceito no momento da oração, para que ela fique firme na tranquilidade que lhe é própria (sua natureza original). Então, Aquele que se compadece dos ignorantes também virá sobre ti e receberás um dom de oração muito glorioso[55].

Proteger o coração não é apenas preservá-lo de todas as imagens triviais ou sublimes às quais ele possa se apegar por amor.

Assim como a sua alegria, seu amor é sem objeto, ele ama da mesma maneira que o diamante brilha, da mesma maneira que o sol se ergue, tanto sobre os bons quanto sobre os maus, sobre o ouro como sobre o lixo (cf. Mt 5,45).

Pela oração, trata-se de acolher no diamante do coração o sol do amor. Esse amor, se for Deus, nasce da calma e do silêncio, ele não tem expectativa e não tem intenção, a não ser compartilhar sua luz e sua paz. A *hesychia* do homem une-se, então, à *hesychia* de Deus (que é a sua natureza), assim como o Espírito do homem une-se ao Espírito de Deus.

---

55. Ibid., p. 43.

Isso significa *compartilhar sua glória* (*kavod* em hebraico, o peso da sua presença, aquilo que há de mais leve em nós).

9

A salmodia supera as paixões e apazigua a intemperança do corpo; a oração faz com que a inteligência exerça sua atividade própria.

A oração é a atividade condizente com a dignidade da inteligência; ela é o mais excelente e mais completo uso que esta pode fazer[56].

Da mesma maneira que o amor é a atividade própria de um coração em boa saúde, a contemplação é a atividade própria da inteligência; razão sem oração não passa de ruína da inteligência.

Evágrio volta frequentemente a este tema: um homem que não ora é um pássaro ou um anjo que não canta.

A contemplação é a verdadeira vida do homem, é a dignidade da inteligência.

O tempo que dedicamos à contemplação jamais é tempo perdido, mas eternidade encontrada; é pela oração que o homem torna-se plenamente humano.

A adoração é a nossa abertura à transcendência, sem essa abertura, o homem permanece fechado em seu ser para a morte.

O inferno e o aberto foram colocados diante de nós, o homem que ora, adora e contempla, escolheu o Aberto, o que significa dizer que ele escolheu a liberdade.

---

56. Ibid., p. 43.

10

Tu aspiras ver a face do Pai que está nos céus: não busca, por nada no mundo, querer perceber uma forma ou uma figura no momento da oração.

Feliz o espírito liberto de toda forma no momento da oração.

Bem-aventurada a inteligência que, no momento da oração, torna-se imaterial e despojada de tudo[57].

Mais uma vez, se procurarmos ver o Pai, é preciso renunciar a todas as imagens. "Nunca ninguém jamais viu a Deus" (Jo 1,18) e nada nem ninguém podem vê-lo. "Ele habita uma luz inacessível" (1Tm 6,16).

Só podemos vê-lo com os olhos do Filho e o Filho nunca nos disse como Deus era, Ele nos mostrou como Deus amava até mesmo na cruz.

Ele não nos deixou nenhuma imagem de Deus, nenhuma representação do Pai, Ele nos convida a amar, pois "aquele que ama viu a Deus e conhece Deus". "Ninguém jamais viu a Deus. Se nos amarmos uns aos outros, Deus permanecerá em nós e o seu amor em nós é perfeito" (1Jo 4,12).

Em uma linguagem mais intelectual, Evágrio nos lembra a beatitude do Evangelho: "Bem-aventurados os corações puros, pois eles verão a Deus".

O que é um coração puro? Um "espírito livre de todas as formas", purificado de todo pensamento. Um silêncio que ressoa fazendo eco a um silêncio maior.

11

A atenção em busca da oração encontrará a oração, pois se a oração segue algo, é realmente a atenção. Apliquemo-nos a ela.

---

57. Ibid., p. 44.

A visão é o melhor de todos os sentidos; a oração é a mais divina de todas as virtudes.

A excelência da oração não reside na simples quantidade, mas na qualidade. Os dois são testemunhas que subiram ao templo (Lc 18,10s.), *assim como no versículo: "Em vossas orações, não multipliqueis as palavras"* (Mt 6,7)[58].

A atenção é uma das mais altas formas de oração, as palavras *proseuké* (oração) e *prosoké*, são próximas demais para não querer dizer a mesma coisa ou designar a mesma experiência. Orar é estar atento Àquele que é, Àquele que amamos; nele mesmo, em sua luz inacessível; em tudo e em todos na sua luz acessível.

O que pode nos permitir focalizar nossa atenção é a oração monológica.

A rememoração interior de que o Ser está aqui, que "Ele" está aqui; inútil multiplicar as palavras na oração, uma única é suficiente se ela nos mantiver na atenção e no encantamento.

Para Evágrio e os Terapeutas do Deserto é o nome de Yeshua, o nome de Deus no homem, o nome do homem em Deus, nada de humano e nada de divino lhe é estrangeiro.

12

Quando tiveres chegado à tua oração acima de toda alegria, enfim, em toda verdade, terás encontrado a oração.

---

58. Ibid., p. 45.

Para Evágrio, a oração é a alegria de todas as alegrias, a pérola preciosa pela qual venderemos todo o resto (Mt 13,45-46).

A vida dos cristãos deveria ser um canto de ação de graças, particularmente no momento das provações.

Em tudo, faça "eucaristia", "agradece a Deus em toda ocasião" (1Ts 5,16-18). Em grego, *effaristo* quer dizer obrigado.

A *eucharistia* é dar graças pelo lugar onde estamos. A *acharistia* é sentir aversão pelo lugar onde estamos.

Parar de dar graças a Deus é a acédia mencionada por Evágrio, ou seja, parar de nos alegrar pelo lugar onde estamos, pelo ser que somos. Essa insatisfação, essa tristeza, se manifesta por um desgosto de ser e de viver. Uma aversão por tudo aquilo que carrega o nome de Deus.

Essa acédia pode conduzir à agonia; ou seja, literalmente: agitação da alma, inquietação, angústia, ansiedade, combate interno.

"Minha alma está triste de *morrer*. Cristo também viveu a acédia e a agonia; trata-se das primeiras e últimas tentações (*peirasmos*: provações): no deserto e antes de entrar em sua paixão.

É no abandono à vontade de Deus que Cristo encontra sua paz e alegria, é através do seu aniquilamento e da sua morte que Ele vai revelar que existe no homem algo maior do que a morte. "Minha vida, ninguém a toma, sou eu quem a dou", e essa vida dada nada nem ninguém pode lhe tirar.

Pela oração, de uma certa maneira, recolocamos nossa vontade em uma vontade mais ampla. Nós nos *aniquilamos* por amor e é esse amor que nos ressuscita, que nos faz participar de uma alegria além de toda alegria.

Uma beatitude além de toda felicidade, uma vida, uma consciência e um amor, que não negam a provação, o sofrimento e a morte, mas os contém e os transcende por todos os lados.

Como o próprio Deus, nós estamos no centro de tudo (agradável ou desagradável, alegre ou triste) e além de tudo.

É o estado paradoxal do homem que ora:

> Ele está separado de tudo e unido a tudo; impassível e de uma sensibilidade soberana; deificado, e ele se considera a varredura do mundo.
> Acima de tudo, ele é feliz, divinamente feliz[59].

---

59. HAUSHERR, I. *Les leçons d'un contemplatif*: le traité de l'oraison d'Evagre le Pontique. Paris: Beauchesne, 1960, p. 18.

VII
A pequena filocalia de João Cassiano

São João Cassiano pode ser considerado o pai dos monges do Ocidente e um dos pais da Igreja da França. Foi ele quem transmitiu ao Ocidente a filocalia dos Terapeutas do Deserto[60].

De fato, junto com seu amigo Germano, ele visitou os principais centros monásticos do Baixo Egito (Nitria e as kellia) antes de se fixar no Deserto de Escetes.

Ele foi discípulo de João Crisóstomo e de Evágrio Pôntico a quem ele apresentou a *praktiké* e a *gnostiké* em uma tradução e abordagem talvez menos intelectual do que a de Evágrio e também mais moralizante.

Seu estilo é igualmente diferente: ao invés de curtos apoftegmas, ele propôs a seus discípulos do monastério São Vítor, de Marselha, e aos eremitas da Montanha da Sainte Baume, por volta dos anos de 415, um ensinamento mais desenvolvido que insiste sobre a medida e o discernimento.

Suas *colações* e suas *instituições cenobitas* terão influência sobre o monaquismo beneditino, mas também influenciarão os primeiros dominicanos que, como São Domingos, jamais se separavam do seu Evangelho e dos escritos de João Cassiano.

O próprio Tomás de Aquino será formado na escola de Cassiano. Humberto de Romans coloca as obras de

---

60. Cf. LELOUP, J.-Y. *Les collations de Jean Cassien*. Paris: Albin Michel, 1992.

Cassiano entre os livros que o mestre dos noviços deve fazer com que o noviciado leia. Teologia, ascese e contemplação não podem estar separados.

1 Da tristeza

É preciso afrontar o espírito de tristeza que tira da alma a luz de toda contemplação espiritual e a impede de realizar qualquer boa obra. De fato, quando esse espírito ruim toma conta da alma e a escurece inteiramente, ele não a deixa mais fazer suas orações com fervor nem colher os frutos das santas leituras. Ele não permite que o homem seja doce e conciliatório com os irmãos, e ele lhe inspira o ódio por todas as obras a serem praticadas e pela própria vida que abraçamos. A tristeza, ao perturbar absolutamente todas as vontades salutares da alma e dissolvendo seu vigor e sua constância, faz com que ela enlouqueça e fique paralisada e termina por acorrentá-la pelo pensamento do desespero.

É por isso que, se quisermos liderar o combate espiritual e vencer, com a ajuda de Deus, os espíritos da malícia, devemos manter, com o maior cuidado, nosso coração distante do espírito da tristeza, pois, assim como a traça destrói as roupas e o cupim a madeira, a tristeza devora a alma do homem quando ela nos persuade a evitar todo bom encontro e não nos permite receber conselhos dos nossos melhores amigos, nem de lhes dar uma resposta amável e pacífica. Ela apodera-se da alma por todos os lados e a enche de amargura e de acédia.

E ela não a deixa reconhecer que sua doença não vem de fora, mas que ela cresce no interior. Enfim, a tristeza faz com que a alma fuja dos homens como se eles fossem responsáveis pela perturbação na qual ela se encontra, o que fica evidente quando as tentações, decorrentes da prática, a fazem vir à luz. Na verdade, um homem jamais recebe dano de outro se as causas das paixões não estiverem nele. Também Deus, criador de tudo e médico das almas, que é o único a conhecer exatamente as feridas da alma, não ordena que renunciemos ao convívio com os outros, mas que busquemos as causas do mal que estão em nós. Ele sabe que a saúde da alma não é obtida separando-nos dos outros, mas vivendo e exercendo a vida como homens virtuosos. Quando abandonamos os irmãos pelos assim chamados bons pretextos, nós não suprimimos as ocasiões de tristeza, apenas as mudamos, pois o mal está em nós e ele é suscitado por outras coisas.

É por isso que todo nosso combate deve ser contra as paixões que estão em nós. Uma vez que estas tenham sido expulsas do nosso coração com a graça e a ajuda de Deus, nós viveremos facilmente, não digo com os homens, mas até mesmo com as feras selvagens, segundo o que diz o bem-aventurado Jó: "As feras selvagens viverão em paz contigo". É preciso, então, combater primeiro o espírito de tristeza que joga a alma no desespero, a fim de expulsá-la de nossa alma. É ele, de fato, que impediu Cain de se arrepender após o assassinato do seu irmão e Judas após ter traído o Mestre. Teremos apenas uma única tristeza que é o arrependimento dos pecados que cometemos e que será acompanhada por uma boa esperança, sobre a qual o Apóstolo diz: "A tristeza, segundo Deus, causa uma penitência estável para a salvação". De fato, a tristeza, segundo Deus, que nutre a alma com a esperança da penitência, mistura-se com a alegria. É por isso que ela torna o homem pleno de ardor para se submeter a toda boa obra, afável, humilde, doce, alheio às injúrias, paciente para suportar toda dor e toda aflição, aconteça o que acontecer segundo Deus. Dessa tristeza, enfim, fluem os frutos do Espírito Santo, a saber "a alegria, a caridade, a paz, a longanimidade, a bondade, a fé, a temperança". Da outra tristeza, pelo contrário, nós reconhecemos os frutos ruins, que são a acédia, a impaciência, a cólera, o ódio, a contestação, o desencorajamento, a negligência da oração. Assim devemos nos desviar dessa tristeza como da prostituição, da ganância, da cólera e das outras paixões. Chegaremos à cura pela oração, pela esperança em Deus, pela meditação das palavras divinas e pelo convívio com homens piedosos[61].

---

61. *La philocalie*. Op. cit., p. 126-129.

Para João Cassiano, a tristeza é uma provação mais difícil a ser atravessada do que o enfrentamento dos apetites desregulados (*gastrimargia*), uma libido viciada (*porneia*), apegos excessivos [...] ou uma vontade de poder pervertida (*orgê*), pois ela *tira a luz* da alma, ela a joga nas trevas e priva o ser humano dessa visão contemplativa ou poética de Deus, de si mesmo e do mundo no qual ele pode encontrar a paz. Ela mata a centelha que está no olhar. O homem triste é um homem *apagado*.

Referimo-nos frequentemente aos monges dizendo que estão *acesos*; isso não é para desagradá-los, é preciso ainda indicar de qual luz estamos falando: a luz da alegria de uma presença que nenhuma treva, nenhuma tristeza pode tirar, daí sua atenção a todos esses sintomas de peso ou de desencorajamento onde uma vida austera e monótona poderia conduzi-los, donde a importância de todos esses exercícios litúrgicos ou ainda outros, que não têm outro objetivo senão mantê-los despertos e alegrá-los.

A tristeza é realmente um demônio (*shatan*, obstáculo em hebraico), pois *"assim como a traça destrói as roupas e o cupim a madeira, a tristeza devora a alma do homem"*.

Ela toma conta da alma por todos os lados, a preenche de amargura e, como indica Cassiano, ela torna os outros responsáveis pela perturbação na qual ela se encontra. "Ela não deixa que reconheçamos que sua doença não vem de fora, mas de dentro..."

Essa tomada de consciência pode também engendrar uma outra tristeza: a de ver nossa impotência, nossos defeitos, nossas insuficiências. Estamos tristes por estarmos tristes, essa tristeza, em um primeiro momento, não é ruim, ela nos traz de volta a nós mesmos, aos nossos limites e à nossa responsabilidade, é o que os monges chamarão de Penthos. É a *dolorosa alegria*, extrema lucidez sobre nosso estado e o estado do mundo. Humanamente, não há motivo para nos alegrarmos e, no entanto, a alegria será mais forte porque Deus é Deus, porque Cristo é ressuscitado, porque o Amor é mais forte do que a morte, ela transforma as lágrimas dos nossos olhos em fontes de águas vivas, fecundas para nossas terras ressecadas e devastadas.

2 A acédia

Nosso combate é contra o espírito da acédia que caminha e trabalha com o espírito da tristeza. Esse demônio temível e pesado faz sempre guerra aos monges; é ele que ataca o monge na sexta hora, tornando-o lânguido e febril, fazendo com que ele odeie o próprio lugar onde mora, os irmãos que vivem com ele, toda ocupação e até mesmo a leitura das divinas Escrituras. Ele lhe sugere mudar de lugar, sob o pretexto de que, se não for para outros lugares, ele perderá completamente seu tempo e o seu trabalho. Antes de tudo, por volta da sexta hora, ele faz com que o monge sinta tanta fome quanto se ele tivesse passado três dias sem comer, caminhado um longo trecho ou realizado um trabalho muito penoso. Em seguida, ele lhe sugere o pensamento de que não conseguirá se libertar dessa doença e deste fardo a não ser saindo continuamente para ver seus irmãos, com a desculpa do benefício espiritual ou para visitar os enfermos. Se não conseguir fazê-lo cair nessas armadilhas, então, o mergulhará no mais profundo sono, tornando-se mais forte e mais poderoso em seu poder contra ele, e só poderá ser afastado pela oração, esquivando-se da fofoca, através da meditação das palavras divinas e a paciência nas provações. De fato, quando ele não se encontra munido com essas armas, que o golpeiam com suas próprias feições, a acédia o torna instável, errante, negligente e preguiçoso, ela o faz circular em diversos monastérios sem se preocupar com nada mais além da busca de um lugar onde haja repouso e bebidas. Pois o espírito do monge que é vítima da acédia não pensa em nada além das distrações desse tipo. E desde cedo, a acédia faz com que ele se apegue às coisas do mundo e pouco a pouco o atrai a essas ocupações prejudiciais até ele ter completamente desistido da profissão monástica.

Essa doença, que é extremamente grave, o divino Apóstolo, sabendo e querendo, como um verdadeiro médico, arrancá-la de nossas almas pela raiz, revela sobretudo as causas decorrentes: "Intimamo-vos, irmãos, em nome de nosso Senhor Jesus Cristo, que eviteis a convivência de todo irmão que leve vida ociosa e que seja contrária à tradição que recebestes de nós. Sabeis perfeitamente o que deveis fazer para nos imitar. Não temos vivido entre vós desregradamente, nem temos comido de graça o pão de ninguém. Mas, com trabalho e fadiga, labutamos noite e dia, para não pesarmos a nenhum de vós. Não porque não tivéssemos direito a isso, mas foi para vos oferecer, através de nós mesmos, um exemplo a imitar. Aliás, quando estávamos convosco, nós vos dizíamos formalmente: Quem não quiser trabalhar, não tem o direito de comer. Entretanto, soubemos que entre vós há alguns desordeiros, vadios, que só se preocupam em intrometer-se em assuntos alheios. A esses indivíduos ordenamos e exortamos a que se dediquem tranquilamente ao trabalho para merecerem ganhar o que comer" (2Ts 3,6-12).

Ouçamos como o Apóstolo nos mostra com sabedoria as causas da acédia. De fato, ele chama de desregrados aqueles que não trabalham; com uma palavra, ele revela uma grande malícia. Pois aquele que é desregrado não teme a Deus, ele é levado em suas palavras, sujeito às injúrias e, portanto, incapaz de recolhimento, ele é escravo da acédia. O Apóstolo ordena que nos separemos deles, ou seja, que nos afastemos como de uma doença pestilenta. Ao dizer na sequência que eles não caminham "segundo a tradição recebida de nós", ele indica que eles são orgulhosos, desprezíveis e que violam as tradições apostólicas. E, acrescenta ele, "não temos comido de graça o pão de ninguém. Mas, com trabalho e fadiga, labutamos noite e dia, para não sermos pesados a nenhum de vós".

O doutor das nações, os heróis do Evangelho, aquele que foi educado até o terceiro céu, aquele que disse que o Senhor declara que os pregadores do Evangelho devem viver do Evangelho, estes labutam noite e dia no trabalho e na exaustão para não ser um peso para ninguém. O que faremos, então, nós que não gostamos do trabalho e buscamos o bem-estar do corpo? Nós não recebemos nem a tarefa de anunciar o Evangelho, nem a preocupação das igrejas, mas apenas o cuidado da nossa alma está a nosso encargo. Em seguida, mostrando claramente o dano que provém da ociosidade, ele acrescenta: "sem nada fazer e sempre afobados". Pois da ociosidade vem a ingerência nos assuntos dos outros, da ingerência vem a desordem e da desordem, todo mal. Preparando-lhes em seguida o remédio, ele continua: "A esses indivíduos ordenamos e exortamos que se dediquem tranquilamente ao trabalho para merecer ganhar o que comer". Em seguida ele declara ainda mais severamente: "Se alguém não trabalhar, que não coma!"

Instruídos por esses mandamentos apostólicos, os Santos Padres do Egito decretaram que os monges não deveriam ficar ociosos em momento algum, sobretudo os jovens. Eles sabiam que pela perseverança no trabalho, nós expulsamos a acédia, nós procuramos nossa subsistência e saímos em auxílio aos indigentes. De fato, eles não trabalhavam apenas para suas próprias necessidades, mas seu trabalho lhes proporcionou os meios para vir em socorro dos estrangeiros, dos pobres e dos prisioneiros. Eles estavam convencidos de que esse bem fazer era uma oferta sagrada que agradava a Deus. E os Padres diziam isso: aquele que trabalha luta frequentemente contra um demônio e é atormentado por ele; mas aquele que é ocioso é escravizado por milhares de demônios. Além disso, é bom lembrar-se das palavras que o Abade Moisés, o mais experiente entre os Padres, me disse. Eu me encontrava há pouco no deserto e fui vítima da acédia. Fui ao seu encontro e lhe disse que, na véspera, tinha sido atormentado por ela e que, estando no fim das forças, eu só conseguira libertar-me indo ao encontro do Abade Paulo. Ao ouvir essas palavras, o Abade Moisés respondeu: "Na verdade, tu não te libertaste, mas te sujeitaste ainda mais. Saiba, portanto, que ela te atacará com ainda mais força como se fosses um desertor, a menos que te dediques a vencê-la pela perseverança, resistência, oração e trabalho manual"[62].

A *acédia*, sobre a qual já falamos quando mencionamos Evágrio, é esse espírito ruim, esse langor *que nos faz odiar o lugar em que moramos*; meu ser aqui torna-se um ser *jogado aqui*, uma fatalidade absurda, não é mais um ser aqui, no aberto, na graça e na gratidão daquilo que nos é *dado aqui*.

A *acédia* é um ser aqui, no inferno, no fechamento sobre si mesmo e sobre o seu mundo, mundo dos seus pensamentos e das suas representações, separado do mundo real.

Cassiano não fala como um filósofo, mas como um terapeuta, preocupado em devolver a saúde àqueles que se confiam a ele e testemunham as consequências dolorosas dessa doença. O trabalho manual é para ele um remédio contra esse poder excessivo dos pensamentos que nos atormentam; através de um trabalho humilde, trata-se de reencontrar o contato com nosso húmus, com nossa humanidade. E ele cita como modelo o Apóstolo Paulo que não se contenta em pregar a palavra, mas que trabalhava com suas mãos para prover às suas próprias necessidades e a de seus próximos.

Também podemos pensar em C.G. Jung quando ele atravessou uma grave depressão e curou-se graças ao trabalho de carpintaria que levará à edificação e à restauração da sua torre de Bollingen.

Como escapar da nossa tristeza e da nossa melancolia de outra maneira que não seja pela distração ou a depressão? Como podemos encarar esse mau hálito de um vazio que nos engole? Os remédios propostos pela

---

62. Ibid., p. 128-129.

vida monástica podem nos parecer insuficientes; será que basta esgotar-se no trabalho, recitar os salmos e invocar o nome de Jesus?

Não seria preciso aceitar esse aniquilamento de todo o nosso ser que chamamos de infortúnio? Não é isso que o próprio Yeshua viveu: sentir-se abandonado por Deus e reconhecer que Ele está sempre aqui. "Por que me abandonaste... Estás sempre comigo" (cf. Sl 22).

Tocamos aqui um estado que está além da alegria e da tristeza, além da felicidade e do infortúnio: a *apatheia*, a paz das profundezas, uma vida toda outra, no coração desta vida, toda nossa.

3 Da vaidade

O espírito da glória vã, paixão que assume numerosas formas e que é muito sutil, não pode ser dominado facilmente mesmo por quem é experiente. De fato, os ataques das outras paixões são mais evidentes, elas são combatidas mais facilmente, pois a alma reconhece o inimigo e os rejeita tão logo o reconhece através da réplica e da oração. Mas a malícia da glória vã, revestida de diversas formas, como dissemos, é difícil de combater. Ela se mostra, de fato, em toda ocupação (no hábito, no modo como as coisas transcorrem), na voz, na palavra, no silêncio, na ação e na vigília, nos jejuns, na oração, na leitura, no recolhimento e na paciência. Em tudo isso, ela se esforça para ferir o soldado de Cristo.

Aquele que a glória vã não conseguiu enganar pela suntuosidade das vestimentas, ela busca tentar por um vil traje ridículo. Aquele que ela não conseguiu abater pela honra, ela empurra para o orgulho ao apoiar a desonra. Aquele que ela não conseguiu lisonjear pela arte das palavras, ela busca seduzir por um silêncio que o faz passar por recolhido. Aquele que ela não conseguiu conduzir a se glorificar de um bom regime alimentar, ela esgotará através de um jejum feito para o louvor. Em uma palavra, toda obra, toda ocupação fornecida a esse demônio maligno é uma oportunidade de ataque.

Além disso, ela sugere também o clericato por meio da imaginação. De fato, eu me lembro de um ancião quando eu morava em Escetes. Quando ele foi à cela de um irmão para visitá-lo, ao aproximar-se da porta, ele o ouviu falar lá dentro. Pensando que ele repetisse algumas passagens da Escritura, ele ficou à escuta. Ele percebeu que o irmão fora tomado pela glória vã, que ele se imaginava diácono e dispensava os catecúmenos. Após ter ouvido aquilo, o ancião bateu na porta e entrou. O irmão veio ao seu encontro, o saudou segundo o costume e lhe perguntou se fazia muito tempo que ele estava parado à porta. O ancião lhe respondeu brincando: "Eu cheguei no exato momento em que dispensavas os catecúmenos". Ao ouvir essas palavras, o irmão caiu aos pés do ancião e lhe pediu para orar por ele para que fosse libertado da ilusão.

Eu trouxe à tona essa lembrança para mostrar a que grau de inconsciência esse demônio pode conduzir o homem. Aquele que quiser combater à perfeição e conquistar a coroa da justiça deve, portanto, esforçar-se por todos os meios para vencer essa besta multiforme, tendo sempre sob seus olhos as palavras de Davi: "O Senhor reduziu a pó os ossos daqueles que agradam aos homens" (Sl 53(52),6). E que ele não faça nada para desejar ser louvado pelos homens, mas que busque apenas o salário que provém de Deus e, rejeitando todos os pensamentos lisonjeiros que vêm ao seu coração, que ele se despreze em presença de Deus. Ele poderá assim, com a graça de Deus, ser libertado do espírito da glória vã [63].

Grande é em nós a necessidade de reconhecimento, e os monges não são poupados dessa necessidade. Apesar de não quererem ser reconhecidos pelas suas riquezas, suas *performances*, seus saberes ou seus poderes, eles querem ser

---

63. Ibid., p. 129-130.

reconhecidos e estimados pela excelência da sua vida moral, sua ascese, sua espiritualidade.

Como diz Cassiano, a vaidade reveste-se de diversas formas e é muito sutil. Até nosso derradeiro sopro, nosso ego estará aqui para dizer "ame-me", "reconheça-me", "você me ama?" Podemos nos libertar dessa necessidade de sermos amados? Será necessário? Não é essa a condição humana? Na verdade, essa é a condição do eu ou do ego, os santos dão testemunho de uma outra condição do ser humano, a do Self, a do ego transformado (transfigurado ou ressuscitado), ele poderá dizer então: "Para mim, é mais importante amar do que ser amado". Ele passou para o lado de Deus, ele passou para o lado da Fonte.

Seu desejo não é mais sede, a expectativa sempre insatisfeita de ser amado, mas "o desejo de dar o que não temos àquele que não quer", segundo a definição de amor de Jacques Lacan: Dar, amar, sem nada esperar em retorno – isso não é também a liberdade?

Mas será que somos capazes disso enquanto não tivermos recebido a certeza interior de sermos amados pela Vida, pela Luz e o Amor, ou seja, a certeza de sermos amados por Deus?

Como pretender não ter mais sede enquanto não tivermos imergido na Fonte? Isso também seria vaidade.

4 Do orgulho

O combate contra o espírito do orgulho é mais terrível e mais cruel que todos os precedentes, atacando sobretudo os perfeitos e esforçando-se para derrubar aqueles que quase chegaram ao topo das virtudes. Como uma doença infecciosa e fatal que destrói não só um membro, mas todo o corpo, assim o orgulho destrói não só uma parte, mas a alma inteira. Cada um dos outros vícios, mesmo que ele perturbe a alma, só ataca a virtude oposta ao tentar vencê-la; ele visa e perturba a alma apenas parcialmente. O vício do orgulho escurece inteiramente e leva à ruína completa. Para melhor compreender o que dizemos, podemos perceber o seguinte: a gula busca a temperança; a prostituição, a castidade; a avareza, a generosidade; a cólera, a doçura; e as outras espécies de malícia, as virtudes contrárias. Mas a malícia do orgulho, quando se apodera da alma infeliz, como o mais cruel dos tiranos ao ocupar uma grande e elevada cidade, a destrói inteiramente e a arrasa até suas fundações. Ela dá testemunho deste anjo que caiu dos céus por orgulho; ele que tinha sido criado por Deus e adornado com toda virtude e sabedoria, não quis atribuir seus dons à graça do Senhor, mas à sua própria natureza. É por isso que ele julgou ser igual a Deus. É essa pretensão que o profeta reprova quando declara: "disseste em teu coração: 'Eu farei assento sobre uma montanha elevada, eu colocarei meu trono sobre as nuvens e serei semelhante ao Altíssimo'. Mas tu és um homem, e não um Deus" (Is 14,13).

Um outro profeta disse: "Por que te glorificar no mal?" (Sl 52(51),3), e o resto do salmo: "Amaste todas as palavras de destruição, língua pérfida. É por isto que Deus te arruinará para sempre, Ele o tirará, o arrancará da tua tenda e o desenraizará da terra dos vivos. Os justos verão e temerão, eles rirão dele e dirão: 'Eis um homem que não colocava em Deus o seu apoio e que acreditou ser forte na sua vaidade'" (Sl 52(51),9).

Sabendo disso, estejamos cheios de temor e, em toda vigilância, guardemos nosso coração livre do espírito fatal, do orgulho, repetindo sempre as palavras do Apóstolo, quando tivermos adquirido uma virtude: "Não mais eu, mas a graça de Deus comigo" (1Cor 15,10) e também as palavras do Senhor: "Sem mim, vós nada podeis fazer" (Jo 15,5), assim como a do profeta: "Se o Senhor não construir a casa, é em vão que trabalharão os construtores" (Sl 127(126),1), e: "Isso não depende da vontade nem do esforço do homem, mas da misericórdia de Deus" (Rm 9,16). De fato, por mais fervoroso que seja seu zelo e o ardor do seu desejo, aquele que está ligado à carne e ao sangue só poderá chegar à perfeição pela misericórdia e a graça de Cristo. Como dizia São Tiago: "Todo dom excelente vem do alto" (Tg 1,17) e o Apóstolo Paulo: "Que tens tu que não recebeste? E se o recebeste, por que te glorificar como se não tivesses recebido?" (1Cor 4,7).

Que a salvação nos venha pela graça e a misericórdia de Deus, ele dá testemunho, esse ladrão que não recebeu o Reino dos Céus como recompensa da virtude, mas pela graça e pela misericórdia de Deus (cf. Lc 23,43). Sabendo disso, nossos Pais nos transmitiram essa sentença de que só podemos chegar à perfeição da virtude através da humildade, que decorre naturalmente da fé, do temor a Deus, da doçura e do total despojamento. Obtemos assim a caridade perfeita pela graça e a bondade de nosso Senhor Jesus Cristo, a quem será a glória nos séculos. Amém[64].

O orgulho é a rã que quer ser tão grande quanto o boi, é o ego que acha que é o Self, o homem que acha que é Deus, por causa de si mesmo e de tudo que existe.

É o relativo que acredita ser o Absoluto, é o que chamamos na psicologia profunda de *inflação*, e esta precede frequentemente o estouro, é a destruição dessa ilusão à qual nos identificamos. O orgulho (*uperephania*) conduz frequentemente à acédia, à depressão (*acédia*); tomar-se por algo e descobrir que não somos nada, é algo que não acontece sem que haja tristeza.

Isso poderia ser alegria se nos reconhecêssemos como *um nada capaz de Deus*, capaz do outro, capaz de tudo; se aceitássemos que tudo que temos, tudo que somos é porque nós recebemos; tudo é dom, tudo é graça.

---

64. Ibid., p. 130-131.

Nossa lucidez e nossa desilusão com nós mesmos e com o mundo seria louvor ao invés de desprezo.

Mas é o orgulho que conduz o mundo, a ilusão de acreditar que podemos tudo dominar: o tempo, a economia, a doença e até mesmo a morte (cf. as elucubrações de Kurtzweil e outros trans-humanistas).

Se for verdade que *o homem passa o homem*, não é por aumento, acúmulo ou prolongamento do saber ou dos anos, mas pela transformação (*métanoia Anastasis*) de todo seu ser.

Ao invés da rã que quer ser tão grande quanto um boi e que estoura, nós podemos preferir a imagem da lagarta que muda e se transforma para levantar voo e ser a borboleta que ela é desde o início.

A um príncipe deste mundo que queira impor sua onipotência e sua ordem mundial é preciso lembrar que um dia ou outro tudo desmoronará e entrará em colapso, "pois o mundo tal qual o vemos está desaparecendo". Não é apenas São Paulo quem o diz, mas os físicos e a lei da entropia.

Os anjos são muito mais humildes do que os homens, pois eles são muito mais inteligentes. O orgulho é falta de inteligência. É pela oração que nos tornamos inteligentes e reconhecemos todas as coisas como *dom* de Deus.

Que tens tu que não recebeste? E se o recebeste por que *glorificar-te como se não o tivesses recebido* e vangloriar-te dos dons de um outro como se eles te pertencessem?"

Face ao príncipe deste mundo, o grande eu, o homem aumentado, o grande dragão do Apocalipse, há o príncipe da paz, "sendo Ele de condição divina, não se prevaleceu de sua igualdade com Deus, mas aniquilou-se (*kenosis*) assemelhando-se aos homens, aos homens mortais e vulneráveis. Por isso, Deus o exaltou soberanamente e lhe outorgou o nome que está acima de todos os nomes" (Fl 2,6-10).

Temos a escolha entre um homem aumentado e um Deus aniquilado. O homem pode se aumentar, se prolongar, se exaltar tanto quanto queira; de toda maneira, ele chegará à morte e ao aniquilamento, qualquer que seja a desmedida da sua ambição. O homem pode também, consciente de seu ser mortal, aniquilar-se e dar-se por amor.

Ele descobrirá a Vida que não morre. Ele pode *morrer e ressuscitar com Cristo* a essa vida livre do orgulho, da vaidade, da acédia, da tristeza e de outras patologias.

Só pode morrer aquilo que é mortal, o amor é a sentença de morte da morte. Nada nem ninguém pode nos tirar aquilo que demos: após termos dado tudo, vem a paz (a *hesychia*).

5 Sobre a finalidade e o objetivo da vida monástica

Todas as virtudes e as ocupações têm um único objetivo: aqueles que têm os olhos fixos neste objetivo, conformando-se a ele, obtém o fim desejado. O trabalhador, por exemplo, suportando tanto o ardor do sol quanto o frio do inverno, trabalha a terra com zelo; ele tem como objetivo livrar a terra das ervas daninhas, mas o objetivo que ele persegue é a colheita dos frutos. Da mesma maneira, aquele que se dedica ao comércio, enfrentando perigos marítimos e terrestres, dedica-se com ardor aos seus negócios, tendo em vista o ganho que ele obterá; o fim para ele é desfrutar desse ganho. E ainda o soldado não reduz os perigos dos combates nem as misérias do exílio quando tem como objetivo a ascensão na hierarquia que lhe será concedida pela sua coragem; seu objetivo é a honra que ele conquistará.

Nossa profissão tem também seu objetivo e seu fim particular, para os quais nós suportamos ansiosamente todo trabalho e toda fadiga. É por isso que a fome dos jejuns não nos cansa; a fadiga das vigílias é um prazer; a leitura e a meditação das Escrituras é feita de bom coração. A pena do trabalho, a obediência, a privação de todas as coisas terrestres e a vida neste deserto são assumidas facilmente. Até mesmo vós desprezastes pátria, família e todos os prazeres do mundo para partir para longe e vir até nós que somos rudes e ignorantes. Diga-me, qual é seu objetivo? Qual fim perseguis ao fazer isso?

Nós lhe respondemos: "Pelo Reino dos Céus" a que o Abade Moisés respondeu: "Muito bem dito, vós houvestes indicado o fim. Mas o objetivo que temos que ter em vista, sem nos afastarmos do caminho reto, para obter o Reino dos Céus, vós não o dissestes". Após termos confessado nossa ignorância, o ancião continuou: A finalidade da nossa profissão é realmente, como dissemos, o Reino de Deus; mas o objetivo é a pureza do coração, sem a qual é impossível chegarmos à finalidade. Que nossa inteligência, portanto, esteja sempre voltada para esse objetivo. Mesmo que às vezes o coração se afaste do caminho reto, façamos com que ele volte o mais rápido possível, orientando-nos para esse objetivo como por meio de uma régua. Sabendo disso, o bem-aventurado Apóstolo Paulo disse: "Consciente de não tê-la ainda conquistado, só procuro isto: prescindindo do passado e atirando-me ao que resta pela frente, persigo o alvo, rumo ao prêmio celeste, ao qual Deus nos chama, em Jesus Cristo" (Fl 3,13-14). É tendo em vista este objetivo que, nós também, devemos tudo fazer. É em vista deste objetivo que desdenhamos tudo – pátria, família, riquezas e o mundo inteiro – para adquirir a pureza do coração[65].

Cassiano observa que em toda arte e em toda profissão existe um objetivo que queremos atingir e um caminho a

---

65. Ibid., p. 132-133.

seguir para chegar lá: "Toda arte, toda disciplina tem seu objetivo particular e uma finalidade que lhe é própria; qualquer um que queira seriamente distinguir-se, propõe isso a si mesmo incessantemente e, nesta visão, sofre todos os trabalhos, os perigos e as perdas, de uma alma igual e alegre".

Cassiano emprega em latim duas palavras emprestadas do grego: *telos* e *scopos*. Entre os estoicos, *telos* indica a recompensa e *scopos*, a corrida no estádio; mas nos léxicos, damos geralmente o mesmo sentido a essas duas palavras: o objetivo, a finalidade. Contudo, Cassiano fará uma distinção entre esses dois termos, *telos* será o objetivo final e *scopos* o caminho que permite atingir o objetivo. Para melhor se fazer compreender, Cassiano coloca na boca de Abba Moisés algumas comparações: a do trabalhador, do comerciante e do oficial. Em cada um, ele constata a mesma atitude, a mesma longa e tenaz tensão para chegar ao objetivo. É preciso saber o que queremos antes de fazer o que podemos.

Na vida espiritual, *nossa profissão*, é o mesmo processo que está em ação: "Ela também tem seu objetivo e sua finalidade particular; e para ali chegar, nós sofremos todos os trabalhos que ali se encontram sem nos deixar desencorajar, melhor ainda, com alegria".

Qual é, diga-me, o objetivo, qual é a finalidade que o faz suportar de tão bom coração todas essas provações?

A essa questão de Abba Moisés, Cassiano e Germano acabam por responder: "É o Reino dos Céus".

Para os antigos, o reino é o Reino do Espírito sobre todas nossas faculdades "sobre a terra como no céu", pois é o mesmo e único Espírito que está em Deus e no homem. O Reino é ainda o Reino do Amor em um ser humano, o Amor que informa as outras faculdades e as dirige.

O que reina sobre nós?, perguntavam-se frequentemente os Antigos. O passado? Nossas memórias, nossas ambições, nossos remorsos, nossos desejos?

"Buscai primeiro o Reino de Deus." Para ver claro, é preciso primeiro buscar a luz; para ver Deus, é preciso buscar primeiro o amor, pois "aquele que permanece e habita no amor permanece e habita em Deus"; seu Espírito, sua energia reinam, então, sobre nós.

O Reino é, enfim, o reino e a presença de Cristo, "em tudo e em todos". É a encarnação do Amor, a vinda na carne da inacessível luz.

Mas qual é o caminho para esse Reino? Qual é o *scopos*, o método para chegarmos a esse fim? Para Cassiano, e esse é um tema ao qual ele voltará com frequência, o *scopos* é a purificação do coração; sem a pureza do coração, o Reino de Deus não pode ser estabelecido em nós. Encontramos em Cassiano a distinção, cara a Evágrio Pôntico, entre *gnosis* e *practiké*. O objetivo da vida cristã é a *gnosis*, a visão de Deus, participação à vida trinitária, Reino do Ser-Amor. O meio, é a *practiké*, a purificação das paixões e dos pensamentos (*logismoi*), a purificação do coração. "A finalidade da *practiké* é purificar o espírito e o coração e libertá-los das paixões" (literalmente, libertá-lo de todas as patologias).

6 "Se eu não tiver amor..."

Se esquecermos esse objetivo, é inevitável que, ao caminhar nas trevas e sair do caminho reto, nós demos meia-volta e façamos múltiplos desvios. É isso que aconteceu a muitos que, no início de sua renúncia, haviam desprezado riqueza, bens e o mundo inteiro e se deixaram levar pela cólera e o furor de uma agulha, uma caneta ou um livro. Eles não teriam sofrido isso se tivessem se lembrado do objetivo pelo qual haviam desprezado todas as coisas. De fato, é por caridade para com o próximo que desprezamos a riqueza, por medo de brigar por causa disso e, assim, perder a caridade dando espaço à cólera. Se, portanto, devido a bagatelas manifestamos irritação para com um irmão, nós nos afastamos do objetivo e não nos beneficiamos com nossa renúncia. É por isso que o Apóstolo disse: "Ainda que distribuísse todos os meus bens em sustento dos pobres, e ainda que entregasse o meu corpo para ser queimado, se não tiver caridade, de nada valeria!" (1Cor 13,3). Assim aprendemos que chegamos à perfeição de imediato através do despojamento e da renúncia às coisas, pelo florescimento da caridade, cujas características o Apóstolo descreve: "A caridade é paciente, a caridade é bondosa. Não tem inveja. A caridade não é orgulhosa. Não é arrogante nem escandalosa. Não busca os seus próprios interesses, não se irrita, não guarda rancor. Não se alegra com a injustiça, mas se rejubila com a verdade. Tudo desculpa, tudo crê, tudo espera, tudo suporta" (1Cor 13,4-7) – tudo isso assegura a pureza do coração.

Ganhamos menos através de um jejum do que perdemos pela cólera e o benefício de uma leitura não se iguala ao dano ocorrido ao desprezarmos ou entristecermos um irmão. De fato, como já dissemos, nem os jejuns, nem as vigílias, nem a meditação das Escrituras, nem o despojamento da riqueza, nem renúncia ao mundo são a perfeição, mas instrumentos para chegar à perfeição. Visto que a perfeição não se encontra nessas práticas, mas vem através delas, é portanto vão que nos glorifiquemos do jejum, da vigília, da pobreza e da leitura das Escrituras se não observarmos a caridade para com Deus e para com o próximo. Pois aquele que possui a caridade e o amor a Deus em si, sua inteligência estará sempre com Deus.

Moisés respondeu: ver Deus sempre e nunca estar afastado dele, da maneira que vós falais, isso é impossível ao homem revestido de carne e ligado à fragilidade. Mas de uma outra maneira, é possível ver Deus. De fato, a contemplação de Deus é ouvida e vista de muitas maneiras. Pois Deus não é apenas conhecido na sua essência bem-aventurada e incompreensível, o que é reservado aos santos no século futuro, ele é conhecido também a partir da grandeza e da beleza dessas criaturas, do seu governo e da sua providência que se exercem a cada dia, da sua justiça e das suas maravilhas que ele revela em seus santos de geração em geração. Quando pensamos na imensidão do seu poder e na continuidade do seu olhar do qual não podem escapar os segredos do coração nem nada mais, com o coração, repleto de temor, nós admiramos e adoramos. Quando pensamos que ele conhece o número das gotas de água e dos grãos de areia do mar (Jó 36,27), e dos astros do céu, ficamos estupefatos diante da grandeza da sua natureza e da sua sabedoria. Quando refletimos sobre a sabedoria inefável e indescritível, a bondade e a paciência incansáveis com as quais ele suporta as inúmeras faltas dos pecadores, nós lhe damos graças. Quando pensamos neste grande amor que nos demonstrou, sem nenhum mérito de nossa parte, ao se fazer homem, ele que era Deus, para nos salvar do nosso afastamento, somos impelidos a aspirar ir ao seu encontro. Quando consideramos o fato de que, após ter vencido em nós nosso adversário, o diabo, pelo preço da anuência da nossa boa vontade, ele nos gratifica com a vida eterna, nós nos prosternamos diante dele. E há ainda muitas outras considerações inumeráveis que nascem em nós com a medida da nossa conduta e segundo o grau da nossa pureza pelas quais Deus veio e foi conhecido[66].

Assim como para Evágrio, a pureza do coração é, para Cassiano, um estado de liberdade e de não apego; ele se delicia descrevendo as dificuldades que podemos encontrar no caminho da libertação; o apego a pequenas coisas é tanto um entrave quanto o apego às grandes; poderíamos acrescentar que o apego às coisas *sutis* – práticas espirituais, doutrinas, sensações celestes – podem ser tanto entraves

---

66. Ibid., p. 133-134.

quanto o apego às coisas "grosseiras", como fortuna, reputação, ou um certo tipo de cozinha. Aqueles que se esquecem de manter o espelho do seu coração puro, que se apegam às imagens e aos reflexos que por lá passam, não verão a pura luz; mas a pureza do coração nunca é adquirida *de uma vez por todas*; devemos, a cada manhã, lavar o espelho de todas suas marcas.

"Há quem tenha ciúme de um manuscrito a tal ponto que sofreria se outro olhasse ou colocasse a mão nele; e esse encontro, que os convidava a ganhar como recompensa doçura e caridade, torna-se uma ocasião de impaciência e morte. Após ter distribuído todas suas riquezas por amor a Cristo, eles retêm sua antiga paixão e a coloca a serviço de futilidades, pronto para defendê-la da cólera. Não tendo a caridade da qual fala São Paulo, sua vida é atingida por total esterilidade."

Essa busca pela pureza do coração não é apenas uma busca pelo paraíso perdido, pela inocência perdida, uma volta à integridade da nossa verdadeira natureza, é a busca pelo Reino, ali onde o Amor torna puro e purifica todas as coisas.

Fazer alguma coisa sem amor, eis o que torna o homem impuro; introduzir amor em todos nossos atos é o que os transforma e os purifica por dentro, como o fogo do qual falam os antigos alquimistas: "Quando ele penetrou no coração do chumbo, ele tornou-se ouro".

O ouro (luz em hebraico) é a própria presença de Deus em nós: *Ágape*. E, para Cassiano, talvez mais até do que para Evágrio, isso se manifesta em atos concretos, particularmente na relação com os outros. "Se, portanto, por bagatelas manifestarmos irritação para com um irmão, estaremos nos afastando do objetivo e não tiraremos nenhum proveito da nossa renúncia."

Isso lhe permite relativizar todos os exercícios da vida monástica: jejuns, vigílias, orações – se eles não estiverem habitados pelo amor, "isso de nada serve".

Cassiano faz aqui eco a São Paulo. "Quando eu distribuir todos meus bens aos pobres, quando eu entregar meu corpo às chamas, se não tiver amor (*Ágape*), eu nada serei." É o amor que nos faz ser e, mais ainda, existir: estar vivo.

Quais são os sinais ou os sintomas da presença de Deus e do seu reino em nós? Como saber se nosso coração é puro?

Cassiano cita novamente São Paulo, um coração purificado pelo amor: "Ainda que eu falasse as línguas dos homens e dos anjos, se não tiver amor, sou como o bronze que soa, ou como o címbalo que retine. Mesmo que eu tivesse o dom da profecia e conhecesse todos os mistérios e toda a ciência; mesmo que tivesse toda a fé, a ponto de transportar montanhas, se não tiver amor, eu nada serei. Ainda que distribuísse todos os meus bens em sustento dos pobres e ainda que entregasse o meu corpo para ser queimado, se não tiver amor, de nada valeria! O amor é paciente, o amor é bondoso. Não tem inveja. O amor não é orgulhoso, não é arrogante nem escandaloso. Não busca os seus próprios interesses, não se irrita, não guarda rancor, não se alegra com a injustiça, mas se rejubila com a verdade. Tudo desculpa, tudo crê, tudo espera, tudo suporta. O amor jamais acabará. As profecias desaparecerão, o dom das línguas cessará, o dom da ciência findará" (1Cor 13,1-13).

O que o mundo se tornaria se todos os homens tivessem o coração puro? Caso não seja o Reino, seria algo parecido.

7 O discernimento

Da mesma maneira que um moinho que funciona à base de água não pode parar de girar, mas depende do dono do moinho moer trigo ou joio, da mesma maneira nosso pensamento, sendo móvel, não pode permanecer vazio de ideias, mas cabe a nós lhe fornecer uma meditação espiritual ou uma ocupação carnal.

O ancião, vendo-nos cheios de admiração e animados por um insaciável ardor pelas suas palavras, cala-se um instante, depois retoma a palavra: *"Já que vossa sede me fez prolongar esse discurso e vós ainda estais ávido, para ver se tendes realmente sede pela doutrina da perfeição, eu quero vos entreter com a excelência da virtude do discernimento que, entre todas, é a cidadela e a rainha. E eu vos mostrarei sua preeminência, sua grandeza e sua utilidade não apenas pelas palavras, mas pelos antigos oráculos dos Padres, com a graça do Senhor que inspira aqueles que falam segundo o mérito e o desejo daqueles que escutam.*

De fato, a virtude do discernimento não é pequena, mas ela é contabilizada entre os mais nobres carismas do Espírito Santo sobre os quais fala o Apóstolo: 'A um é dado, pelo Espírito, uma palavra de sabedoria; a outro, uma palavra de ciência por esse mesmo Espírito; a outro, a fé, pelo mesmo Espírito; a outro, a graça de curar as doenças, no mesmo Espírito; a outro, o dom dos milagres; a outro, a profecia; a outro, o discernimento dos espíritos; a outro, a variedade de línguas; a outro, por fim, a interpretação das línguas' (1Cor 12,8-9). Depois, após ter concluído a lista dos carismas espirituais, ele acrescentou: 'Tudo isso, é o único e mesmo Espírito que produz' (1Cor 12,10).

Como vês, o dom do discernimento não é algo terrestre, tampouco pequeno, mas um presente muito grande da graça divina. Se o monge não colocar todos seus esforços e seu zelo em obter e adquirir o discernimento assegurado pelos espíritos que forem até ele, forçosamente acontecerá que, como um homem perdido na noite, não só cairá nos piores precipícios, mas até mesmo tropeçará nos caminhos unidos e retos.

Lembro que em meus anos de juventude eu me encontrava na região da Tebaida, onde vivia o bem-aventurado Antônio. Alguns anciãos, reunidos junto a ele, perguntavam-se qual era a virtude mais perfeita; de todas, qual era aquela que podia melhor manter o monge a abrigo das armadilhas e das ilusões do diabo. Cada um dava sua opinião, segundo o conceito do seu pensamento. Uns diziam que era o jejum e a vigília, pois, pelas suas observações, o pensamento, tendo se tornado mais ligeiro e puro, pode se aproximar mais facilmente de Deus. Outros julgavam que era a virtude da esmola, já que o Senhor disse no Evangelho: 'Vinde, benditos de meu Pai, tomai posse do Reino que vos está preparado desde a criação do mundo. Porque tive fome e me destes de comer; tive sede e me destes de beber' (Mt 25,34-35).

Dessa maneira, cada um deu sua opinião sobre diferentes virtudes pelas quais o homem pode aproximar-se cada vez mais de Deus e a maior parte da noite se passou nessa busca. O último a falar, o bem-aventurado Antônio, tomou a palavra: 'Todas essas práticas que vós mencionastes são seguramente necessárias e úteis àqueles que buscam a Deus e aspiram chegar até Ele. Mas não nos parece que seja preciso dar o primeiro prêmio a essas virtudes, pois nós conhecemos muitos que se extenuaram devido a jejuns e vigílias, que se retiraram no deserto, que levaram o despojamento ao ponto extremo de não reservar mais para si o alimento quotidiano, que praticaram a esmola até distribuir tudo que possuíam e, após tudo isso, eles fracassaram miseravelmente diante da virtude e sucumbiram ao mal. O que os fez, então, desviar do caminho reto? Nada mais, a meu ver e na minha opinião, do que a falta de discernimento. Pois é o discernimento que ensina o homem a caminhar sobre a via majestosa mantendo-se afastado de ambos os excessos; ela o impede de se afastar à direita por uma temperança exagerada e de se deixar levar à esquerda, rumo à negligência e ao relaxamento.

O *discernimento é, de fato, como o olho e a lâmpada da alma, segundo essas palavras do Evangelho: 'O olho é a luz do corpo. Se teu olho é são, todo o teu corpo será iluminado. Se teu olho estiver em mau estado, todo o teu corpo estará nas trevas. Se a luz que está em ti são trevas, quão espessas deverão ser as trevas!' (Mt 6,22-23). O discernimento examina todas as ideias e ações do homem, ele rejeita e dispersa tudo o que é ruim e desagradável a Deus, mantendo assim o afastamento.*

Poderíamos aprender isso também com os relatos das Santas Escrituras. Pois Saul, o primeiro que recebeu a realeza em Israel, não tinha o olho do discernimento e, pelo fato de o seu pensamento ser obscurecido e ele não saber discernir se era mais agradável a Deus oferecer um sacrifício do que obedecer ao mandamento do santo Profeta Samuel. Ali onde ele pensava honrar a Deus, ele o ofendeu e perdeu a realeza (1Sm 15,17-23).

É também o discernimento que o Apóstolo chama de sol quando diz: 'que o sol não se ponha sobre vossa cólera'. Nós o vemos também como o comandante da nossa vida, segundo o que está escrito: 'Aqueles que não têm direção, caem como folhas' (Pr 11,14). A Escritura o designa também como o conselho, sem o qual nos é proibido fazer o que quer que seja, até mesmo beber o vinho espiritual que alegra o coração do homem (cf. Sl 104(103),15), segundo a frase: 'Beba o vinho com conselho' (Pr 31,3). Ainda é dito: 'Como uma cidade desmantelada, sem muralhas: tal é o homem que não é senhor de si' (Pr 25,28). No discernimento cresce a sabedoria, a inteligência e o julgamento, sem os quais não podemos construir nossa casa interior nem amealhar as riquezas espirituais, segundo a palavra: 'É com sabedoria que se constrói a casa, pela prudência ela se consolida, pelo julgamento os cofres ficam cheios de riquezas' (Pr 24,3). 'Mas o alimento sólido é para os homens feitos, para aqueles que a experiência já exercitou na distinção entre o bem e o mal' (Hb 5,14).

Todos esses textos mostram claramente que, sem o carisma do discernimento, uma virtude não pode ser estabelecida nem perma-

necer firme até o fim, pois é o discernimento que engendra e guarda todas as virtudes" [67].

Dentre todos os antigos é, sem dúvida, Cassiano quem mais insiste sobre o discernimento. Podemos compará-lo à *nepsis*, a vigilância, essa atenção ao movimento dos pensamentos no espírito e aos desejos no coração. Ser a testemunha dos seus pensamentos e dos seus desejos é mantê-los a distância, tampouco identificar-se a eles, ser livre. A consciência é "pura", livre para com os pensamentos que a atravessam. O amor é *puro*, livre para com os desejos que o atravessam.

É também o que na Bíblia chamamos de Sabedoria. O Rei Salomão foi louvado pelo próprio Deus por não pedir a riqueza, a saúde ou o poder, mas o discernimento necessário para cuidar do seu povo. *Um coração inteligente* ou *a inteligência* do coração são outras maneiras de falar deste dom de Deus que é o discernimento. Mas é também um dom humano, fruto da experiência e das provações atravessadas, das faltas e dos erros reconhecidos e assumidos.

Os Terapeutas do Deserto dão alguns critérios simples para alimentar nosso discernimento, para saber, por exemplo, se um pensamento e a ação que dali decorrem vêm de Deus, de um mau espírito (*diabolos*) ou da nossa simples natureza.

O que vem do mau espírito (*diabolo, shatan*) vem com agitação, exaltação, presunção, afirmações peremptórias conduzidas pela violência do propósito ou pelo orgulho.

O que vem de nós e de nossa natureza vem com interrogação, questionamento, toda afirmação reconhece sua

---

[67]. *La philocalie.* Op. cit., p. 135-137.

fragilidade, sua relatividade, sua impermanência. O que vem de Deus, vem com calma e humildade, o homem pode afirmar que a certeza que está nele não vem dele, mas de algo maior do que ele.

"De mim mesmo não posso fazer coisa alguma. Julgo como ouço; e o meu julgamento é justo, porque não busco a minha vontade, mas a vontade daquele que me enviou. Se eu der testemunho de mim mesmo, não é digno de fé o meu testemunho. Há outro que dá testemunho de mim, e sei que é digno de fé o testemunho que dá de mim" (Jo 5,31), diz o Evangelho. "Como podeis crer, vós que recebeis a glória uns dos outros e não buscais a glória, que é só de Deus?" (Jo 5,44).

Observai o seguinte: agitação, afirmações peremptórias induzidas pela cólera ou pelo orgulho, uma certa vontade de poder e de domínio, ou questionamentos, incertezas fundadas sobre a experiência dos nossos limites, da nossa impermanência.

Testemunho humilde e sereno de uma outra visão do mundo, de um outro nível de realidade fundada sobre a experiência do infinito amor e do claro silêncio que habita em nós.

8 Como podemos adquirir o discernimento?

O verdadeiro discernimento só é dado pelo preço de uma verdadeira humildade àquele que revela aos Padres não apenas suas ações, mas também seus pensamentos, e que não se fia jamais em seu próprio senso, mas segue em tudo as palavras dos antigos, só julgando bom aquilo que é aprovado por eles. Uma tal prática não apenas faz o monge permanecer sem dificuldade sobre o caminho reto através do verdadeiro discernimento, mas também o mantém a abrigo de todas as armadilhas do diabo. De fato, é impossível àquele que regula sua vida de acordo com o julgamento e a opinião dos seus predecessores cair na ilusão dos demônios. Pois antes mesmo de obter o carisma do discernimento, o fato de manifestar e mostrar aos Padres os pensamentos ruins, faz com que estes sejam consumidos e lhes tira toda a força. Tal uma serpente levada à luz ao sair do fundo do seu antro tenebroso apressa-se em fugir e desaparecer, assim os pensamentos perversos, trazidos à luz pela excelente confissão, apressam-se em afastar-se do homem.

Para que aprendas ainda mais claramente sobre essa virtude através do exemplo, eu vos contarei um fato ocorrido com o Abade Sérapion que ele mesmo relatava frequentemente àqueles que vinham vê-lo para adverti-los.

Eis o que ele disse: Quando era jovem, morei com meu abade. Um dia, quando nos levantávamos da mesa após a refeição, pela ação do demônio, eu roubei um pão e o comi escondido do meu abade. Tendo feito isso durante muito tempo, eu não conseguia mais me fazer mestre desta paixão; minha consciência me condenava, mas eu tinha vergonha de confessá-lo ao ancião. Pela vontade da bondade de Deus, um dia os irmãos vieram ver o ancião para sua edificação e o interrogaram sobre seus pensamentos. O ancião lhes respondeu: Nada prejudica mais os monges e alegra mais os demônios do que esconder seus pensamentos dos pais espirituais. E ele lhes falou da temperança. Ao ouvir essas palavras, entrei em mim mesmo e pensei que Deus tivesse revelado ao ancião minhas faltas; comovido, comecei a chorar e tirei do meu peito o pão que tinha roubado segundo meu mau hábito. E, jogando-me ao chão, pedi perdão àqueles que me cercavam solicitando sua oração para não cair em erro no futuro. Então o ancião disse: "Sem que eu dissesse uma palavra, meu filho, tua confissão te libertou e esse demônio que te feriu pelo teu mutismo, tu o estrangulaste revelando os segredos do teu coração. Até o momento, tu o fizeste mestre de ti ao não contradizê-lo nem denunciá-lo; de agora em diante ele não terá mais lugar em ti, tendo sido expulso do teu coração em plena luz do dia". O ancião ainda não tinha acabado de falar quando o poder demoníaco surgiu como uma lâmpada de fogo saindo do meu peito, preenchendo a célula de um odor infecto, de tal modo que aqueles que estavam presentes pensaram que o que queimava era um pedaço de enxofre.

Então o ancião retomou a palavra: "Eis que o Senhor mostrou por esse sinal a verdade das minhas palavras e tua libertação". Dessa maneira, a confissão expulsou de mim o vício da gula e essa ação diabólica, tão bem que nunca mais me entreguei a essa luxúria[68].

O fato de expressar os pensamentos que nos perturbam a um ancião ou a uma outra pessoa capaz de escutar sem julgamento tudo que temos no coração, é fonte de cura, nos diz Cassiano e é isso que dizem hoje em dia os psicanalistas.

Assim, para adquirir o discernimento, é preciso ter humildade para *confessar* tal como somos, em presença de um outro, senão arriscamos a ilusão e novamente a inflação do eu, quer este esteja exaltado ou deprimido.

O fato de manifestar e de desvelar ao seu pai espiritual os pensamentos ruins os consome e lhes tira sua força, tal uma serpente levada à luz, tirada do fundo do seu antro tenebroso, apressa-se em fugir e desaparecer.

Um terapeuta é alguém que lhe oferece seus ouvidos, sua escuta para que *possais melhor vos escutar* e discernir de onde vem esse pensamento, esse desejo, esse comportamento (de Deus, de nós mesmos, do diabo?).

Àqueles que não têm a graça de conhecer um pai espiritual ou uma pessoa capaz de escutar sem desespero e sem excitação suas angústias ou turbulências resta a oração dos salmos que expressam mais ou menos a totalidade dos sentimentos e emoções humanas.

---

68. Ibid.

Como Esther, é bom "derramar nossas almas diante de Deus", nós também podemos nos aproximar desse silêncio/consciência, testemunha em nós que escuta verdadeiramente os pensamentos bons e ruins que nos agitam. O Self escuta o eu quando o eu se confia ao Self, a este infinito amor que o absolve e o liberta. Fazer desse silêncio/consciência testemunha, o mestre interior à escuta daquilo que somos: viver o que vivemos; dizer o que dizemos; pensar o que pensamos; amar o que amamos, na consciência desta presença silenciosa, lúcida e benévola que nos acompanha. Como um pai acompanha seu filho, como um amigo acompanha seu amigo.

Viver na luz do seu olhar e ver todas as coisas (si mesmo, os outros, o mundo) com seus olhos e descobrir que não somos o que pensamos de nós mesmos, além de todas as imagens ou representações, nós somos aquilo que somos.

E se estivermos realmente pousando o olhar de Deus sobre nós e sobre tudo: *ki tov!* (Isso é belo!)

9 O pai espiritual

Se considerarmos o exemplo das artes e das ciências humanas, veremos que é impossível adquiri-las perfeitamente por nós mesmos, fazendo uso de nossas mãos, dos nossos olhos, dos nossos ouvidos. Nós precisamos de um bom mestre e de uma regra. Que loucura, portanto, imaginar que não precisamos de um mestre para aprender a arte espiritual, que é a mais difícil de todas. Ela é, de fato, invisível, oculta e percebida apenas pela pureza do coração e nesta arte a derrota não conduz a um dano temporário, mas à perda da alma e à morte eterna.

"Parece-me, diz Germano, que habitualmente um motivo de vergonha é um pretexto para a piedade nociva advinda do fato

de que frequentemente alguns Padres que ouvem os pensamentos dos irmãos não apenas não os curam, mas os condenam e os empurram ao desespero, como sabemos que aconteceu na Síria. Um irmão tinha vindo revelar seus pensamentos a um ancião em toda simplicidade e verdade, desvelando sem falsa vergonha os segredos do seu coração; o ancião, ao ouvi-los, indignou-se e foi contra, censurando-o por ter tais pensamentos ruins, de modo que o irmão, tendo ouvido bastante, parou de manifestar seus pensamentos aos anciãos."

O Abade Moisés tomou a palavra: "É bom, como eu disse, não esconder seus pensamentos dos Padres, mas não a qualquer um. É preciso desvelá-los a anciãos espirituais que têm discernimento, não àqueles que têm os cabelos embranquecidos pelo tempo. De fato, muitos, levando em conta a idade que os fez revelar seus pensamentos; ao invés de serem curados, caíram no desespero por causa da inexperiência daqueles que os ouviram.

De fato, havia um irmão muito fervoroso que era violentamente atormentado pelo demônio da pornografia (porneia). Ele foi ao encontro de um ancião e lhe revelou seus pensamentos. Esse, que era inexperiente, indignou-se ao ouvi-lo e o chamou de miserável e indigno do hábito monástico por ter tido tais pensamentos. Tendo ouvido isso, o irmão caiu no desespero e, ao deixar sua cela, quis voltar para o mundo. Mas, pela providência divina, o Abade Apollos, o mais experiente dentre os anciãos, o encontrou e vendo que ele estava perturbado e abatido, perguntou: 'Meu filho, qual é a causa de tamanha tristeza?' O irmão a princípio nada respondeu, tão grande era seu desencorajamento. O ancião insistiu durante bastante tempo e ele acabou dizendo o que tinha acontecido: 'Pensamentos me atormentam com frequência e eu fui confessá-los a tal ancião, e segundo o que ele me disse, não há para mim nenhuma esperança de salvação. Desencorajado, estou voltando para o mundo'. Ao ouvir isso, o Padre Apollos o consolou e o exortou, dizendo: 'Não se surpreenda, meu filho, e não perca a esperança. Pois eu mesmo, na minha idade e com meus cabelos brancos, sou muito atormentado por esses pensamentos.

Não te inquietes por causa dessa febre, não é tanto o esforço humano que a cura, mas a bondade de Deus. Dá-me apenas um dia e volta para tua cela'. Foi o que fez o irmão.

Após tê-lo deixado, o Abade Apollos foi à cela do ancião a quem o irmão tinha feito sua confissão e, mantendo-se do lado de fora, orou a Deus com lágrimas, dizendo: *'Senhor, Tu que envias as tentações para o benefício de cada um, faz passar o combate do irmão sobre esse ancião, para que ele aprenda pela experiência, na sua velhice, o que ele não aprendeu em vários anos: a ter compaixão com aqueles que tem que lutar'*.

Ele ainda não acabara sua oração quando viu um odioso demônio perto da cela, lançando dardos contra o ancião. Tendo sido atingido, tão logo ele correu em todas as direções como um homem embriagado. Incapaz de ficar no mesmo lugar, ele saiu da cela e voltou para o mundo pelo mesmo caminho que o irmão tinha tomado. Tendo visto o que se passava, o Abade Apollos foi ao seu encontro e lhe disse: *'Para onde vais assim? Qual é a causa da perturbação que tomou conta de ti?'* Percebendo que seu estado era conhecido pelo santo, ele ficou cheio de vergonha e nada disse. O Abade Apollos disse então: *'Volta para a tua cela e de agora em diante reconhece a tua fraqueza; diz de agora em diante que se tinhas sido, até o momento presente, ignorado ou desdenhado pelo diabo, é que não eras digno para lutar com ele. O que digo? Tu não poderias suportar os seus ataques sequer um único dia. Isso te aconteceu porque, ao receber um jovem irmão atacado pelo inimigo comum, ao invés de ungi-lo para o combate, tu o jogaste no desespero sem levar em conta a recomendação do Sábio: 'Livra os que foram entregues à morte, salva os que cambaleiam indo para o massacre'* (Pr 24,11). Tampouco guardaste as palavras do nosso Salvador, que disse: *"não quebrará o caniço rachado, nem apagará a mecha que ainda fumega, até que faça triunfar a justiça"* (Mt 12,20). Pois nada nem ninguém pode suportar os assaltos, nem apagar os ardores da natureza, se a graça de Deus não guardar a fraqueza humana. Convencidos, portanto, *da saudável providência que vela sobre nós, vamos unir nossas preces a Deus para que ele desvie o castigo que te enviaste. Pois 'O Senhor Deus deu-me a língua de um discípulo para que eu saiba reconfortar pela palavra aquele que está abatido. Cada manhã ele desperta meus ouvidos para que escute como discípulo' (Is 50,4). Pois 'ele rebaixa e ele levanta; ele faz morrer e ele faz viver; ele conduz aos infernos e traz de volta' (1Sm 2,6-7). Ao pronunciar essas palavras, ele libertou imediatamente o ancião do combate que ele tinha que suportar e exortou-o a pedir a Deus que lhe desse uma língua que soubesse dizer as palavras certas no momento exato"*[69].

É sempre bom nos lembrarmos da necessidade de ter um pai espiritual diante de quem possamos abrir nosso coração e desvelar nossos pensamentos e fantasias. Cassiano nos alerta igualmente sobre aqueles que não conseguem suportar essa escuta e a quem falta discernimento. Cada um só pode conduzir o outro até onde ele chegou, a honestidade seria, então, enviar seu discípulo ou seu paciente para alguém mais experiente quando sentirmos os limites da nossa própria existência. Só podemos compreender aquilo que nós mesmos vivemos. Podemos ser terapeutas sem termos explicado nossa própria loucura e seu núcleo mais ou menos psicótico?

Como pode, aquele que não foi tentado, compreender as tentações que lhe são confessadas e as dores que elas acarretam?

Cassiano indica igualmente que um pai espiritual não deve *julgar* para não ser *julgado*, segundo a palavra do Evangelho. A base da sua justiça e do seu rigor deve ser a misericórdia, à imagem e semelhança de Deus. Pois a função do pai espiritual é a de ser o mediador da paternidade de

---

69. Ibid.

Deus, "que nos corrige e nos conforta, que nos rebaixa quando nos levanta e nos volta a levantar após nossas quedas e nos coloca em marcha a exemplo de Cristo.

Dentre todas as artes, o arte espiritual é, sem dúvida, a mais difícil, e as consequências dos nossos erros nesse campo são as mais fatais. Trememos diante do pensamento de confiar nosso corpo a um cirurgião que não conhece a arte da medicina. Como não temer confiar sua alma e sua interioridade a um pretenso mestre que não conhece a arte da oração que dá ao coração o discernimento e a misericórdia?

10 Necessidade do pai espiritual

Cristo, que tinha chamado Paulo e falado com ele, podia abrir-lhe imediatamente os olhos e mostrar-lhe o caminho da perfeição. Mas ele o envia a Ananias e o aconselha a aprender dele o caminho da verdade: "Então, trêmulo e atônito, disse ele: "Senhor, que queres que eu faça?" Respondeu-lhe o Senhor: "Levanta-te, entra na cidade. Aí te será dito o que deves fazer" (At 9,6).

Dessa maneira, ele nos ensina a nos deixar guiar por nossos antecessores do medo para que aquilo que é tão bem dito a Paulo não seja mal interpretado e não se torne um exemplo de presunção para seus descendentes, cada um querendo ser conduzido diretamente à verdade por Deus, mais ou menos como Paulo, e não por intermédio dos Padres. Que assim seja, nós podemos vê-lo não apenas no que acabamos de dizer, mas também naquilo que o Apóstolo fez, como ele próprio escreve: "Subi até Jerusalém para ver Pedro e Paulo em consequência de uma revelação. Expus-lhes o Evangelho que prego entre os pagãos, e isso particularmente aos que eram de maior consideração, a fim de não correr ou de não ter corrido em vão" (Gl 2,2). E, no entanto, a graça do Santo Espírito caminhava com ele, pelo poder dos milagres que ele fazia.

Quem será, portanto, tão orgulhoso e tão pretensioso para ousar confiar em seu próprio bom-senso e julgamento, quando esse vaso de eleição atesta ter precisado do conselho daqueles que eram apóstolos antes dele? Aqui está claramente comprovado que o Senhor não mostra a ninguém o caminho da perfeição a não ser através dos Pais espirituais que caminham sobre este caminho. Também é bem dito pelo Profeta: "Interroga teu pai e ele te ensinará; os anciãos, eles te dirão" (Dt 32,7).

Nossa tentação é por vezes querer conhecer Deus diretamente, sem passar por intermediários. Conhecer a essência de Deus, sem passar pelas suas energias, conhecer o invisível de Deus, sem passar pelas realidades visíveis que o manifestam e o encarnam.

Conhecer o criador sem recorrer à criatura. Conhecer a causa primeira fazendo economia das causas secundárias. Qualquer que seja a língua que empreguemos, podemos sentir em Cassiano uma certa reserva quanto ao ensinamento daquele que foi, no entanto, seu mestre. Trata-se de Evágrio, quando esse pede para ir do *material ao imaterial* mesmo que o objetivo de certos monges seja ser *semelhante aos anjos* – nós não somos anjos e somos chamados ao mais alto: *nos tornarmos parecidos com Deus, enquanto permanecemos homens, sem confusão e sem separação* é preciso realizar as núpcias do criado e do incriado, a presença daquele que os anciãos chamavam de *arquétipo da síntese*.

O caminho para Deus, salvo exceção e eleição, é ir a Ele através da natureza e da humanidade. "Aquele que diz eu amo Deus e não ama seu irmão é um mentiroso." De fato, aquele que não ama seu irmão que ele vê, não pode amar o Deus que ele não vê. Eis o mandamento que recebemos dele: "Que aquele que ama Deus, que ele ame também o seu irmão" (1Jo 4,20-21).

Poderíamos acrescentar que aquele que ama o céu, que ele ame também a terra; que aquele que ama a luz, ame também a matéria etc. Aquele que é o *arquétipo da síntese* só pode ensinar a harmonia e a união dos contrários, a não dualidade.

E isso também é verdade com relação ao caminho da perfeição, "que aquele que ama seu Pai espiritual que está nos céus, ame também seu pai espiritual, que está sobre a terra".

É assim que adquirimos a humildade e o discernimento. E Cassiano cita o exemplo de Paulo que recebeu uma revelação "direta" no caminho de Damas e que em seguida submeteu-se a Ananias para ser iniciado à vida cristã. Da mesma maneira, antes de pregar no mundo inteiro, ele vai consultar os anciãos que estão em Jerusalém – Pedro, Tiago e João. Ele lhes expõe *seu* Evangelho e aguarda sua concordância e sua bênção (Gl 2,1-10).

Através de todos esses exemplos, ele nos lembra a beleza e a bondade das meditações ao mesmo tempo que seu caráter gracioso e não necessário.

Deus poderia nos curar diretamente (e é o que acontece no caso dos milagres; a causa primeira não se preocupa com a causa segunda). Mas ele gosta que passemos pelo médico para que um amor intempestivo pela divindade não nos faça esquecer todos os dons que ela nos faz através da nossa humanidade.

11 A medida em todas as coisas

Esforcemo-nos, portanto, com todo nosso poder e todo nosso ardor, para adquirir por nós mesmos o carisma do discernimento, que poderia nos manter livres dos dois excessos opostos. De fato, como dizem os Padres, os excessos em um sentido ou em um outro são igualmente nocivos: o excesso do jejum e a saciedade do ventre;

as vigílias imoderadas e o excesso de sono, assim como os outros excessos. Nós conhecemos alguns que não tinham sido vencidos pela gula e que caíram em seguida devido a jejuns imoderados, tendo sido levados por essa mesma paixão pela gula por causa da fraqueza provinda do jejum excessivo.

Por meu lado, eu me lembro também de ter praticado uma tal abstinência que não me lembrava mais sequer do desejo pelo alimento, após ter permanecido dois ou três dias sem nada tomar, de não mais pensar de maneira alguma em alimento, a menos que outros o dessem para mim. Aconteceu comigo novamente que, por instigação do diabo, o sono se foi dos meus olhos a ponto de, durante várias noites, eu suplicar ao Senhor para que me concedesse um pouco de sono. Caí assim em um perigo maior pela privação excessiva de alimento e de sono do que pela gula e o excesso de sono[70].

A graça do discernimento é também o que nos conduz a uma vida equilibrada, cheia de medida, essa equanimidade ou igualdade da alma que é o sinal da sabedoria.

Nada demais era a máxima dos gregos, que temiam mais do que tudo a *hybris*, a desmedida e o orgulho; nem demais, nem de menos, evitar os extremos e os excessos.

De fato, como dizem os Padres, "os excessos em um sentido como em outro são igualmente nocivos" seja em matéria de alimento, de sono, de estudo etc. E está aí toda uma arte de viver proposta por Cassiano: o ser humano é a harpa do Rei Davi: suas cordas não eram nem frouxas nem tensionadas demais; assim, o som que dela saía não era nem estridente nem amorfo.

Nossa vida está incessantemente em busca de equilíbrio, a uma certa altura, ela não pode prescindir de um "pêndulo", ou seja, de discernimento.

---

70. Ibid., p. 142.

12 A oração que é um segredo

É um segredo que os raros sobreviventes dentre os primeiros Padres nos ensinaram e nós o vivemos, em um pequeno número de almas que têm realmente sede de conhecer. Para manter-vos, portanto, sempre no pensamento de Deus, vós devereis continuamente propor essa fórmula de piedade: "Meu Deus, vinde em minha ajuda! Apressai-vos, Senhor, em me socorrer!"

Não é sem razão que esse curto versículo tenha sido escolhido particularmente em todo o corpo das Escrituras. Ele expressa todos os sentimentos aos quais a natureza humana é suscetível; ele se adapta facilmente a todas as condições, e convém a todos os tipos de tentações.

Encontramos aí o chamado a Deus contra todos os perigos, uma humilde e piedosa confissão, a vigilância de uma alma sempre em despertar e penetrada por um temor contínuo, a consideração da nossa fragilidade; expressa também a confiança de ser ouvido e a garantia do socorro sempre e em todo lugar presente, pois aquele que não cessa de invocar seu protetor está certo de tê-lo perto de si. É a voz do amor e da caridade ardente; é o grito da alma que tem os olhos abertos às armadilhas às quais está exposta, que treme em face dos seus inimigos e vendo-se sitiada por eles noite e dia confessa que não pode escapar a menos que seu defensor a ajude.

Para todos aqueles que assediam os ataques dos demônios, este versículo é um baluarte inexpugnável, uma armadura impenetrável e o mais forte dos escudos. Em todos os desgostos, nas angústias e nas tristezas, seja qual for o pensamento que nos oprime, ele não nos permite desesperar de nossa salvação, pois ele nos mostra naquele que invocamos, alguém que vê nossos combates e nunca está longe daqueles que oram. Se, pelo contrário, as consolações e a alegria inundam nossos corações, ele adverte para que não nos orgulhemos nem fiquemos inflados por uma alegria que ele atesta que somos incapazes de manter sem a proteção de Deus, já que imploramos pela sua ajuda contínua e, melhor ainda, imediata.

Em suma, para todos e em todas circunstâncias ele é útil, ele é necessário. Pois desejar ser ajudado sempre e para todas as coisas, é dizer claramente que temos tanta necessidade do socorro divino quando tudo nos favorece e nos sorri, quanto nas provações e nas tristezas: apenas Deus nos tira da adversidade, apenas ele faz nossas alegrias durarem; em um e outro, pois a fragilidade humana não saberia se manter sem seu socorro.

Assim, esse versículo deve ser nossa constante oração: na adversidade, para sermos livres, na prosperidade, para ali nos mantermos, e sermos preservados do orgulho. Sim, que ele seja a ocupação contínua de vosso coração! No trabalho, em vossos diversos ofícios, em viagem, não vos cansais de repetir. Seja comendo, seja dormindo, em todas as subjugações da natureza, medite sobre isso. Esse pensamento se tornará uma fórmula de salvação, que não apenas vos protegerá contra todos os ataques dos demônios, mas ainda vos purificará de todo vício e de toda impureza terrestre e assim vos elevará até a contemplação das coisas celestes e invisíveis, a esse ardor inefável da oração que tão poucos conhecem por experiência. Que o sono vos feche os olhos sobre essas palavras, tanto que, à força de repeti-las, vós adquiríeis o hábito de repeti-las mesmo dormindo. Que elas sejam, ao despertar, a primeira coisa que se apresente ao vosso espírito, antes de qualquer outro pensamento. Pronuncie-as de joelhos ao sair da cama, e que elas vos acompanhem em seguida em todas vossas ações, sem jamais vos deixar. Vós as meditareis, segundo o preceito de Moisés, "sentado em vossa casa e andando pelos caminhos", ao adormecer e ao acordar. Vós as escrevereis em vossos lábios, vós as gravareis sobre as paredes de vossas casas e no santuário de vosso coração: de maneira que elas vos acompanharão como vosso único refrão e quando, em seguida, vós vos levantares para seguir o curso normal da vida, como vossa oração constante[71].

---

71. *Les collations de Jean Cassien ou l'unité des sources*. Org. de J.-Y. Leloup. Paris: Albin Michel/Cerf, 1992, p. 149.

Alguns veem nesse texto a origem da oração hesicasta ou *monológica*: escolher uma frase curta e repeti-la sem parar, de maneira cada vez mais interiorizada, deveria conduzir à contemplação ou à presença daquele que é invocado.

Cassiano apresenta essa forma de oração como "um segredo que os raros sobreviventes dentre os primeiros Padres nos ensinaram", e ele desenvolve todos os benefícios, pois ela pode ser praticada a cada instante e em todas as circunstâncias, diferente da recitação dos salmos e da liturgia.

À fórmula "meu Deus, venha em minha ajuda: apressai-vos em me socorrer", os Padres vão preferir o *Kyrie eleison*, que é a oração do cego de nascença, de todas os enfermos e dos pecadores no Evangelho, até do bom ladrão.

"Senhor, tende piedade" que podemos desenvolver seguindo o sentido que damos a *eleison*, a etimologia desta palavra grega indica a misericórdia, a ternura, a saúde. "Senhor, tende piedade"; ou seja, envia tua misericórdia, teu Espírito Santo, estou sem fôlego. "Lembra-te de mim em teu Reino".

"Lembra-te que o teu ser é amor (*Ágape*). Ao *kyrie*, os Padres acrescentarão o nome de Yeshua, já que é nele que são recapitulados o céu e a terra, a matéria e o espírito, o finito e o infinito, o eterno e o tempo, Deus e o homem.

Se nos tornamos aquilo que amamos, se nos tornamos aquilo que invocamos, invocar o nome de Yeshua é tornar-mo-nos à imagem e semelhança do *arquétipo da síntese*.

Kyrié Jesus Christé, eleison imas. Paulo já tinha indicado que nada nem ninguém pode dizer "Jesus é Senhor" Adonai Yeshua, *Kyrie Jesus* sem o Espírito Santo (1Cor 12,3); assim, quando nós invocamos seu nome, o Espírito Santo une-se ao nosso espírito.

Da mesma maneira, quando dizemos *Abba* em hebraico, *A'um* em aramaico, *papai* em português, nós entramos na oração de Yeshua (ou oração de Jesus) e essa oração nada nem ninguém pode pronunciá-la igualmente, se não for no Espírito. Não somos mais nós que oramos, é Cristo que ora em nós. "Porquanto não recebestes um espírito de escravidão para enclausurar no medo, mas recebestes o espírito de adoção pelo qual clamamos: Abba! Pai! "O próprio Espírito dá testemunho ao nosso espírito de que somos filhos de Deus" (Rm 8,15-16).

O Espírito (*pneuma*) liberta nosso espírito (*noùs*) de todos os medos, mas também de todos os apegos e de todos os pensamentos. É a oração do coração purificado que *vê Deus*, que ama como apenas Deus sabe amar. *Abba, A'um* é a oração secreta de Yeshua.

VIII
A pequena filocalia de Macário o Egípcio

Macário, dito do Egito, para diferenciá-lo de Macário de Alexandria, nasceu no início do século IV no Alto Egito e morreu por volta de 391 no Deserto de Escetes no monastério que hoje se chama Ouadi Natroum. Discípulo de Santo Antônio, conhecido por sua santidade precoce, foi lhe atribuído o nome de "jovem ancião".

Junto com Evágrio, que foi seu discípulo, ele é considerado um dos grandes mestres espirituais do monaquismo primitivo. Sua inspiração profunda é intensamente bíblica. Mais do que qualquer outro, ele insistirá sobre o papel do coração e do corpo na vida espiritual, assim como sobre "o sabor de Deus", "poderosa operação do Espírito que é exercida no coração com um sentimento de plenitude"[72].

1

Perguntaram a Abba Macário: Como devemos orar? O ancião respondeu: não há necessidade de se perder em palavras; basta estender as mãos e dizer: "Senhor, como for de vosso agrado e como vós sabeis, tende piedade". Se o combate o pressionar, diga: "Senhor, socorro!" Ele sabe o que lhe convém, e terá piedade de ti[73].

---

72. Hom. 15, 20 (*pleirophoria*).
73. Apud *PG* 30, 249 A.

Para Abba Macário a oração não é uma sequência de palavras, ela é um gesto, o gesto de todo o corpo do homem que se levanta e ergue os braços para o céu. É a postura daquele que ora, frequentemente representada nas catacumbas e nas iluminuras bizantinas. É também o gesto pelo qual o animal de pé torna-se verdadeiramente humano. Não basta ficar de pé e não mais caminhar sobre quatro patas, mas sobre dois pés, é preciso ainda levantar os braços para concluir a evolução. De fato, o objetivo da evolução não é o homem de pé, é a pessoa que ora com os braços erguidos, abertos ao infinito e à transcendência.

O objetivo e o sentido da vida humana é o louvor, além da idade instintiva onde o animal precisou aceder à idade da razão; agora, além da idade da razão é preciso aceder à idade da oração. O homem que não ora ainda não é um homem.

Neste gesto de abertura, o ser humano reconhece o Ser que o fundamenta, o Outro que o chama, "o Amor soberano que faz girar a terra, o coração humano e as outras estrelas" e cujo reconhecimento é a realização da nossa humanidade. "Senhor, por favor, vós sabeis... *Kyrie Eleison*, enviai vosso Espírito, o Sopro da vossa misericórdia".

E se a ameaça do esquecimento nos rondar, se sentirmos o obstáculo ou o afastamento da sua presença, devemos invocar a graça da atenção, *kyrie eleison, kyrie eleison...*

2

Eis aqui a base verdadeira da oração: estar atento aos seus pensamentos e entregar-se à oração em uma grande tranquilidade e paz de maneira a não chocar os que estão de fora... O homem deverá, portanto, centrar o combate contra seus pensamentos, esculpir a massa de pensamentos ruins que o cercam, dirigir-se a Deus, não fazer as vontades dos seus pensamentos, mas, pelo contrário, trazê-los de volta da sua dispersão, separando os pensamentos naturais dos ruins. A alma sob pecado avança como se passasse por um rio invadido pelos juncos ou matagais de arbustos e espinheiros. Aquele que quiser atravessar deve estender as mãos e, penosamente, afastar à força o obstáculo que o aprisiona. Dessa maneira, os pensamentos do poder inimigo envolvem a alma em sua matriz. É preciso um grande zelo e uma extrema atenção do espírito para discernir os pensamentos intrusos do poder inimigo[74].

Os Terapeutas do Deserto repetem incessantemente que a base e a essência da oração é a atenção; as duas palavras são, aliás, quase sinônimas em grego (*proseuké* e *prosoké*).

Macário indica de maneira precisa: "uma atenção tranquila", não tensionada ou demasiado voluntariosa. Observar sem julgar o vaivém dos nossos pensamentos. Vê-los aparecer e saborear, experimentar, o silêncio entre dois pensamentos.

Trata-se de nos voltarmos para Deus e sua presença que permanece dentro de nós. Isso supõe um retorno do olhar que se volta para o interior:

Eu não olho mais as coisas externas, olho aquele que as vê e olho além, olho aquele que faz ver aquele que vê.

Há um olhar em meu olhar, diz o Evangelho de Tomé, há a luz que me faz ver e que ilumina todas as coisas.

Macário propõe não apenas erguer nossas mãos, mas também separar os braços como se fôssemos empurrar os muros, os obstáculos que nos enclausuram, esse é o gesto da Cruz, o homem se abre ao infinito, ele está totalmente no Aberto.

---

74. Hom. 6, 520 B. In: GOUILLARD, J. (ed.). *Petite philocalie de la prière du coeur*. Op. cit., p. 48.

3

Aqueles que se aproximam do Senhor devem fazer sua oração em um estado de extrema tranquilidade e paz e dirigir sua atenção ao Senhor com sofrimento do coração e sobriedade dos pensamentos, sem gritos desajeitados e confusos[75].

A oração é um estado de paz e tranquilidade extremas. A aquisição desta "invencível tranquilidade do coração" não acontece sem que haja alguma dificuldade ou esforço.

Não são os gritos que atraem a paz, nem as emoções, nem as efusões emocionais, é a sobriedade que exige sobriedade, é o silêncio que nos leva ao silêncio.

É o nosso aniquilamento que nos conduz àquele que é "mais do que o ser" (*hypperousion*).

4

O pecado tem o poder e a impudência de entrar no coração. Pois os pensamentos não vêm de fora, mas de dentro do coração. O Apóstolo diz: "Quero, pois, que os homens orem em todo lugar, levantando as mãos puras, superando todo ódio e ressentimento" (1Tm 2,8). Ora, "é do coração que saem os maus pensamentos..." segundo o Evangelho (Mt 15,19). Aproxima-te, portanto, da oração, inspeciona teu coração e teu espírito e toma a resolução de fazer subir a Deus uma oração pura. Vigia sobretudo para que não haja obstáculos, que tua oração seja pura, que teu espírito esteja ocupado pelo Senhor tanto quanto com seu arado, o lavrador e o marido da sua mulher... se dobrares os joelhos para orar e se outros não vierem pilhar teus pensamentos[76].

---

75. Hom. 6, 517 C. In: Ibid.
76. Hom. 15, 584 C. In: Ibid.

"Os pensamentos vêm de fora": aqui Macário apenas cita e comprova através da sua experiência as palavras do Evangelho: "Não compreendeis que tudo o que entra pela boca vai ao ventre e depois é lançado num lugar secreto? Ao contrário, aquilo que sai da boca provém do coração, e é isso o que mancha o homem. Porque é do coração que provêm os maus pensamentos, os homicídios, os adultérios, as impurezas, os furtos, os falsos testemunhos, as calúnias. Eis o que mancha o homem. Comer, porém, sem ter lavado as mãos, isso não mancha o homem" (Mt 15,17-20).

Esse tema do puro e do impuro já tinha um papel capital no judaísmo palestino. Às precauções rituais judaicas destinadas a preservar o homem das imundices vindas de fora, Yeshua propõe uma outra visão das coisas: o que torna o homem impuro é aquilo que sai dele, particularmente a palavra, a informação que ele comunica e que pode ser falsa ou destrutiva. A palavra (*davar*) torna-se, então, a praga (*dever*).

Não é o mosquito que cria o pântano, é o pântano que cria o mosquito. Não é o vírus que cria o terreno, é o terreno que cria o vírus (cf. Pasteur).

O terreno é o coração; se o coração for ruim, tudo que poderá ser dito ou feito será maculado, além de ser tóxico e destrutivo. Se o coração for trabalhado, transformado, purificado, tudo que poderá ser dito ou feito será puro, revigorante e criativo.

Daí a importância, para os antigos, de *mudar de coração*; essa é a verdadeira metanoia. Não se trata apenas de mudar de hábitos ou de atitudes externas.

"Tudo é puro para aquele que é puro", e é o amor que purifica, a oração que é o amor de Deus, da sua presença e do seu nome, purifica.

"Que o teu espírito esteja atento a teu Senhor tanto quanto ao seu arado o lavrador..."

5

A graça grava no coração fios de luz, as leis do Espírito. Eles não devem, portanto, apenas extrair sua garantia das Escrituras escritas com tinta, pois a graça de Deus grava também as leis do Espírito e os mistérios celestes sobre as tábuas do coração. O coração de fato comanda e rege todo o corpo. A graça, uma vez que ela se apodere das pastagens do coração, reinará sobre todos os membros e os pensamentos. Pois é nele que estão o espírito e todos os pensamentos da alma e sua esperança. Através dele, a graça passa por todos os membros do corpo[77].

A lei da nova aliança não é uma lei escrita no exterior ou em um livro. Ela está inscrita no interior, é a lei da seiva na árvore, é a lei do Espírito no espírito, da Consciência na consciência, a lei do Amor (Ágape) no coração.

A graça, uma vez que ela se apodere das pastagens do coração, reinará sobre todos os membros e os pensamentos. *Pastagens do coração* é uma expressão própria de Macário e que aparece frequentemente em suas obras. Essas pastagens do coração, que são o campo do Belo Pastor (*kalos anthropos*) e que são também as tábuas onde ele escreve a Torá do grande exercício (*mahamudra*) que Ele nos propõe no prolongamento do exercício proposto por Moisés: "Amarás o Senhor teu Deus de todo teu coração,

---

77. Ibid., p. 49-50.

de todo teu espírito e de todas tuas forças e tu amarás teu próximo como a ti mesmo". Ele acrescenta com a tinta do seu sangue: "Amai-vos uns aos outros como eu vos amei".

É nesse momento que as pastagens do coração podem se inflamar e tornar-se a sarça ardente onde se revela a própria presença do "Eu sou".

6

O espírito é uma coisa e a alma é outra? O corpo tem diferentes membros, portanto dizemos: um ser humano. Da mesma maneira, a alma tem diversos membros: o espírito, a consciência, a vontade, os pensamentos que acusam, mas também escusam (Rm 2,15), tudo isso está unido em um mesmo pensamento e os membros da alma constituem o homem interior. Assim como os olhos do corpo percebem os espinhos de longe, o espírito prevê as armadilhas do poder inimigo e resguarda a alma de quem ele é o olho[78].

Macário colocou aqui a questão da alma e do corpo, da sua dualidade e da sua unidade e nos introduz à complexidade da sua antropologia: O corpo tem diversos membros (uma cabeça, mãos, pés etc.), a alma tem diversos membros (uma consciência, uma vontade, uma memória etc.), no entanto o corpo é um, a alma é uma, assim a alma e o corpo são um único homem que tem uma realidade ou um aspecto exterior (o corpo) e uma realidade ou um aspecto interior (a alma). Poderíamos tirar um membro exterior e um membro interior, mas ele continua sendo um. Da mesma maneira, há sentidos carnais (o olho que vê os espinhos) e sentidos espirituais (o olho do espírito que discerne os obstáculos para a paz do coração).

---

78. Hom. 7, 528 B. In: Ibid.

O fato de se voltar pela oração para o homem interior, onde a realidade interna do ser humano não destrói o homem exterior ou a realidade externa do ser humano.

Mas é do interior que deve nascer o pensamento e a ação que se manifestará no homem exterior e não o contrário; quando o homem exterior invade o homem interior, esse sufoca e desaparece. A preocupação do corpo pode entravar a saúde da alma, no entanto, preocupar-se com sua alma garante a saúde do corpo.

Quando os sentidos carnais param de se dispersar no exterior, suas energias recentradas despertam os sentidos espirituais. O universo aparece então ao homem transfigurado, um e outro, o interior e o exterior, banham em uma mesma luz.

7

A soma de todas as boas atividades, a mais elevada das nossas obras, é a perseverança na oração. Por meio dela, podemos adquirir a cada dia todas as virtudes, pedindo-as a Deus. Ela é concedida àqueles que são julgados dignos de comunhão com a Bondade divina, na operação do Espírito, a união do sentido espiritual ao Senhor em um indizível amor. Aquele que, a cada dia, se obriga à perseverança na oração é consumido pelo amor espiritual de um desejo divino e inflamado por um ardente langor de Deus e recebe a graça espiritual da perfeição santificadora[79].

Cada um de nós deve examinar se encontrou em seu vaso de argila o tesouro, se vestiu a púrpura do espírito, se viu o rei, se repousou perto dele, ou se neste momento ele não está morrendo nas moradas mais externas. Pois a alma tem uma multidão de membros e uma

---

79. Hom. 40, 764 B. In: Ibid., p. 51.

grande profundidade. O pecado, ao penetrar nela, toma conta de todos seus membros e das pastagens do coração. O homem, quando se coloca em busca da graça, essa vem até ele e talvez se apodere de dois membros da alma. O sujeito pouco experimentado, neste consolo da graça, pensa que ela tomou conta de todos os membros da alma e que o pecado foi extirpado. Ora, a maior parte permanece sob o império do pecado e um único sob aquele da graça, mas, na sua ignorância, ele se deixa surpreender[80].

Não basta orar, é preciso perseverar na oração, a provação do deserto é a provação da paciência, da resistência, da perseverança. Quantas vezes por dia um grande pianista deve fazer a escala antes de se permitir improvisar e deixar se levar pela improvisação?

Perguntaram a um grande artista como ele chegara a uma tal espontaneidade na realização da sua obra: ele respondeu: 99% de trabalho, paciência, perseverança e 1% de inspiração, felicidade, prazer.

Macário, como todos os anciãos, desconfia da presunção dos neófitos e dos recém-convertidos, que creem ter chegado e creem possuir o Espírito Santo após terem recebido algumas graças ou dons de Deus.

Apenas a parte mais externa do seu ser interior é tocada; será necessário mergulhar mais fundo nas profundezas, aventurar-se no mais denso, para que todos os seus *membros internos* (a consciência, a afetividade e a memória) sejam totalmente investidos pela presença; então, onde só nos lembramos de Deus, a memória se torna silenciosa.

A afetividade é silenciosa, não amamos nada além de Deus (em si mesmo, em tudo e em todos). A consciência é

---

80. Hom. 50, 820 C. In: Ibid., p. 51-52.

silenciosa, no lugar dos pensamentos, reina uma clara luz. É a *hesychia* enfim vivida.

8

O irmão tornou a interrogá-lo, dizendo: qual é a obra que mais agrada a Deus na ascese e na abstinência? Respondendo-lhe, ele disse: Bendito aquele que perseverar no nome abençoado de Nosso Senhor Jesus Cristo, sem cessar e com contrição de coração; pois certamente não há em toda a vida prática um trabalho agradável como este alimento abençoado, se você ruminar sobre ele o tempo todo, como as ovelhas quando puxam a grama e saboreiam a doçura da ruminação, até que a coisa ruminada penetre no seu coração e aí espalhe uma doçura e uma gordura (unção) boas ao seu estômago e a todo o seu interior; não vês a beleza dessas faces cheias da doçura extraída daquilo que ela ruminou em sua boca? Que Nosso Senhor Jesus Cristo seja gracioso conosco em seu nome doce e untuoso[81].

Para Macário, a obra mais agradável para Deus é a de perseverar na invocação do nome de Yeshua (YHshWH) com *contrição do coração*.

Qual é essa qualidade de atenção que chamamos de contrição ou compunção (em grego *catanyxis on penthos*)?

Quando somos lúcidos, não apenas para com as nossas limitações e nossa impotência, mas também com nossa pouca fé (de adesão a Yeshua) e de amor, poderíamos ficar desesperados.

Penthos é a nostalgia do coração em busca da unidade perdida, da paz que torturamos, da verdade que pervertemos. É o inferno, não de uma culpa mórbida, mas de uma consciência lúcida.

---

81. Ibid., p. 53-54.

"Mantém tua alma no inferno e não te desesperes", dirá Cristo a um grande hesicasta contemporâneo: Siluane do Monte Athos, em quem essa aflição de um instante será seguida de uma alegria eterna.

Quando eu considero a natureza da compunção, sou tomado pelo assombro: como aquilo que chamamos de aflição e tristeza pode conter, oculto em seu seio, tanta alegria e animação, assim como a cera contém o mel? Qual lição devemos tirar disso? É que tal compunção deve ser reconhecida de uma maneira muito especial, como um dom do Senhor. Na alma não há mais, portanto, prazer sem prazer verdadeiro, Deus consola de uma maneira secreta o coração partido[82].

O coração partido, assim como o vaso de Maria Madalena, se espalha aos pés do Mestre e Senhor, ele preenche a casa com seu perfume.

Macário emprega igualmente uma imagem interessante e que terá uma longa descendência na história do monaquismo: "O monge é uma ovelha que rumina"; *a ruminação* é, de fato, uma prática importante para o monge.

Cada manhã, ele pode escolher um versículo da escritura, que ele repetirá ao longo do dia, não importa qual seja o seu trabalho, para descobrir o suco e o sentido que estão nessas palavras. "A coisa ruminada entra no interior do coração e ali espalha uma doçura e uma unção inefáveis."

O nome de Yeshua "ruminado incessantemente", ou seja, cada vez mais integrado, nos revela pouco a pouco a força da beleza que nos salva de qualquer aflição.

---

82. *Saint Jean Climaque, l'échelle sainte.* Trad. de P. Deseille. Bégrolles-en--Mauges: Abadia de Bellefontaine, 1997, p. 113-121 [Spiritualité Orientale, 24]. • DESEILLE, P. *La spiritualité orthodoxe et la philocalie.* Op. cit., p. 160.

9

Um irmão interrogou Abba Macário dizendo: dá-me a explicação para estas palavras: "A meditação do meu coração está em tua presença". O ancião lhe disse: não há nenhuma meditação mais requintada, se não o nome salutar e bendito de nosso Senhor Jesus Cristo, que habita incessantemente em ti, assim como está escrito: "Como uma andorinha eu gritarei e como uma pomba eu meditarei". Assim faz o homem piedoso que é constante no nome salvador de nosso Senhor Jesus Cristo[83].

"A oração do coração é uma atenção à tua presença." Há diferentes níveis de presença; presença sensível, presença afetiva, presença intelectual, presença externa, presença interna. A presença é una, apenas mudam os centros vitais que a acolhem. O exercício proposto por Moisés e retomado por Yeshua nos pede para amar Deus, estar atentos à sua presença "de todo nosso ser, de todas nossas forças, de todo nosso coração e de todo nosso espírito". É através desse exercício que nos tornamos realmente purificados; um, monogênito.

Não se trata apenas de estar atentos à presença do outro, da natureza ou à presença do Ser ou de Deus, mas à *tua* presença, presença de um Tu que supõe uma relação e uma comunhão do coração: *Ó Tu, além de tudo, no mais presente de nós, todo outro, e todo nosso; Tu que és aquele que é e faz ser tudo aquilo que é; Tu, mais eu do que eu mesmo e completamente outro do que eu mesmo; Tu e eu, nós somos Um*, esta era a oração de Yeshua.

Se estamos em seu Espírito, também descobrimos isso pela nossa atenção à sua presença. "Tu e eu, nós so-

---

83. GOUILLARD, J. (ed.). *Petite philocalie de la prière du coeur.* Op. cit., p. 54.

mos Um", como a pomba que murmura teu nome: *"A'um, Abba, A'um douashmaya"*.

"Nosso pai, Tu que estás nos céus, Tu que és a luz e o amor que habitam e contêm todas as coisas, que teu nome seja santificado". Para Macário, antes de aceder à oração de Jesus (YHshWH) é bom praticar a oração a Jesus (YHshWH), já que Ele é a verdade, a vida e o caminho, o caminho para o Pai, que é atenção e amor em sua presença.

Se soubéssemos o que sabem as andorinhas, se soubéssemos orar como a pomba![84]

10

Abba Évagrius disse: eu ia me encontrar com Abba Macário, atormentado pelos pensamentos e as paixões do corpo. Eu lhe disse: meu pai, diga-me uma palavra, que eu possa viver dela. Abba Macário me disse: amarre a corda da âncora à pedra e pela graça de Deus o barco atravessará as ondas diabólicas, as vagas deste mar decepcionante e o turbilhão das trevas deste mundo vão. Eu lhe disse: qual é o barco, qual é a corda, qual é a pedra? Abba Macário me disse: o barco é o teu coração, conserva-o; a corda é o teu espírito: atrele-o a Nosso Senhor Jesus, o Cristo, que é a pedra que tem o poder sobre todas as ondas e as vagas diabólicas que são combatidas pelos santos, pois não é fácil dizer a cada respiração: "Senhor Jesus Cristo, tende piedade de mim; eu te abençoo meu Senhor Jesus, vinde em meu socorro"[85].

O que pedimos a um pai espiritual?

"Diga-me uma palavra, para que eu possa viver dela" – não aguardamos um discurso, mas uma palavra

---

84. Cf. LELOUP, J.-Y. *Escritos sobre o hesicasmo.* Op. cit.
85. GOUILLARD, J. (ed.). *Petite philocalie de la prière du coeur.* Op. cit., p. 55.

breve e viva que nos dê o gosto de viver e de amar, que nos levante caso tenhamos caído, que nos faça voltar a caminhar quando fomos parados.

Como Yeshua, o pai espiritual responde frequentemente por meio de uma imagem, uma parábola; ele fala como poeta mais do que como professor; ele se dirige ao imaginário tanto quanto à razão.

"Amarra a corda da âncora à pedra, e pela graça de Deus teu barco atravessará as ondas..." E como Cristo explicando a Parábola do Semeador, Macário explica a Parábola do Barco: o barco é teu coração; a corda é teu espírito; a pedra é o nome de Yeshua. Conserva puro o teu coração, vigia para que o teu espírito se lembre e esteja sempre atento à presença daquele cujo nome tu invocas, as ondas das emoções e dos desejos se acalmarão, o turbilhão do mental te revelará seu centro silencioso e imóvel. Permaneça no sopro que te conduzirá ao porto; *kyrie* ao inspirar, *eleison* ao expirar.

Kyrie eleison, kyrie eleison é a oração do monge e o canto da pomba.

11

A lei escrita conta muitos mistérios de uma maneira oculta. O monge que se entrega à oração e a uma conversa ininterrupta com Deus os encontra, e a graça lhe mostra mistérios mais terríveis do que os da escritura. Não podemos realizar, pela leitura da lei escrita, nada de comparável àquilo que realizamos pela adoração a Deus. Pois nesta tudo é realizado. Quem quer que o tenha escolhido não tem mais muita necessidade da leitura das escrituras. Ele sabe que tudo se consome na oração[86].

---

86. Ibid., p. 53.

A lei escrita ou lei exterior deve conduzir à lei interior. À letra que mata, Macário prefere o Espírito que vivifica (cf. 2Cor 3,6).

À escritura, ele parece preferir a experiência que talvez seja dada pela oração, não devemos opor os dois, mas assim como o Apóstolo Paulo, Macário sabe que "nada é justificado pelas obras da lei. Porquanto pela observância da Lei nenhum homem será justificado diante dele, porque a Lei se limita a dar o conhecimento da falta de amor (o pecado)" (cf. Rm 3,20).

A leitura da Torá (a lei) e das Escrituras não nos torna capazes de amar. É a oração, o fervor da atenção, que pouco a pouco nos torna capazes (*capax dei*). O amor é a realização da lei, a oração é a realização das Escrituras, é a graça do amor que nos justifica e nos diz que nossas obras são feitas em Deus ou fora dele.

Para Macário, assim como para Simão o Novo Teólogo, a experiência do "Espírito Santo que difunde o amor em nossos corações (Rm 5,5) tem a primazia sobre todo estudo e toda lei que venha do exterior. Para que a árvore cresça, ela deve obedecer à seiva que está em suas raízes mais do que aos ventos que a envolvem.

Macário é frequentemente representado como transfigurado, particularmente em seu ícone pintado por Teófano o Grego. Ele parece ter sido apagado pela luz, ele voltou a ser *o homem pérola*, luz dentro e luz fora.

"Ele nos fez aptos para ser ministros da Nova Aliança, não da letra, e sim do Espírito, porque a letra mata, mas o Espírito vivifica. Ora, se o ministério da morte, gravado com letras sobre pedras, se revestiu de tal glória que os filhos de Israel não conseguiam fixar os olhares sobre o rosto de Moisés, por causa do resplendor de sua face, embora essa glória fosse passageira, quanto mais glorioso não será o ministério do Espírito!" (2Cor 3,6-7).

12

Quando o homem transgride o mandamento, o diabo recobre a alma inteira com um sombrio véu. Quando vem a graça, ela tira completamente o véu. Então a alma, purificada e tendo entrado em posse da sua própria natureza, criada irrepreensível e pura, contempla incessantemente em toda pureza, com olhos purificados, a glória da verdadeira luz e o verdadeiro sol da justiça, que brilha no próprio coração.

No fim do mundo, o firmamento desaparecerá e os justos viverão no Reino, na luz e na glória, e eles não verão mais nada além de Cristo glorioso, sentado para sempre à direita do Pai. Da mesma maneira, aqueles que estão desde agora maravilhados e arrebatados por este século que está por vir, contemplam as belezas e maravilhas que ali se encontram. Nós ainda estamos sobre a terra, mas "nós temos nossa cidade nos céus" (Fl 3,20); vivemos e permanecemos neste outro mundo de acordo com o intelecto e o homem interior. Da mesma maneira que o olho físico, se ele for puro, vê clara e incessantemente o sol, assim o intelecto perfeitamente purificado vê continuamente a glória luminosa de Cristo; Ele está com o Senhor dia e noite, da mesma maneira que o corpo do Senhor, unido à divindade, está sempre com o Santo Espírito. Enquanto isso, os homens não atingem imediatamente esses graus, mas chegam ali após muitas dificuldades, tribulações e combates[87].

Evágrio, dando sequência a Antônio e os Terapeutas do Deserto, evoca aquilo que chamamos de *o lugar de Deus* que se tornará, para Macário, "o lugar do coração"; quando o espírito é purificado, ele torna-se transparente à presença de Deus.

---

87. SÃO MACARIO DO EGITO. *Homilias espirituais*, 17,3-4.

Quando o homem interior se torna contemplativo, ele descarta o velho homem (ou homem externo) como uma vestimenta usada pelas paixões (*pathes*); então ele verá dentro de si a luz e a beleza da sua alma e, no momento da oração, terá visões celestes.

Quando o intelectual, após ter descartado o velho homem, o reveste de graça, então ele verá também seu próprio estado no momento da oração, parecido com uma safira ou com a cor do céu; estado que a escritura chama de lugar de Deus e que foi visto pelos anciãos sobre o Monte Sinai (cf. Ex 24,10)[88].

A luz azul, a consciência azul, no coração da nossa matéria cinzenta. A safira que é também uma *sephiroth* (uma das luzes da árvore das *sephiroth*). Safira vem do grego antigo *sappheiros* (pedra de cor azul) que vem do hebraico *sappir* (a mais bela coisa).

Qual é esta mais bela coisa? Diremos de Daat, a *sephira* secreta, que ela é o fruto da luz das bodas, da sabedoria e da inteligência (*binah* e *hockmah*) em um lugar que desconhecemos, esse famoso *lugar de Deus* ou *lugar do coração*.

Evidentemente, Macário do Egito não utiliza essa linguagem, mas transmite uma experiência semelhante.

Quando a alma foi purificada e encontrou sua verdadeira natureza, ela resplandece como um sol, ela contempla a beleza.

---

[88]. Evágrio Pôntico, apud HAUSHERR, I. *Les leçons d'un contemplatif: le traité de l'oraison d'Evagre le Pontique.* Op. cit., p. 34, 219.

IX
A pequena filocalia de Diadoco de Fótice

Diadoco foi um bispo de Fótice no século V, pequena cidade de Epiro na Grécia Continental. Ele teria nascido por volta de 400 e será, portanto, contemporâneo do concílio de Calcedônia (451). Conhecemos pouca coisa da sua vida, mas sua obra nos deixa adivinhar os combates da sua época, particularmente contra os monofisistas e os messalianos que são chamados também de *euquitas* (aqueles que oram).

Para eles, o homem que ora e recebe a graça da oração não deve trabalhar e não está mais submisso a nenhuma regra moral. As instituições eclesiásticas e os sacramentos não servem de nada, tudo que importa é a iluminação e essa iluminação pode subsistir com a existência do mal e dos demônios em nós.

É a isso que Diadoco oporá a doutrina ortodoxa da graça, que não dispensa a ascese –, mas, pelo contrário, a inspira – e a possível não simultaneidade no homem de luz e trevas, graça e pecado. É uma tentação sempre atual entre aqueles que se pretendem espirituais, que se veem além da Igreja, além de toda ética (sobretudo em matéria sexual).

Não podemos orar se fizermos tudo que nos passar pela cabeça, sobretudo não devemos querer ser os tutores de alguém, sujando nosso próprio corpo e aqueles que utilizamos para nosso próprio desfrute, particularmente os corpos das crianças ou dos inocentes.

O silêncio permanece intacto em nós quaisquer que sejam os pensamentos, os ruídos que nos atravessam, mas quando estamos conscientes ou presentes a este silêncio, não há mais pensamentos.

A graça permanece em nós, não importa quais sejam as faltas que possamos ter cometido, a misericórdia de Deus não conhece arrependimento. Deus é Deus, quer acreditemos ou não, assim como o sol continua a brilhar mesmo se fecharmos nossa porta e nossas janelas. Mas se somos conscientes e estivermos presentes à graça de Deus, ao Espírito Santo que difunde o amor em nossos corações, nós não poderemos estar na falta de amor ou na ausência de amor (o pecado).

Quando somos iluminados e aquecidos pelo sol é sinal de que nossas janelas e nossa porta lhe estão abertas.

Ali onde há luz não pode haver trevas. As trevas são ausência de luz, assim como o mal é ausência do bem, como o pecado é ausência de amor, como a doença é ausência de saúde. O fruto da oração, sua graça, é a de nos fazer passar da doença à saúde e da saúde à Vida eterna, da falta de amor, ou seja, do pecado, ao amor e do amor ao Ágape infinito; das trevas à luz e da luz ao além da luz, do não ser ao ser e do ser ao *mais do que ser* (*hyperousia*).

Nesta perspectiva, não podemos mais dizer que a luz e as trevas são *um*, mesmo *sem confusão e sem separação*, não podemos mais dizer que a natureza e a graça são um, que a ausência de amor (o pecado) e o amor são um.

O pensamento de Diadoco mantém-se neste *caminho do meio* que é também um caminho rumo ao cume que, no Espírito da Calcedônia, mantém o equilíbrio entre os contrários. O humano não se opõe ao divino, o divino não destrói o humano, a graça não destrói a natureza, trata-se de manter ambos unidos, a dualidade no Um.

O *noùs* (o espírito, a fina ponta da alma), caso ele se afaste de todo pensamento e de toda imaginação para se fazer totalmente oração, tornar-se luz e participar da vida eterna, ele não permanecerá na sua humanidade e nos seus limites; a *plérophoria* (o sentimento de plenitude) não dispensa a humildade, essa é sempre necessária. Toda suficiência, mesmo a expulsão involuntária do Espírito, apaga a graça.

1 As 10 definições

Essas 10 definições inauguram os *cem capítulos gnósticos* de Diadoco, o bispo de Fótice, em Epiro.

Cada uma delas demandaria um longo comentário, mas vamos nos limitar aqui a uma breve ressonância:

1ª) A fé, um pensamento de Deus isento de paixão. Literalmente: *eunoia peir theon apathès. Apathès, d'apatheia*: a fé é o contrário de uma paixão, é um pensamento calmo, uma adesão (*pistis*) silenciosa ao infinito Real.

2ª) A esperança, uma emigração amorosa do espírito em direção àquilo que esperamos. Haveria muito a dizer sobre o desejo amoroso (*eros*) em direção à causa primeira e final. Essa aspiração para fazer apenas um com o Amor (*Ágape*) que nos fundamenta. Essa promessa em vias de realização.

3ª) A paciência, perseverar sem relaxamento vendo com os olhos interiores o invisível como se ele fosse visível. Não realizamos nada sem perseverança, assim como não vemos nada sem atenção. O invisível se revela no visível à força da paciência (*ypomone*). A coisa não mostra apenas sua aparência, ela revela seu aparecer.

4ª) A ausência de avareza, colocar tanto ardor em não querer possuir quanto se coloca em querer possuir. Há mais alegria em dar do que em receber. Se a avareza faz de nós alienados, a generosidade nos torna livres e semelhantes a Deus.

5ª) O conhecimento, ignorar a si mesmo no deslumbramento em presença de Deus. Literalmente, *epignosis*, próximo da *gnosis*; uma forma de conhecimento não abstrato, existencial; quando nos maravilhamos e deslumbramos, participamos da Vida e do Vivente que contemplamos. Não basta estar desperto, é preciso estar maravilhado. A vida cristã é um exercício de deslumbramento. Se, de manhã, ao me levantar, eu não erguer os braços para o céu, estarei de pé apenas pela metade. Se de manhã, ao me levantar, enquanto não estiver me sentindo maravilhado por estar aqui, vivo, eu estarei apenas desperto pela metade.

6ª) A humildade, esquecimento contínuo dos méritos. Tapeinos phronesis: humildade, literalmente sabedoria que apaga todas as pretensões. O que tens que não tenhas recebido? Não "merecemos" jamais sermos amados ou o amor não seria mais uma graça.

7ª) A ausência de irascibilidade, um grande desejo de não ficar com raiva. Não seria a ausência da irascibilidade a doçura? Quando desejamos e saboreamos essa doçura, não há mais pensamento ou espaço para a raiva.

8ª) A castidade, o sentido interior constantemente apegado a Deus. Quando somos apegados a Deus, quando fazemos apenas um com o Amor (Ágape) que é Deus, nada mais pode ser possuído ou consumido. Tudo é respeitado, o coração está sobre a mão e a mão não busca mais prendê-lo.

9ª) A caridade, aumento da amizade para com aqueles que nos insultam. O Ágape, o amor incondicional que é o próprio Deus, não exclui ninguém, ele nos torna capazes de amar (*philia*) aqueles que não nos amam e nos prepara a uma liberdade maior, o Amor (Ágape) encarnado em Cristo: amar (Ágape) nossos inimigos.

10ª) A transformação total. Ao desfrutar a presença de Deus, considere a tristeza da morte como alegria. A transformação total é a *théosis*, a divinização. A morte é então engolida pela Vida, ela não passa de um momento passageiro, por vezes difícil, por vezes trágico da Vida. A alegria é mais forte, ela é a onipotência do amor e da humildade (do ágape e da *gnosis*).

2

Por natureza, apenas Deus é bom. O homem também se torna bom pelo esforço moral transformando-se, graças ao bem essencial, naquilo que ele não é [89], quando a alma, preocupada com o bem, une-se a Deus enquanto suas faculdades trabalharem para isso e o quiserem; pois o Senhor disse: "Tornai-vos bons e misericordiosos como vosso Pai celeste" (Lc 6,36).

O mal não tem natureza e tampouco alguém é mau naturalmente, pois Deus não fez nada de mau. Mas quando, pelo desejo do coração, damos forma àquilo que não possui substância, então começa a ser o que queria aquele que fez isso. Portanto, sempre é necessário, pelo cuidado que temos ao lembrarmo-nos de Deus, deixar morrer a má disposição, pois a natureza do bem é mais forte do que a disposição à maldade, já que um é, enquanto o outro não é, exceto quando o fazemos[90].

Apenas a Bondade é boa e só nos tornamos bons participando dessa Bondade. Segundo o Evangelho, apenas

---

89. "Naquilo que não é", devido ao pecado, mas "que era" e que deve voltar a ser.

90. DIADOCO DE FOTICE. *Œuvres spirituelles*. Trad. de E. Places. Paris: Du Cerf, 1996, p. 85, 86.

Deus é Bondade e somos chamados a nos tornarmos o que Ele é. Em Mateus, ela se chama perfeição, em Lucas, misericórdia (Lc 6,36), a Bondade é perfeita e misericordiosa, ela é justiça e Amor, verdade e ternura.

Diadoco indica que o mal é a ausência dessa bondade, assim como as trevas são apenas a ausência da luz, o mal não possui mais existência do que as trevas. O real é a Bondade e a Luz. É disso que precisamos nos lembrar na oração e, portanto, desviar-nos do mal e das trevas que só existem quando oramos, ou seja, quando olhamos para o sol.

"O mal só existe quando ele é feito" – essas palavras de Diadoco são interessantes, elas indicam que o mal é uma perversão da bondade, ele não existe em si mesmo, assim como as trevas não existem em si mesmas. Mas podemos nos desviar da luz e dar, assim, uma pseudoexistência às trevas: desviar-se do Bem é *fazer* o mal; desviar-se da verdade, é *fazer* o erro ou a mentira; desviar-se do Ser é *fazer* o nada; desviar-se de Deus é *fazer* o *shatan*; desviar-se do Amor é ter falta de amor (pecar); desviar-se da Vida é perder a saúde, daí a importância desse *retorno* incessante (*metanoia, epistrophe, techuva*) para o Bem, a Luz, o Amor, a Vida, daí a necessidade da oração do coração e da invocação do nome de Deus e da sua encarnação para não *cair* no mal-estar, nas trevas, no mal, no sofrimento, na falta de amor, parar de *fazer* o mal, de ser *fabricante* de trevas.

3

Todos nós que somos homens, somos à imagem de Deus; mas ser à sua semelhança, pertence apenas àqueles que, graças a uma grande caridade, deram sua liberdade a Deus. De fato, quando não pertencemos a nós mesmos, assemelhamo-nos àquele que nos reconciliou com Ele pela caridade: objetivo que nada nem ninguém atingirá, se não persuadir sua alma a não se emocionar pela pobre glória humana.

A liberdade é a vontade de uma alma racional e sensata pronta a se mover em direção ao seu objeto: deixemo-la fazer o bem, apenas pelo bem, a fim de consumir constantemente a memória do mal com bons pensamentos[91].

Eis um tema frequentemente retomado pelos Padres, particularmente Gregório de Nissa: o homem é à imagem de Deus (Gn 1,27).

Ele é um ser que participa do Ser (à sua imagem), mas a semelhança ainda não foi adquirida e esse é o trabalho de toda uma vida. Pelo Amor (Ágape), ele se assemelha ao segredo do Ser ou à sua interioridade que é ser amor.

A *théosis*, a divinização, é aprender a amar, ou seja, tornar-se Deus. Não basta estar aqui (à imagem de Deus), é preciso estar vivo. Não basta estar vivo, é preciso estar consciente. Não basta estar vivo e consciente, é preciso ser amoroso (à semelhança de Deus), pois é amando, *fazendo* o bem, que a humanidade chega à bondade e à plenitude.

A glória deste devir apaga todas as outras glórias.

4

Uma das luzes da verdadeira ciência consiste em discernir infalivelmente o bem do mal; então, de fato, a via da justiça, que conduz o intelecto ao sol da justiça, introduz pouco a pouco a iluminação ilimitada da ciência, já que doravante ele corajosamente busca a caridade. É preciso, portanto, com um coração sem raiva, arrancar o bom direito àqueles que ousarem tratá-lo brutalmente,

---

91. Ibid., p. 86.

pois não é pelo ódio, mas pela persuasão, que o zelo da piedade obtém ganho de causa[92].

Gnoseos aléthinès a verdadeira gnose consiste no discernimento (*diacrisis*) entre o belo e o feio (*Kalon ek tov kakou*).

Poderíamos traduzir ou *alargar* esses dois termos por *o bem e o mal, o verdadeiro e o falso, o ser e o não ser, a luz e as trevas, o amor e a falta de amor* (o ódio e o medo).

Diadoco escolheu a palavra *kalos*, a beleza. Trata-se, portanto, de discernir, de contemplar a Beleza que é o brilho da bondade, da verdade, do bem, da luz e do amor... A Beleza que é o dom de Deus. O feio (*kakou*) é a ausência da beleza, é, novamente, ausência de luz, de brilho, de dom. O verdadeiro conhecimento (*gnosis aletheia*) só se interessa pela beleza, ou seja, ele só se interessa pelo Ser que está em tudo aquilo que é "sol de justiça".

Não é lutando contra as trevas que esvaziaremos as trevas, é olhando a luz. Não é ficando com raiva da raiva que obteremos a doçura e a mansidão. Não é pelo ódio e a violência que mudaremos o mundo, mas pela paciência e o amor.

5

O discurso espiritual (o pneumathikos logos) satisfaz o sentido intelectual, pois ele vem de Deus através do exercício da caridade; é também por essa razão que o intelecto permanece sem tortura nos movimentos da palavra divina. De fato, ele não sofre, então, da pobreza que traz preocupação, já que ele se expande, pelas considerações, na medida desejada pelo exercício da caridade. Por isso, portanto, é belo aguardar incessantemente, com uma fé ativa na

---

92. Ibid., p. 87.

caridade, a iluminação que nos faz falar; pois nada é mais necessário do que o pensamento que filosofa sobre as coisas de Deus estando fora de Deus[93].

A informação que vem do Espírito (*o pneumatikos logos*) satisfaz e acalma o intelecto (*noos*). Esse logos *pneumatiké* vem de Deus (*O Theos*) pelo exercício do amor (Ágape).

Diadoco nos lembra aqui que o conhecimento (*gnosis*) e o amor (Ágape) jamais estão separados. A cabeça e o coração (poderíamos acrescentar o ventre) unidos fazem o homem um. A inteligência *se dilata*, alarga-se pelo amor e o amor se concentra, aprofunda-se pela inteligência.

A inteligência do coração e o coração inteligente são sinônimos de Sabedoria (*Sophia*) como dizia Salomão.

Diadoco acrescenta que é belo (*Kalou*) aderir ativamente ao Ser que é e que ama. Ali deveria estar a iluminação que dá o direito de falar.

Só conhecemos Deus através de Deus. Querer conhecer Deus sem Deus, sem participar do seu Espírito e ousar falar a respeito não é nem teologia, nem filosofia, mas címbalos que ressoam (cf. 1Cor 13,1).

6

O discurso espiritual mantém a alma constantemente ao abrigo da glória vã; por uma sensação benéfica de luz difundida em todas as suas partes, faz com que não necessite da estima dos homens. É também por essa razão que ele mantém constantemente o pensamento livre da imaginação, pois ele o transforma inteiramente na caridade de Deus. Pelo contrário, o discurso da sabedoria mundana incita

---

93. Ibid.

constantemente o homem a buscar a glória; não podendo, de fato, procurar o benefício de uma experiência sensível, oferece a seus apoiadores o amor ao louvor, formado, como ele, por homens vaidosos. Nós reconheceremos, portanto, sem erro, a disposição que acompanha a palavra "de origem" divina, para que em um silêncio desapegado, devotemos as horas em que estamos em silêncio à fervorosa lembrança de Deus[94].

O *pneumatikos logos*, a palavra inspirada, nos liberta desse desejo de glória vã, que é desejo de ser reconhecido, desejo de ser amado, ela espalha em nós uma qualidade de luz e presença, que nos torna impermeáveis às calúnias e capazes de paciência e compaixão para com aqueles que buscam nos destruir. A sabedoria do Espírito Santo, ou Sabedoria do *"pneumatikos logos"*, não busca seu próprio interesse ou a glória como a sabedoria mundana sempre ávida de admiração e elogios. Ela nos torna livres do pensamento e do olhar que os outros pousam sobre nós. O que vem de Deus se manifesta na calma e no silêncio, e nos dá o desejo de "consagrar horas onde nos calamos, em fervorosas lembranças de Deus" – não é essa uma bela definição da oração do coração?

7

Aquele que ama Deus no sentido do coração, este era conhecido por Ele (1Cor 8,3); na medida, de fato, onde recebemos na intimidade da alma o amor de Deus, nesta medida nos tornamos amigos de Deus. É por isso que, de agora em diante, um tal homem vive em ardente paixão pela iluminação da ciência, até ele sentir o próprio sentido nos seus ossos, não mais se conhecendo, mas transformado inteiramente pelo amor de Deus. Um tal homem está nesta vida sem

---

94. Ibid., p. 89.

estar nela, pois apesar de continuar a habitar seu próprio corpo, ele emigra incessantemente para Deus, através do movimento da sua alma, pela caridade. Sem trégua, a partir de agora, seu corpo, que queima com o fogo da caridade, fica colado a Deus por uma espécie de desejo irresistível, arrancado, como aconteceu, do amor por si mesmo para a caridade divina. "De fato, se fomos arrebatados e perdemos os sentidos, é por Deus; e, se raciocinamos sobriamente, é por vós" (2Cor 5,13)[95].

Amar Deus é ser amado por Deus que nos faz amar. Conhecer Deus é ser conhecido por Ele; amamos e só conhecemos Deus através de Deus, pelo seu Espírito, todo outro conhecimento ou todo outro amor permanece *externo* a Deus. São apenas sentimentos ou pensamentos; talvez sejamos apenas nós mesmos naquilo que temos de melhor ou de mais elevado, mas não é Deus.

Pelo conhecimento natural (noético) podemos nos tornar buscadores de Deus, filósofos ou teólogos, pelo conhecimento espiritual ou pneumático (*pneumatika logos*) tornamo-nos amigos e filhos de Deus.

Daí a importância, para Diadoco, de ter em nós o desejo da "ciência (*gnosis*) verdadeira" a ponto dos nossos sentidos e até mesmo nossos ossos serem transformados. Nesta luz, não vivemos mais apenas a vida mortal, mas nos entregamos a algo maior do que nós mesmos, neste amor maior (Ágape) – já vivemos na Vida eterna.

8

Assim como os sentidos físicos nos atraem com uma espécie de violência para aquilo que nos parece belo, da mesma maneira os sen-

---

95. Ibid., p. 91.

tidos intelectuais têm o costume de nos guiar para os bens invisíveis, quando eles experimentam a bondade divina (cf. Sl 33,9). Pois, em todo caso, cada coisa aspira àquilo que lhe é diretamente aparentado: a alma que é incorpórea, aos bens celestes; o corpo, que é lodo, ao alimento terrestre. Nós chegaremos, portanto, sem erro, a uma experiência do sentido imaterial se, pelos nossos trabalhos, extenuarmos a matéria[96].

Os sentidos corporais são atraídos por aquilo que é belo, o intelecto é atraído por aquilo que é verdadeiro e belo e todos os bens invisíveis.

O Espírito Santo nos conduz à Fonte de toda beleza, e na contemplação dessa Beleza soberana e infinita nós conheceremos o alívio e o descanso.

O semelhante busca o semelhante, é Deus em nós que busca Deus em tudo e nele mesmo; é o silêncio que busca o Silêncio; é a bondade que busca a Bondade; o minúsculo *"eu sou* busca o maiúsculo *Eu Sou*; nosso ser finito busca o Ser infinito, que é a sua morada.

Trata-se de *extenuar* a matéria ou de transformá-la, assim como o alquimista no fogo do *athanor* transforma o chumbo em ouro? Transformar o eu para que ele se torne transparente ao Self. Transformar meu ser material para que ele torne-se transparente ao Ser espiritual, que nada detenha a sua luz.

Para Diadoco, assim como para os gnósticos (os contemplativos) e os Terapeutas do Deserto, trata-se de reencontrar nossa humanidade perdida, a "pérola" que éramos e que ainda somos nas profundezas do nosso lodo, luz dentro e luz fora.

---

96. Ibid., p. 96.

9

A purificação do intelecto só pertence ao Espírito Santo; se, de fato, o forte não entrar para desarmar o ladrão, a vítima não será libertada. É preciso, portanto, por todos os meios, e especialmente pela paz da alma, permitir que o Espírito Santo repouse, para ter a lâmpada da ciência constantemente brilhante em nós; pois se ela brilha incessantemente nos tesouros da alma, não apenas o intelecto percebe claramente todas as tentações acres e tenebrosas dos demônios, mas elas também diminuem significativamente quando essa santa e gloriosa luz as surpreende. Dessa maneira, o Apóstolo diz: "Não apagueis o Espírito" (1Ts 5,19), ou seja: Não vás, através de vossas más ações ou maus pensamentos, contristar a bondade do Espírito Santo, para não ser privado dessa claridade vitoriosa. Pois não é o Ser eterno e vivificante que se extingue, mas sua tristeza, ou seja, seu afastamento, deixa o intelecto nas trevas, sem a luz do conhecimento[97].

No Livro de Salomão, a sabedoria pede ao Espírito Santo que habite em nós através da paz da alma e da inteligência. Fazer do homem o lugar do seu repouso. "Nele coloquei toda minha complacência." É o coração do homem quando este renunciou a todas as agitações físicas, afetivas ou mentais e se mantém "na calma e no silêncio como uma criança sobre o seio da sua mãe". "Não extingais o Espírito" (1Ts 5,19).

Diadoco indica que não é o Espírito que se extingue, mas nós que nos extinguimos devido ao nosso afastamento ou nossa falta de atenção e acabamos sendo privados da sua presença. Não apagamos o sol, nós nos desviamos ou nos afastamos da sua luz. Essa noção de afastamento é interessante, o mal é o afastamento do bem.

---

97. Ibid., p. 99.

Estar triste é afastar-se da alegria e nossa miséria, assim como nosso infortúnio, tem a mesma medida do nosso afastamento. O afastamento é o esquecimento do Ser, é o que nos conduz ao nada. O afastamento do silêncio e do repouso é o que nos conduz ao barulho e ao furor do caos. O afastamento de Deus é a fonte de todo mal. A oração é o remédio, ela nos aproxima e nos une a Ele.

Quando nos sentimos afastados do essencial, fora do nosso eixo, longe da luz e da paz, a invocação nos leva de volta à *ordem*, à nossa verdadeira natureza, ela faz de nós *pessoas do retorno*, amigos de Deus, que cada dia se aproximam um pouco mais dele. O afastamento é o exílio, o retorno é a morada.

10

O sentido do intelecto é um gosto exato das coisas que discernimos. De fato, da mesma maneira que pelo nosso sentido físico do paladar, quando estamos em boa saúde, nós discernimos sem erro o bom do ruim e somos atraídos por aquilo que é doce, da mesma maneira, quando nosso intelecto começa a se mover em plena saúde e em um grande desapego, ele pode sentir com opulência o consolo divino e nunca se deixar levar por aquele que se lhe opõe. Como o corpo, de fato, ao saborear as doçuras terrestres, é infalível na experiência dos sentidos, da mesma maneira também, quando o intelecto jubila com os conselhos da carne, ele pode saborear sem erro o consolo do Santo Espírito: "Provai e vede como o Senhor é bom, feliz o homem que se refugia junto dele" (Sl 33,9); e manter, pela ação da caridade, uma memória que não esquecerá este sabor, provando infalivelmente o que é melhor segundo o que diz o santo: "O que peço na minha oração é que vossa caridade se enriqueça cada vez mais de compreensão e critério com que possais discernir o que é mais perfeito e vos torneis puros e irrepreensíveis para o dia de Cristo" (Fl 1,9-10)[98].

---

98. Ibid., p. 100-101.

Nessa passagem, Diadoco faz do *noùs*, da inteligência contemplativa, um órgão do paladar que discerne os sabores.

O sábio é aquele que tem o sabor, aquele que saboreia o gosto do Um no coração do múltiplo, o gosto do Real no coração das realidades (*sapienza* vem do verbo *sapere*: provar, saborear).

Nós perdemos o gosto e o sabor de Deus, ou seja, o sabor do silêncio e da calma (*hésychia*). Se reencontrarmos esse *bom gosto*, nos diz Diadoco, seremos conduzidos à doçura: "Provai e vede como o Senhor é bom" (Sl 33,9). É isso que devemos aprender com Nosso Mestre e Senhor: a humildade, a mansidão e a doçura.

"Apreciai de mim que sou doce e humilde de coração"; Ele não diz aprendei de mim o que é a "verdade e o que é o amor". Nós nos perguntamos incessantemente: o que é a verdade? E o que é o amor? Ele nos mostra que, concretamente, é a humildade e a doçura.

Ser humilde e doce é ser transformado pela Verdade e pelo Amor, é o sinal da presença de Deus em nós. A mentira e a cólera nos afastam de Deus, a humildade e a doçura nos aproximam, estamos na verdade e no amor.

Lembrarmo-nos dessa doçura, e depois da nossa oração, um *sentir* que toca os sentidos tão bem quanto o intelecto e o coração. Crescer nessa *sensação* da presença sem apegar-se a nenhuma forma; essa é a oração pura e a *gnosis* (a contemplação) verdadeira.

11

O intelecto exige absolutamente de nós, quando fechamos todas as saídas com a lembrança de Deus, uma obra que deveria satisfazer sua necessidade de atividade. É preciso, portanto, lhe dar o "Senhor

Jesus como a única ocupação que responde inteiramente a seu objetivo". "Ninguém pode dizer: "Jesus é o Senhor, senão sob a ação do Espírito Santo" (1Cor 12,3). Mas que em todo momento ele contemple tão exclusivamente essa palavra em seus próprios tesouros, que não se desvia devido a imaginação alguma. Todos aqueles que, de fato, meditam incessantemente, na profundeza de seu coração, esse santo e glorioso nome, esses também poderão ver enfim a luz do seu próprio intelecto. Pois, mantida com cuidado pelo pensamento, ela consome, em um sentimento intenso, toda a mácula que cobre a superfície da alma; e, de fato, "nosso Deus, como está escrito, é um fogo devorador" (Dt 4,24). Em seguida, de agora em diante, o Senhor solicitará a alma por um grande amor pela sua própria glória. Pois quando ele persiste, pela memória intelectual, no fervor do coração, esse nome glorioso e tão desejado implanta em nós o hábito de amar a bondade sem que nada, de agora em diante, venha a se opor. Está aí, de fato, a pérola preciosa que podemos comprar vendendo todos nossos bens, para desfrutar, à sua descoberta, de uma alegria inefável (cf. Mt 13,46)[99].

A consciência, enquanto não for pura consciência, ou seja, puro silêncio, permanece "consciência de..." e ela precisa de um objeto para se acalmar, uma palavra, uma imagem na qual ela possa se recentrar, se recolher.

Para Diadoco, como para toda a tradição ortodoxa, é a invocação do nome de Jesus – *Kyrie Eleison* – que acalma o pensamento e o conduz ao silêncio e à presença daquele que é invocado.

Isso nos conduz também a ver a luz do nosso próprio ser, pois é nessa luz que vemos a Luz, é nesse silêncio que provamos o Silêncio, é nessa consciência purificada de todo pensamento que conhecemos a presença.

---

99. Ibid., p. 119.

Presença que queima em nós tudo aquilo que ela não é, como a chama consome a madeira para que ela possa compartilhar seu calor e sua luz.

Diadoco fala em seguida sobre a pérola preciosa pela qual podemos tudo vender. O que para nós tem tanto valor que todo o resto nos pareça insignificante e volumoso?

Para os monges, é a oração, ela nos mantém mais próximos do tesouro infinito que é a presença de Deus. Amor vivificante, alegria inefável.

12

Quando estamos na estação do inverno e alguém fica ao ar livre, voltado para o Levante, para o início do dia, a parte da frente recebe um pouco de calor do sol, enquanto suas costas estão inteiramente privadas do sol porque ele passa acima da sua cabeça; da mesma maneira, aqueles que debutam na vida espiritual têm o coração parcialmente aquecido pela santa graça. É por essa razão, aliás, que seu intelecto começa então a carregar alguns frutos dos pensamentos espirituais, mas as partes visíveis do coração continuam a ter pensamentos carnais, pois todos os membros do coração ainda não foram iluminados, em um sentimento profundo, pela luz da santa graça. Não conseguindo entender isso, alguns imaginaram que havia na mente dos atletas dois princípios antagônicos. Assim, portanto, no mesmo instante, a alma tem pensamentos bons e outros que não o são, da mesma maneira que, no nosso exemplo, sob o mesmo toque do sol, o homem sente frio e calor. De fato, uma vez que uma mudança em nosso intelecto o colocou em um estado de dupla ciência, ele é então forçado, mesmo que não queira, a carregar pensamentos bons e maus ao mesmo tempo, especialmente entre aqueles que chegam à sutileza do discernimento. De fato, à medida, que ele se apressa em conceber o bem, ele imediatamente se lembra do mal, pois, como resultado da desobediência de Adão, a memória do homem se encontra dividida como se estivesse em um pensamento duplo. Se começarmos a observar, com um zelo fervoroso, os mandamentos de Deus, todos os nossos sentidos, de agora em diante, serão iluminados em um sentimento profundo pela graça que consome, de uma certa maneira, nossos ideias e que, ao fazer penetrar em nosso coração uma inexplicável paz de inalterável amizade, prepara-nos a ressoar espiritualmente, e não mais segundo a carne. É isso que acontece continuamente àqueles que se aproximam da perfeição, àqueles que carregam incessantemente no coração a lembrança do Senhor Jesus[100].

A questão de Diadoco era a mesma dos Messalianos, ela também pode ser a nossa hoje em dia.

Como pode ser que, tendo recebido a graça, nós nos comportemos como se ela não estivesse aqui? Que tendo saboreado alguns instantes de verdadeiro silêncio, de pura consciência, nós ainda sejamos agitados pelos pensamentos? Que tendo sido habitados pelo amor, nós nos afastemos incessantemente e lhe sejamos infiéis? Que tendo conhecido o bem, nós ainda sejamos conduzidos em direção ao mal? Que tendo nos voltado para a luz, sintamos em nós as trevas?

Após termos provado a *hésychia* e termos mergulhado em Cristo, como é possível que duvidemos e que continuemos sendo capazes de renegá-la?

Como podemos estar em paz e ainda sentir inquietação e angústia? Como podemos ser atraídos por aquilo que existe de mais puro e ter ainda comportamentos obscenos? "Não faço o bem que eu quero e faço o mal que eu não quero", disse São Paulo. Não seria essa uma prova de que luz e trevas subsistem juntos? Que nada existe sem

---

100. Ibid., p. 147-148.

o seu contrário? Se não houvesse noite, ainda falaríamos do dia? Se não houvesse essa sombra em cada um de nós, como poderíamos conhecer a luz?

A imagem de Diadoco pode nos esclarecer e iluminar. Quando eu olho para o sol, apenas o meu rosto fica aquecido, minhas costas continuam sentindo frio.

A luz é uma, mas a sensação dessa luz é dupla e me faz crer na dualidade. O sol só pode me dar sua luz ou seu calor, ele não pode me dar sombra ou frio. A sombra em nós é aquilo que não está exposto ao sol, se nós pudéssemos nos oferecer inteiramente ao sol, frente, trás, dentro, fora, não haveria mais sombra.

É preciso, portanto, nos voltarmos inteiramente para o sol e o amor, fontes de todos os bens. Se sentimos em nós as trevas, tristezas, dúvidas, raiva, inveja, medo, é porque não estamos "inteiramente" voltados para a luz, nós não fomos totalmente iluminados e aquecidos por ela.

Ainda não é o grande dia em nós, o meio-dia pleno, nós ainda sentimos sombra e frio nas costas, mas se perseverarmos, chegará o dia onde estaremos totalmente na luz. O dia onde "todas as nossas lágrimas serão secadas de nossos olhos". *O on, o en, o erkomenos*: ele era, ele é, ele virá (Apocalipse)...

X
A pequena filocalia de Isaac o Sírio

Nascido no atual Qatar (Golfo Pérsico) por volta de 640, Isaac, o Sírio tornou-se monge muito cedo. Sua fama de santidade espalhou-se por todo o império persa, os habitantes de Nínive o exigiram como bispo e ele foi consagrado por Mar Guiwargis I por volta de 660.

Depois de seis meses de exercício "por razões conhecidas apenas por Deus", ele partiu ao Monte Matout para viver entre os ascetas do norte (Cuzistão, no Irã, uma região com forte população nestoriana até a conquista muçulmana).

Contemporâneo de João Clímaco e da sua escada, Isaac levou uma vida oculta sobre a qual pouco sabemos. Mas o brilho do seu pensamento espalhou-se através dos séculos, através da Cristandade e até mesmo além. Sua influência sobre o nascente Islã e o sufismo deveria ser estudada. Frases como "Lembre-se de Deus e Deus se lembrará de você" encontram-se no Corão[101]. Seus escritos redigidos em siríaco foram traduzidos muito cedo para o grego, o etíope e o árabe. Eles não figuram na filocalia grega de Macário nem na filocalia eslava de Paissy (Dobrotolionbié), mas na edição russa de Teófano o Recluso. Ele teria morrido por volta de 700 em Nínive, celebrado por todos como um santo.

Seu pensamento faz a síntese das grandes correntes espirituais do cristianismo antigo, a de Evágrio que enfatiza a

---

101. Corão 2/152.

purificação do *noùs* (intelecto, fina ponta da alma), a de Macário, centrada sobre o tema do coração e do sentimento de plenitude e paz, que são trazidos pelo Espírito Santo; a de Orígenes com sua abertura e sua esperança de uma salvação universal (*apocatastasis*).

1

Lembrai-vos, portanto, de Deus para que incessantemente Ele se lembre de vós; ao lembrar-se de vós, Ele vos salvará e vós recebereis todos seus bens. Não o esqueçais em vãs distrações se não quereis que Ele vos esqueça na hora de vossas tentações[102].

Se o esquecimento de Deus é a causa de todo o mal, a lembrança de Deus é a fonte de todo remédio.

O esquecimento do Ser, o esquecimento do Ser que é Amor, nos afasta do Real soberano e nos afasta de nós mesmos, em nossa aliança ou inter-relação com Ele.

"Lembra-te", é o único necessário, é isso que nos leva de volta ao nosso coração e à presença que o habita, é o grande exercício do hesicasta.

Ele retirou-se no deserto, no silêncio e na solidão para poder praticar em paz essa rememoração do essencial, em nome e no lugar de todos.

Em hebraico, lembrar-se é *zakar*; essa palavra pode ser traduzida também por "alegrar-se", "celebrar", pois a presença que invocamos nos dá vitalidade, consciência e alegria. É um arco-íris que liga o visível ao invisível, a eternidade e o tempo. "Quando eu vir o arco nas nuvens, eu me lembrarei (*zakar*) da aliança eterna estabelecida entre

---

[102]. GOUILLARD, J. (ed.). *Petite philocalie de la prière du coeur*. Op. cit., p. 79.

Deus e todos os seres vivos de toda a espécie que estão sobre a terra" (Gn 9,16).

Para Isaac, não existe nada maior do que a invocação e a rememoração. É isso que vai nos conduzir ao silêncio do espírito e do coração, a essa *hésychia* que é a morada de Deus.

Sua abordagem, sem dúvida, influenciará os muçulmanos que vêm para vê-lo e ouvi-lo. As etapas da oração do coração e as do *dhikr* ou *zikr* (mesma raiz de *zakar*, "lembrar-se") são próximas:

1) dizer e invocar o nome, em voz alta (*dikr* da língua);

2) deixar penetrar a invocação no coração (*galb*), (*dhikr* interior);

3) descer ainda mais profundamente no coração do coração, o segredo mais profundo do teu ser (*sirr*);

4) descobrir a beleza (*ihsan*);

5) a beleza que é a nossa união com Deus (*tawhid*), pois não há outra realidade além da Realidade (*la ilah illa llah*).

O caminho proposto por Isaac é o do leproso no Evangelho que invoca o nome para ser curado e salvo, "*kyrie eleison*", até sentir sua presença que o cura e salva. Sua oração do coração passa, então, da súplica ao louvor, ao agradecimento: aleluia, *kyrie eleison* são as duas grandes maneiras de lembrar-se daquele que está aqui. E se nós nos lembrarmos mais dele, Ele se lembrará mais de nós (Gn 9,15).

A oração é também pedir a Deus para que Ele se lembre de nós como nós nos lembramos dele.

"Lembra-te de mim em teu reino" (*Iesou, mnestethi mou*) é a oração dita no último instante pelo ladrão crucificado junto a Yeshua, e a resposta de Yeshua é aquela que gostaria de ouvir e viver todo hesicasta e todos aqueles que creem no Amor/Deus (Ágape o theos): "Hoje mesmo estarás comigo no Paraíso".

Hoje mesmo, nesse instante, tu és um com o Ser que te faz ser. *Lembrar-se de Deus* não é lembrar-se de um paraíso perdido ou de um reino que está por vir, de um outro mundo longínquo ou próximo, mas de uma presença que está aqui, em todo lugar e sempre presente.

2

Mesmo que um homem forte domine seu intelecto até terminar a ação, a obra venerável da hésychia é um porto de mistérios... Assim como o piloto de um navio tem os olhos fixos nas estrelas, assim como o monge, em sua contemplação interna ao longo do seu caminhar, está atento ao objetivo que ele fixou em seu intelecto, assim é o primeiro dia em que ele resolveu entrar no mar tão duro da hésychia, até encontrar a pérola pela qual ele mergulhou nas profundezas insondáveis do oceano.

O nadador mergulha nu no mar até encontrar a pérola. Da mesma maneira, o monge sábio atravessa nu essa vida, até encontrar em si mesmo a pérola, Jesus Cristo. E quando ele a encontra, ele não busca mais possuir o que quer que seja além dela. A pérola é guardada entre seus tesouros. E as delícias do monge mantêm-se no interior da hésychia[103].

Os termos sírios *hauna* e *mad'à* foram traduzidos em grego por *noùs*. Em português podemos traduzir por "espírito" ou "intelecto" se pensarmos que essa é a fina

---

103. *Mystiques d'orient et d'occident*. Ed. de Y. Andia. Bégrolles-en-Mauges: Abadia de Bellefontaine, 1994, p. 78-79.

ponta da alma, um intelecto agente mais do que uma inteligência passiva.

Um homem forte, ou seja, um homem fervoroso e determinado em sua prática, apazigua seu espírito até que se complete a ação ou o movimento dos pensamentos e é o "porto dos mistérios", um repouso mais do que um destino para essa aventura sem fim que é a oração.

O que o hesicasta traz de volta ao porto é a pérola, a recompensa de todos seus mergulhos e de todas suas labutas.

Essa pérola que simboliza a matéria/luz que é o corpo da nova humanidade.

A *hésychia* (silêncio, calma, tranquilidade, *quies, stillness*) é o receptáculo da pérola; ou seja, de Cristo, morto e ressuscitado, o Amor mal-amado, crucificado em nós, mas sempre vivo.

3

A alma que ama Deus encontra apenas em Deus o seu repouso. Começa libertando-te de todo vínculo externo e poderás unir teu coração a Deus. Pois é preciso libertar-se da questão do mundo antes de se unir a Deus. Damos alimento ao bebê apenas depois de tê-lo desmamado. Da mesma maneira, o homem que quer se abrir ao divino deve, primeiro, libertar-se do mundo, como a criança dos braços e dos seios da sua mãe.

Ama mais isolar-te da criação na hésychia do que saciar os famintos do mundo... É melhor para ti ter a alma em paz na harmonia da trindade que está em ti – eu quero dizer a alma, o corpo e o espírito – mais do que apaziguar, através do teu ensinamento, aqueles que se despedaçam. Gregório diz que é bom estudar teologia, mas que é melhor purificar-se pelo amor a Deus. É melhor falar pouco e ter verdadeiramente o conhecimento da experiência do que deixar correr com toda a força da tua inteligência o ensinamento como um rio. É mais importante para ti aplicar-te levando teus pensamentos às coisas de Deus para erguer tua alma caída sob as paixões do que ressuscitar os mortos[104].

O hesicasta não encontra totalmente seu repouso na natureza, mesmo se ela for para ele como um seio materno.

A oração e a meditação nos conduzem além da natureza e da nossa natureza. Ela nos faz crescer e após o leite das consolações ela nos faz saborear um alimento mais sólido, uma espiritualidade mais adulta, mais justa, mais forte.

Tendo sempre um coração de criança, é preciso saber libertar-se dos braços da mãe, ser livre.

E essa libertação também pede para nos libertarmos das formas e das obras de caridade que nos pareceriam as mais nobres e as mais legítimas: cuidar dos pobres, alimentar os famintos, curar os doentes e até mesmo, por que não, se nossa fé for forte o suficiente, ressuscitar os mortos. Isaac, fazendo eco a São Paulo, relativiza todas as boas e belas ações: "ainda que distribuísse todos os meus bens em sustento dos pobres, e ainda que entregasse o meu corpo para ser queimado, se não tiver amor, eu nada sou....!" (1Cor 13,1ss.).

Antes de agir, trata-se de amar e para amar verdadeiramente, para ser amor, é preciso que o coração seja purificado, que ele tenha chegado à *hésychia* para aceder a esse amor que nasce da calma e não da nossa vontade ou do nosso desejo de *fazer o bem* e de ser assim reconhecido como justo e bom.

---

104. Ibid., p. 79-80.

"O amor coloca sua alegria na verdade" e sua eficiência é como a de um sol que sem se mover faz girar a terra, o coração humano e as outras estrelas.

Isaac retoma aqui as palavras de Gregório de Nazianzeno. É bom fazer boas obras e falar bem dele, é ainda melhor purificar-se para Ele, purificar-se ao ponto de não ser nada mais que Ele, "o amigo dos homens" (*o theos philantropos*).

4

Ama o silêncio mais do que tudo. Pois ele faz com que você carregue frutos. A língua é incapaz de explicá-lo. Esforcemo-nos primeiro para nos calar. É pelo silêncio que vai nascer em nós aquilo que nos conduzirá ao silêncio. Que Deus te faça então sentir aquilo que nasce do silêncio. Se agires dessa maneira, eu não saberia dizer qual luz se erguerá em ti.

Quando dizem que os Padres e os irmãos vieram ver o maravilhoso Arsênio, que esse os recebeu em silêncio e silenciosamente os dispensou, não acredites, ó irmão, que ele fez isso apenas devido à sua vontade. Ele se calou porque esforçava-se para agir dessa maneira desde o início... A graça lhe ensinou uma via: o silêncio contínuo. Da ascese do silêncio, com o tempo nasce no coração um prazer que força o corpo a permanecer pacientemente na hesychia. E nos vêm as lágrimas abundantes. Primeiro na tristeza, depois no êxtase, o coração sente então que tem discernimento no fundo da maravilhosa contemplação. Ele é refinado e se torna como uma criança. E quando começa a orar, as lágrimas fluem. Grande é o homem que, na paciência de seus membros, está maravilhosamente habituado a não estar mais no interior da sua alma. Se colocares sobre a bandeja de uma balança todas as obras da vida monástica e sobre a outra o silêncio, verás que esse é mais pesado.

Eu recolhi em mim a experiência de diversos anos e na provação, e pela graça de Deus aprendi o seguinte: dois modos constituem o fundamento de todos os bens, lembrando à alma que ela está no cativeiro que lhe é imposto pelo inimigo e a via que conduz à luz e à vida: recolher-se em um único lugar e sempre jejuar.

Ou seja, dobrar-se com sabedoria e prudência à regra da temperança e da imobilidade, na busca e na meditação contínuas de Deus.

É assim que alcançamos a submissão dos sentidos.

É desse modo que adquirimos a vigilante sobriedade do intelecto.

É dessa maneira que se apaziguam as paixões selvagens que se erguem no corpo. É dessa forma que nos vêm a doçura dos pensamentos. É assim que a reflexão se faz luminosa. É desse jeito que podemos conceber o que há de mais elevado e mais refinado.

É dessa maneira que vemos com acuidade e perspicácia as coisas que estão longe...

Para tudo resumir em uma só palavra, é dessa maneira também que chegamos à liberdade do verdadeiro homem, à alegria da alma e à ressurreição com Cristo no Reino

A hésychia contínua vinculada à leitura, à alimentação moderada e à vigília noturna despertam a reflexão e fazem com que nos maravilhemos com as coisas, se nada acontecer que dissipe a hésychia. Os pensamentos que vêm por si próprios aos hesicastas transformam então seus dois olhos em fontes batismais onde correm as lágrimas que banham abundantemente suas faces[105].

Silêncio, jejum, lágrimas, vigília, conduzem à *hésychia*, todos os elementos da vida monástica que têm como objetivo nos aproximar desse estado bem-aventurado (*o Ser/Amor, ô on / ô agapê*). Primeiro, "ama o silêncio mais do que tudo".

---

105. Ibid., p. 83-84.

Primeiro calar-se, o silêncio dos lábios deveria nos conduzir ao silêncio do espírito, em seguida ao silêncio do coração. Que nada entrave o curso e o discurso da luz, essa luz é também deslumbre diante do amor de Deus. As lágrimas correm; primeiramente são lágrimas de arrependimento, por ter faltado amor, mas também por lágrimas de alegria, pois Deus é fiel. Seu amor não é alterado por nossas infidelidades e nossas faltas de amor; são lágrimas do filho pródigo quando descobre que sempre foi esperado, que o amor do Pai sempre se lembrou dele enquanto ele fazia de tudo para se esquecer e essas lágrimas são para nós um novo batizado, elas nos mergulham em Cristo e nos conduzem a um silêncio mais profundo. O silêncio e a presença que o habita é realmente um alimento.

Para saboreá-lo plenamente permanecemos imóveis e sem comer. O jejum do corpo, mas também o dos pensamentos e dos afetos, torna-se quase naturais. Todo nosso ser e nosso modo de vida se simplificam. A sobriedade é um festim e uma embriaguez.

5

Aquele que em verdade e exatidão encontra o sentido destes modos de ser, foi pela hésychia que ele encontrou. Pois em dois anos ou mais, seus olhos tornaram-se como uma fonte de águas. Ele então entra na paz dos pensamentos, ele entra naquele descanso sobre o qual falou São Paulo, tanto quanto a natureza puder suportar parcialmente. Enfim, no repouso pacífico, o intelecto começa a contemplar os mistérios. Então o Santo Espírito vem lhe revelar o celestial. Deus habita nele e amadurece o fruto do Espírito. A partir daí, ele sente a natureza interior receber a mudança iminente na renovação de todas as coisas, ainda obscuramente e como se fosse um enigma[106].

---

106. Ibid., p. 86.

Como disse Isaac, o dom das lágrimas leva à paz dos pensamentos, ao relaxamento do corpo, do coração e do espírito que nos faz entrar no repouso de Deus (*anapausis*).

Neste repouso onde começa o silêncio e a contemplação dos mistérios – a palavra *mistério* tem a mesma etimologia que a palavra *mudo*, como explica Ludwig Wittgenstein: "É preciso calar sobre aquilo que não podemos falar".

O silêncio é a língua dos contemplativos, a língua do mundo por vir, dirá Isaac. É mais precisamente a língua do não tempo ou da eternidade. Nada podemos falar sobre aquilo que não está em um espaço ou em um tempo, assim como nada podemos ver em um céu perfeitamente puro.

Para Isaac, o silêncio é também a língua do Espírito. "Sua palavra é a da primavera e da seiva que nos faz crescer e amadurecer. Ouvimos o barulho dos carvalhos que são derrubados, mas não ouvimos o barulho da floresta que cresce." As pessoas que falam muito preenchem o espaço e as tribunas do mundo, mas não ouvimos a multidão dos silenciosos que oram e salvam o mundo.

6

A pureza é o esquecimento dos modos de conhecer as coisas que são contra a natureza e que a natureza descobre no mundo. Essa é a condição para nos libertarmos e nos encontrarmos fora delas: que o homem volte à primeira simplicidade da sua natureza, à sua inocência original, que ele se torne como uma criança, sem ter, no entanto, os defeitos da criança.

Queres descobrir o que dá a vida? Caminha sobre a via da simplicidade. Não pretenda nada conhecer diante de Deus. A fé segue a simplicidade... Aproxima-te de Deus com um coração de criança. Vá para frente dele para receber a solicitude com a qual os pais velam sobre todas as crianças pequenas. Alguém disse: "O Senhor protege as criancinhas" [107].

Enquanto o intelecto não tiver sido libertado dos numerosos pensamentos, enquanto ele não tiver alcançado a simplicidade da pureza, ele não poderá sentir o conhecimento espiritual [108].

No entanto, a maior parte dos homens não chega à essa simplicidade. Todo homem, caso cumpra todas as medidas na estrada onde caminha em direção a Deus, abre diante de si a porta do Reino dos Céus. Mas nada nem ninguém pode receber esse conhecimento espiritual se não se voltar, se não se tornar como uma criança [109, 110].

Todos esses escritos de Isaac são um comentário da palavra do Evangelho: "Em verdade vos declaro: se não vos transformardes (*métanoia*) e vos tornardes como criancinhas, não entrareis no Reino dos Céus" (Mt 18,3).

Estar além do mental (métanoia), ser uma criança, estar no Reino de Deus parece aqui sinônimo de viver um mesmo estado de consciência, próximo da consciência pura. "Acalma a ti mesmo, o céu e a terra te encherão de paz". Ajuda a ti mesmo, o céu te ajudará.

O tesouro do coração e o tesouro do céu são um único e mesmo tesouro, conhecer um é conhecer o outro: "Quem me viu, viu o Pai", quem viu seu coração, viu a Deus e, no entanto, há entre os dois uma escada que deve ser galgada, que parte da consciência da nossa falta de

---

107. 19° discurso, p. 128.
108. Ibid., p. 130.
109. Ibid.
110. Ibid., p. 93-95.

amor (o pecado) e eleva-se em direção à plenitude da vida e do amor que se dão (Amor/Deus, *Ágape/ô theos*). Esse ponto de chegada da ascese (*práxis*) e da contemplação (*gnosis*) é também nosso ponto de partida, o que somos antes da perversão, a queda da nossa consciência nos pensamentos, nossa simplicidade primeira, a inocência original que é nossa verdadeira natureza.

A conversão, dirá João Damasceno após Isaac, "é o retorno à nossa verdadeira natureza", à nossa criança eterna.

Queres descobrir o que dá a vida? Caminha sobre a via da simplicidade, não pretenda nada conhecer de Deus, é esse conhecimento que te separa dele. Aproxima-te de Deus com um coração de criança, um coração que antes ou além de tudo sabe maravilhar-se e surpreender-se.

7

A purificação do corpo é a santidade liberta das sujeiras da carne. A purificação da alma é a libertação das paixões secretas que são declaradas nos pensamentos. A purificação do intelecto está na revelação dos mistérios. Pois ele se purifica de tudo aquilo que, em toda sua espessura, é submisso à sensação. As criancinhas têm o corpo casto, a alma impassível, mas não se pode dizer que elas têm o intelecto puro. Pois a pureza do intelecto é a perfeição... Que nosso Deus nos torne dignos de sempre contemplá-lo na nudez do intelecto, em seguida, diretamente nos séculos dos séculos. Amém[111].

Faze-me digno, Senhor, de te conhecer e te amar, mas não por esse conhecimento que adquirimos estudando e dispersando o intelecto.

Faze-me digno desse conhecimento pelo qual o intelecto, ao olhar para ti, glorifica tua natureza na contemplação que afasta dos pensamentos a sensação do mundo. Faze-me digno de elevar-me sem mais

---

111. 17º discurso, p. 122-123.

considerar a vontade que engendra as imaginações e de te ver pela força do vínculo da Cruz, na segunda fase da crucificação do intelecto que repousa em toda liberdade longe da atividade dos pensamentos te contemplando continuamente acima da natureza.

Aumentando tua caridade comigo, para que fora desse mundo eu siga teu mundo. Faze-me compreender tua humildade com a qual viveste no mundo permanecendo na carne que portaste, que pela Santa Virgem recebeste dos nossos próprios membros. Que eu me lembre de ti implacavelmente e, sem nunca esquecer, possa aceitar com prazer a humildade de minha natureza[112].

Nosso corpo é santo se o purificarmos dos maus humores e dos vícios que o poluem e o atulham. Nossa alma é santa se a libertarmos dos desejos e dos apegos que a atulham. Nosso espírito é santo se o libertarmos dos pensamentos e das imagens que o atulham. A vida espiritual é um grande esvaziamento, uma simplificação radical de todo nosso ser, guardar apenas o essencial é ser um e estar nu.

A oração de Isaac é profunda, ele aspira ao repouso da contemplação na luz (*phos*) e no amor (*Ágapè*), ele pede um coração puro (virgem) para "assumir com prazer a humildade da sua natureza".

8

Desce mais baixo do que ti mesmo e verás a glória de Deus em ti, pois ali onde está a humildade, se espalha a glória de Deus.

Ama os pecadores, mas rejeita suas obras. Não os despreze devido a seus defeitos para não caíres, tu também, nas mesmas tentações.

Lembra-te que fazes parte da natureza terrestre e faz o bem a todos[113].

---

112. 16º discurso, p. 118.
113. Wikipédia.

Para assumir *a humildade da sua natureza*, Isaac não hesita a descer mais baixo, mais profundo do que ele mesmo e ali ele contempla a glória, a presença de YHWH, o Ser que é o que ele é.

Ali onde está a humildade, espalha-se a glória de Deus e a glória de Deus é amar. Isaac não permanece extasiado nas alturas; tendo contemplado a luz, ele volta para os homens, particularmente os pecadores, aqueles a quem falta o amor, mas ele para de identificá-los às suas faltas ou a seus crimes, ele compartilha sua humanidade, ele conhece a fraqueza, nada daquilo que é humano ou terrestre lhe é estranho, mas pela humildade e pela graça, ele permanece capaz de servir e de amar. Ele não crê, ele não pensa no *bem*, ele o faz.

9

Aquele que é submisso a Deus não está longe de submeter-se ao universo. Àquele que se conhece é dado o conhecimento de tudo. Pois conhecer-se a si mesmo é a realização do conhecimento do universo. Pela submissão da tua alma, tudo se submete a ti. A partir daí a humildade reina na tua conduta, tua alma é submissa e com ela tudo te será submisso, pois Deus faz nascer em teu coração a paz. Ao contrário, se tu viveres fora da humildade, tu serás sempre perseguido, não apenas pelas paixões, mas pelos acontecimentos. Em verdade, Senhor, se não nos humilharmos, és tu que não deixarás de nos conduzir à humildade. A verdadeira humildade engendra o conhecimento[114].

A humildade é o adorno da divindade. Ao se fazer homem, o Verbo a vestiu. Por ela, Ele viveu conosco em nosso corpo. E quem se cercou dela se fez semelhante, na verdade, àquele que desceu das

---

114. 16° discurso, p. 118-119.

alturas, e coberto, pela humildade, sua grandeza e sua glória, para que ao vê-lo a criação não fosse consumida[115].

E, no entanto, nós não o chamamos de humilde, apesar de ser digno de louvor aquele que se humilha na memória das suas faltas e dos seus erros e se lembra delas até partir seu coração... O humilde perfeito é aquele que não precisa fazer nada em seu coração para ser humilde. Mas perfeita e naturalmente ele possui em tudo a humildade sem se esforçar para isso. Ele a recebeu em si mesmo como uma grande graça que ultrapassa toda a criação e toda a natureza. Aos seus próprios olhos, ele se vê como pecador, como um homem desprezível que nada vale. Ele entrou no mistério de todas as naturezas espirituais, ele carrega em si a sabedoria de toda a criação em toda exatidão e, todavia, ele considera que nada sabe[116].

Há uma humildade que vem do temor a Deus e há uma humildade que vem do próprio Deus. Há aquele que é humilde porque teme Deus e há aquele que é humilde porque conhece a alegria. Aquele que é humilde por temer a Deus, recebe a doçura dos membros, a boa ordem dos sentidos e um coração partido o tempo todo. O outro, aquele que é humilde porque conhece a alegria, recebe uma grande simplicidade e um coração dilatado que nada pode conter[117].

A verdadeira humildade engendra o conhecimento e aquele que se conhece, conhece seu nada e esse nada o torna capaz de tudo (*capax dei*). "A mim são os céus, a mim é a terra... Tudo me pertence porque eu mesmo sou de Cristo e Cristo é de Deus", dirá mais tarde São João da

---

115. 20° discurso, p. 138.
116. Ibid., p. 140.
117. Ibid., p. 101-102.

Cruz; aquele que se dá a Deus, Deus lhe dá tudo, porque tudo é e está em Deus; "nele nós temos a Vida, o movimento e o ser".

Isaac não se cansa de descrever a grandeza da humildade. Ela é *o adorno da divindade*. Ao fazer-se homem, o Logos a vestiu. Ele viveu em um corpo humano frágil e falível e nós não temos que ter vergonha da nossa condição, nosso corpo pode tornar-se o lugar da encarnação do *Logos, o templo do Espírito*, esse é um destino diferente do de ser *o túmulo da alma*.

Para tornar-se humilde, indica ainda Isaac, não há nada a fazer, não há nada a saber, só devemos ser aquilo que somos, nem mais nem menos; mais seria orgulho, menos seria falsa humildade. A humildade é a verdade do homem, o *humus* é a sua natureza e é através dessa natureza que ele *participa* ou comunga com a natureza divina, à imagem de Cristo, "verdadeiramente Deus e verdadeiramente homem"; pó na luz, luz no pó.

Há uma humildade que não vem de nós mesmos, da nossa lucidez ou do nosso temor diante da infinita Beleza. Há uma humildade que vem de Deus, que é o próprio Deus, ela floresce num coração aberto e dilatado que rompeu todas as amarras e navega nesse oceano de alegria e simplicidade de Deus.

"Bem-aventurado aquele que encontrou em ti o porto de toda alegria"[118].

10

Em que consiste o apogeu da contribuição dos trabalhos do ascetismo, como reconhecer se alguém chegou ao fim de sua corrida?

---

118. 18º discurso, p. 102.

(O termo é alcançado) quando fomos julgados dignos da oração constante. Aquele que tenha alcançado os termos de todas as virtudes, tem ao mesmo tempo uma morada espiritual. Aquele que não recebeu em verdade o dom do Paráclito é incapaz de realizar a oração ininterrupta em repouso. Quando o Espírito estabelece sua morada em um homem, esse não consegue mais parar de orar, pois o Espírito não para de orar nele. Quer ele durma, quer ele vigie, a oração não se separa da sua alma. Enquanto ele come, bebe, deita, dedica-se ao trabalho, mergulha no sono, o perfume da oração exala espontaneamente da sua alma. Dali em diante, ele não domina a oração durante os períodos específicos de tempo, mas o tempo todo. Mesmo quando ele torna seu repouso visível, a oração é assegurada nele secretamente pois "o silêncio do impassível é uma oração", disse um homem revestido de Cristo. Os pensamentos são movimentos divinos, os movimentos do intelecto purificado são vozes mudas que cantam no segredo essa salmodia ao Invisível[119].

A humildade não é um estado passageiro já que é a nossa própria condição. A oração que nasce da humildade torna-se também um estado constante, uma atenção perpétua.

Quando o espírito estabelece sua morada nessa humildade, o asceta não para mais de orar, "quer ele durma, vigie, coma, beba, trabalhe, o perfume da oração exala espontaneamente da sua alma..."

Se a oração fosse feita de palavras, de invocações, ela não poderia ser perpétua, sua oração é o seu silêncio, de dia como de noite, esse silêncio é *uma salmodia ao Invisível*.

---

119. GOUILLARD, J. (ed.). *Petite philocalie de la prière du coeur.* Op. cit., p. 82.

11

Após a oração pura, não há outra oração. Todo movimento e todas as formas de oração até agora têm conduzido o intelecto pelo poder da liberdade. O intelecto realiza-se na oração pura. Mas além desse limite, é o deslumbramento, não a oração. A oração cessa. E começa a contemplação. A inteligência não ora mais. A oração sob todas suas formas está ligada ao movimento. Mas quando o intelecto penetra nos movimentos espirituais, não há mais oração. Uma coisa é a oração e outra, a contemplação que está nela, mesmo que uma tenha sua fonte na outra. A oração é a semente, e a contemplação a colheita dos feixes. O ceifeiro se maravilha ao ver aqui o inefável: como a partir de pequenos grãos nus que ele semeou, de repente começam a crescer diante dele brotos tão florescentes? A visão da sua colheita lhe tira todo movimento. A oração é súplica, demanda, ação de graças, louvor. Examina quando o intelecto ultrapassou o limite, se uma dessas formas entrou no país da contemplação.

A oração sob todas as formas está ligada ao movimento. Mas quando o intelecto penetra nos movimentos espirituais, não há mais oração.

No momento da oração, o intelecto contemplativo tem sua atenção voltada inteiramente para Deus, dirige a Ele todos seus movimentos e não para de lhe trazer com fervor e calor as súplicas do coração. É, portanto, nesse momento onde a alma dedica-se à única coisa necessária, que deveria fluir a benevolência divina[120].

É quando o padre se preparou e se encontra em estado de oração, invocando o divino, suplicando e recolhendo seu intelecto, que o Espírito Santo entra no pão e no vinho colocados sobre o altar[121].

---

120. 32° discurso, p. 201.
121. Ibid.

Enquanto estiver ativo, o intelecto estará no reino psíquico. Mas quando ele entra no reino espiritual, ele para de orar. No próximo século, os santos não orarão. Seu intelecto foi absorvido pelo Espírito. Eles permanecem na glória que os alegra e os deslumbra[122].

O intelecto encontra-se além e é mais elevado do que a oração. Ele descobriu o melhor e a oração cessa.

Ele não ora mais, mas está em êxtase diante das coisas incompreensíveis que ultrapassam o mundo dos mortais e ele se cala, ignorando de agora em diante tudo que está aqui. Essa ignorância é mais elevada do que o conhecimento que mencionei. Sobre ela dizemos: "Bem-aventurado o homem que chega à ignorância inseparável da oração que nos foi dada pela graça do Filho único de Deus, a quem volta toda a glória, honra e adoração, agora e sempre, e nos séculos e séculos. Amém" [123].

No encadeamento desses textos encontramos um pequeno tratado da oração segundo Isaac o Sírio, da oração perpétua à cessação da oração na *agnosia*, a bem-aventurada ignorância passando pelo deslumbramento, o objetivo da evolução não é apenas o homem de pé, é o homem com braços levantados para o céu, a realização da nossa humanidade é o louvor.

Isaac disse novamente: "a inteligência humana realiza-se na pura oração". Além desse limite, poderíamos falar que essa realização não é mais oração, resta apenas o silêncio que é deslumbramento. Essa noção de deslumbramento, que está tão presente em Isaac o Sírio também será encontrada nas cartas de João de Dalyatha que também foi um monge sírio que viveu no início do século VIII.

---

122. Ibid., p. 200.
123. *Mystiques d'orient et d'occident*. Op. cit., p. 105-114.

"O deslumbramento é provocado pela beleza de Deus: o deslumbramento lança na estupefação aqueles que caminham na luz que é o Senhor, lugar claro e esplêndido: para onde, portanto, foram todas as coisas antes de mim, de modo que somente o Senhor de todas as coisas é visível? Onde estou, eu não sei, pois meu coração foi cativado pela beleza do Belo (de Deus)" [124].

"É no lugar do deslumbramento que Deus se revela àqueles que o amam: Ele os deslumbra pela sua beleza e, pela admiração, ele silencia seu movimento à vista desses mistérios. E como o lugar das visões maravilhosas é o do estupor, ele está também cercado por um claustro de silêncio: a inteligência quer tentar trazer o mistério para o lugar das vozes e expor que a fronteira do silêncio se apresenta a ela e é silenciosa" [125].

O deslumbramento reduz o espírito ao silêncio: Todo espírito abundante em palavras que entra nesse lugar é amordaçado pelo silêncio, privado das palavras e dos movimentos pelo deslumbramento que os mistérios provocam. Ali Deus mostra sua beleza àqueles que o amam. Ali a alma vê seu ser; Cristo que aparece nela e alegra-se à sua visão..." [126].

O deslumbramento suprime todo movimento: *"Que sempre me cative, Senhor, o deslumbramento da tua glória, de modo que minha consciência não possa mais produzir movimentos terrestres"* (p. 435). *"Meu irmão, mantém teu espírito imóvel e maravilha-te diante do amor de Deus por nós"* [127, 128].

---

124. Carta 2,4, p. 311.
125. Carta 1,4, p. 307.
126. Carta 2,6, p. 313.
127. Carta 24,1, p. 381.
128. *Mystiques d'orient et d'occident*. Op. cit., p. 111-112.

Enquanto ela está ativa, produzindo pensamentos e imagens, nossa consciência permanece no reino psíquico; ao entrar no Reino do Espírito, todo movimento cessa, é o silêncio do deslumbramento. Esse deslumbramento nos conduz à *agnosia* além da gnose, a douta ignorância. Pensamos evidentemente em Dionísio o Teólogo e em suas "Trevas supraluminosas" ou seu "obscuro e luminoso silêncio"[129] ou em Mestre Eckhart e em todos os teólogos ortodoxos que praticam a teologia apofática até chegarmos em Tomás de Aquino: "Não sabemos o que Deus é, sabemos apenas "que Ele é" e falamos melhor utilizando as negativas. Ele não é finito (ele é infinito), ele não está no tempo (eterno), ele está além de todos os nomes (inominável), ele não é visível (invisível) etc.

Poderíamos relacionar essa experiência da *agnosia* àquilo que está antes ou além de toda consciência e conhecimento, segundo a experiência de um sábio contemporâneo, Shri Misargadatta: para ele, nós não somos mais apenas o corpo e os pensamentos, somos essa pura consciência, esse puro "Eu sou". Eu sou é a manifestação daquilo que não pode ser expressado (o incriado, o não manifestado), em seguida vem esse momento onde descobrimos que não somos "Eu sou", que não somos a consciência ou alguma manifestação, mas o Absoluto inalcançável, incognoscível[130].

O que não podemos conhecer é a Origem da origem, a fonte da consciência, a fonte do Logos, que Yeshua chama "A'um, Abba" ("papai" em aramaico e em hebraico). Paradoxalmente, é através de uma palavra familiar que ele

---

129. Cf. "Um obscuro e luminoso silêncio". In: LELOUP, J.-Y. *A teologia mística de Dionísio, o Areopagita*. Petrópolis: Vozes, 2014.

130. SHRI MISARGADATTA. *Graines de conscience*: Je suis. Paris: Les Deux Oceans, 1974.

nos deixa pressentir seu caráter inacessível, além da inacessibilidade, quando ela permanece um conceito.

Dizer que Deus é irrepresentável, inalcançável, que Ele está além de tudo, é mais "sensato" do que dizer que Ele é "A'um, Abba". Dizer que Ele encarnou é o que, estritamente falando, é inimaginável e incrível e indizível.

12

Não procura distinguir aquele que é digno daquele que não é, que todos sejam iguais a teus olhos para servi-los. O Senhor compartilhou a mesa dos publicanos...

Eu quero um coração que se inflame de amor (Ágape) por toda a criação, pelos homens, pelos pássaros, pelos animais, pelos demônios, por todas as criaturas. Orai também pelos animais e mesmo pelos répteis, eles também são dignos de compaixão e de uma misericórdia infinita...

Eis, meu irmão, um mandamento que te dou: que a misericórdia prevaleça sempre na balança, até o momento em que sentires em ti esta misericórdia que Deus sente pelo mundo.

"Quando acredito que não sou nada / É a sabedoria / Quando creio que eu sou Tudo / É o amor." Estas palavras do sábio citado anteriormente poderiam ser de Isaac o Sírio. Ele afirma ao mesmo tempo seu nada na humildade e sua atenção a tudo que está no amor. A humildade e o amor são as duas asas da pomba, ou seja, do Espírito que ele se tornou.

Seu olhar tornou-se *equânime*, ele olha da mesma maneira o justo e o injusto, ele é como o sol que brilha sobre o ouro assim como sobre o lixo mencionado no Evangelho, sua equanimidade, sua igualdade de alma e de humor são também magnanimidade; "grandeza da alma", benevolência, generosidade para com tudo aquilo que existe. Ele torna-se capaz de orar não apenas pelas serpentes, mas também pelos demônios, sinal de que não há mais medo nele; ele prova a misericórdia de Deus que quer que nada seja perdido ou condenado, que todos sejam salvos e cheguem à plenitude da verdade... (*apocatastasis*) (cf. 1Tm 2,4; Rm 1,16).

XI
A pequena filocalia de João Clímaco

João Clímaco, conhecido também sob o nome de João o Sinaíta foi um monge sírio, nascido por volta de 579 na Palestina e morto por volta de 649 no Monte Sinai. Ele recebeu seu sobrenome – Clímaco – em razão do seu tratado "A escada do paraíso" (*klimax* em grego quer dizer "escada").

Esse tratado descreve em 30 capítulos ou passos que representam os 30 anos da vida oculta de Jesus Cristo, a ascensão da alma para Deus.

- Grau 1-4: Libertação do mundo, escuta e obediência a um pai espiritual.

- Grau 5-6: Volta ao essencial e o dom das lágrimas, caminho da verdadeira alegria.

- Grau 8-17: Luta contra as perversões da nossa natureza e volta à retidão do nosso ser autêntico.

- Grau 18-26: Lucidez quanto às armadilhas da ascese (preguiça, orgulho, pusilanimidade).

- Grau 27-29: Descoberta da *hésychia* (silêncio feliz da alma) e da *apatheia* (estado não patológico, equanimidade e magnanimidade da alma).

- Grau 30: *Théosis*, divinização, participação na fé e na esperança no amor que é Deus (*Ágape*).

Essa subida rumo à luz é animada pelo *eros*, desejo da beleza e atenção de todo ser ao Ser de Deus (*épectasis*).

Esse texto traduz três séculos de experiência monástica, sua influência será ininterrupta no mundo ortodoxo. Ao ser traduzido para o latim, esse tratado esteve na origem de todas as "santas escadas" da Idade Média. Em 1659 foi traduzido para o francês por Arnauld d'Andilly e inspirou o reformador dos trapistas, o abade de Rancé.

Ausente da filocalia de Macário e da sua tradução eslava, ele aparece sob a forma de trechos na Dobrotojubié russo.

Segundo Jean Gouillard, a obra de Clímaco "resume excelentemente o espírito da filocalia, ela é o intérprete mais original daquilo que chamamos de espiritualidade sinaíta" e é a inspiradora menos contestada da renovação hesicasta dos séculos XIII e XIV.

1

O verdadeiro monge: um olhar imóvel da alma e um sentido corporal inabalável... O monge: uma luz que não se apaga no olho do coração.

A solidão do corpo é a ciência e a paz da conduta e dos sentidos; a solidão da alma, a ciência dos pensamentos e um espírito inviolável. O amigo da solidão é um espírito valente e inflexível de serviço, sem sono, à porta do coração para derrubar e matar aqueles que se aproximam. Quem pratica essa solidão no fundo do seu coração (literalmente com o sentido do coração) compreende o que eu digo; quem ainda está na infância não provou e não entende. O hesicasta que sabe não precisa mais de palavras; ele é iluminado pela ciência das obras[131].

---

131. GOUILLARD, J. (ed.). *Petite philocalie de la prière du coeur*. Op. cit., p. 88.

O centro do ciclone é imóvel, o núcleo da roda é imóvel, a dobradiça da porta é imóvel; quando João Clímaco diz que o olhar da alma deveria ser imóvel, isso quer dizer que o ser está no seu eixo, centrado. A consciência é imóvel, mesmo que tudo possa estar agitado nela – ou em volta dela.

Como ser consciente dessa imobilidade, dessa testemunha imóvel que está sempre aqui?

Dizendo "pare" (*shh*) aos nossos pensamentos, às nossas emoções; são dois pequenos tetragramas que nos conduzem à atenção, à presença do grande tetragrama YHWH (o Ser que faz ser tudo aquilo que é: em todo lado e sempre presente – *pantocrator*).

Hoje, mais do que nunca nós precisamos dizer "pare" às emoções que nos acometem, *shh* aos pensamentos e às informações que nos assaltam. Não é a ordem de um ditador ou de um déspota, é o conselho de uma mãe: *shh*, a criança está dormindo.

Aqui, imóvel, no centro do ciclone, "Eu sou" está ali também no fundo do nosso barco, Ele, a essência de nossa essência, o Ser desperto, Ele dorme... *shh*!

João Clímaco acrescenta que essa presença imóvel, "Eu sou", é uma luz que não se apaga aos olhos do coração. Se essa luz se apagar, nós poderemos reacendê-la orando "kyrie eleison" ou dizendo o nome de Yeshua que é "a luz do mundo", o Logos que as trevas não podem alcançar. Nesse caminho, a experiência da solidão é importante, solidão do corpo e solidão da alma, Ser centrado, em seu corpo como naquilo que o anima, ser Um.

A solidão é também um estado de vigilância; como o animal incessantemente trêmulo, pronto a reagir a tudo aquilo que lhe é hostil.

Aquele que tomou gosto por esta solidão e este silêncio, que não depende de nada ou de ninguém a não ser de Deus, é um hesicasta; o amor (*Ágape*) está nele como um sol brilhante e imóvel, testemunha tranquila de tudo aquilo que gira e se agita na luz.

2

O hesicasta é aquele que aspira a circunscrever o incorporal em uma morada de carne. O gato espia o rato, o espírito do hesicasta observa o rato invisível. Não desdenhe da minha comparação; mostraríeis com isso que não conheces ainda a solidão. O caso do cenobita não é o do monge. O monge precisa de uma grande vigilância e de um espírito limpo de agitação; o cenobita frequentemente teve o apoio de um irmão e o monge, o de um anjo. Os poderes espirituais gostam de permanecer com os verdadeiros solitários e associar-se ao culto que eles dedicam a Deus...[132]

Para o hesicasta não se trata de sair do corpo, de desprezá-lo ou desligar-se, pelo contrário, trata-se de acolher o incorporal na sua morada de carne.

A vida hesicasta, mas talvez simplesmente toda vida humana, é "a encarnação contínua", pois incessantemente em cada um de nós "o *Logos* se faz carne", a Consciência toma corpo. O Espírito, o Sopro santo que vem do Pai (*Arkè*, a origem) habita em nós e nos faz Filhos de Deus, à imagem e semelhança de Deus encarnado em Jesus Cristo. "Ele é o filho mais velho de uma multidão de irmãos (cf. Rm 8,28-30), com Ele nós somos *filhos únicos* que encarnam de uma maneira "única" a Vida, a Consciência e o Amor que é Deus (YHWH). Aqui estamos distantes de uma filosofia e de uma prática que considerariam o corpo

---

132. Ibid.

como um túmulo para a alma, ele é "o templo do Espírito" (cf. 1Cor 6,19).

"O gato espia o camundongo, o espírito do hesicasta observa o camundongo invisível". É uma imagem usada frequentemente por Eckhart Tolle.

"Fechai os olhos e dizei o seguinte: "Eu me pergunto qual será meu próximo pensamento"; em seguida, fique tão atento quanto um gato que vigia a toca de um camundongo, vós vereis que o próximo pensamento não virá enquanto estiverdes atentos".

"Não desdenhais essa comparação", nos adverte João Clímaco, "é o sinal que vós não sabeis o que acontece quando estamos na solidão, atentos aos nossos pensamentos que vão e vêm sem nos deixar levar por eles.

O gato é um belo exemplo de vigilância e de relaxamento (*nepsis, hésychia*).

3

O hesicasta é aquele que diz: "Meu coração é forte" (Sl 57 (56),8). O hesicasta é aquele que diz: "Eu durmo e meu coração vigia" (Ct 5,2). Fechar a porta da vossa célula ao seu próprio corpo, a porta de vossos lábios às palavras, a porta interior aos espíritos[133].

A postura do gato parece inspirar novamente o hesicasta, ele está totalmente relaxado e totalmente vigilante, ele dorme, mas seu ouvido permanece de pé, o menor barulho o desperta.

Melhor do que a do gato é a postura da bem-amada no Cântico dos Cânticos: "ela dorme mas seu coração vigia", ou seja, o seu corpo está relaxado, seu mental está

---
133. Ibid., p. 88.

apaziguado, mas o coração está vigilante. Poderíamos até mesmo dizer que é esse repouso e esse relaxamento de todo ser que desperta a vigilância do coração. Quem ama de verdade está sempre atento àquilo que ama.

O segredo da oração e da vigilância é o amor. É inútil pedir a alguém que ama para ficar atento; isso lhe parece natural. Clímaco lembra igualmente o convite de Cristo para entrar na câmara do coração, onde "Ele não dorme nem cochila, o guardião dos pensamentos...": "Quando orares, entra no teu quarto, fecha a porta e ora ao teu Pai em segredo; e teu Pai, que vê num lugar oculto, te recompensará" (Mt 6,6).

4

A obra da solidão (hésychia) *é uma displicência total para com todas as coisas, razoáveis ou não. Porque quem abrir às primeiras certamente encontrará as segundas. Seu segundo trabalho é a oração assídua, o terceiro, a atividade inviolável do coração. Sem conhecer as letras, é impossível ler os livros: é impossível, sem ter primeiro adquirido as duas primeiras obras, abordar de maneira correta a terceira...*

Basta um cabelo para confundir o olhar, uma simples preocupação para destruir a solidão (hésychia), *pois a solidão é o despojamento dos pensamentos e a renúncia às preocupações da razão. Quem realmente tem paz não se preocupa mais com o próprio corpo... Quem quer apresentar a Deus um espírito purificado e se deixa atormentar pelas preocupações é como alguém que tivesse as pernas algemadas e pretendesse correr...*[134]

"A *hésychia* é uma indiferença total para com todas as coisas, sensatas e razoáveis ou não." Estas palavras de João

---

134. Ibid., p. 89.

Clímaco podem nos chocar, pois essa indiferença pode ser um pretexto para a preguiça, a negligência e até mesmo para a falta de amor ou para o amor morno.

No entanto, esse texto apenas cita o Evangelho: "Buscai em primeiro lugar o Reino de Deus e a sua justiça e todas estas coisas vos serão dadas em acréscimo. Não vos preocupeis, pois, com o dia de amanhã: o dia de amanhã terá as suas preocupações próprias. A cada dia basta o seu cuidado" (Mt 6,33-34).

Aquele que através da oração está incessantemente atento ao Reino de Deus, à presença do Ser e do Amor que está nele, não precisa se preocupar, pois "é Ele quem age".

"Descarregai sobre Ele todas vossas preocupações, Ele próprio tomará conta de vós" (1Pd 5,7), preocupar-se e ter falta de confiança em Deus, é ter falta de fé e de adesão Àquele que conduz todas as coisas em direção ao seu bem. É não estar atento ao presente e à presença daquele que habita em nós (seu Reino que está dentro de nós (Lc 17,21) (*basileia ton theou en tos union estin*).

Para Martin Heidegger, a preocupação é algo próprio do homem digno deste nome, o homem autêntico. É o modo de ser primeiro de todo homem em sua relação com o mundo, em sua relação com o tempo, em seu ser voltado para o futuro, em sua angústia pelo amanhã.

O *Dasein*, o ser aqui, humano, para Heidegger, manifesta-se na e pela preocupação, é o cuidado que o homem tem com seu ser mortal, condenado ao tempo. Para João Clímaco, a característica do homem não é ser dedicado ao tempo, mas à eternidade (ao Reino de Deus em todo lugar e sempre presente).

O homem sem Deus nada pode fazer além de se preocupar e se angustiar, ele nasceu para morrer, seu futuro é sem futuro, fechado no ser para a morte, a temporalidade. O homem sem preocupação vive fora do tempo, ele vive no presente, o passado não mais existe, o futuro ainda não existe, apenas o presente existe, o homem evangélico vive e existe no Real, não na ilusão ou no pensamento do Real. Poderíamos dizer, então, que a preocupação é o esquecimento do ser aqui, presente. Ora, Heidegger fala incessantemente sobre essa volta ao Ser como sendo *o único* necessário, para o filósofo é *sua única preocupação*.

A questão é, sem dúvida, saber o que colocamos e o que experimentamos por trás da palavra "Ser".

Para João Clímaco, é o Ser/Amor, é Deus; para Martin Heidegger, é a morte, o nada. Compreendemos, então, que em presença do Ser, um se angustia e o outro se alegra, mas é a mesma vertigem diante daquilo que não conseguimos compreender.

5

A solidão é um culto e um serviço ininterrupto para Deus. Que a lembrança de Jesus seja uma coisa só junto com vosso sopro: então vós compreendereis a utilidade da solidão[135].

É a primeira vez que a união do sopro e da invocação é mencionada na tradição hesicasta; mais tarde, ela será mencionada inúmeras vezes, tornando-se um elemento essencial na prática da oração do coração.

Para um cristão, o sopro não é apenas a respiração, é a própria presença do *pneuma*, do sopro e do suspiro de vida que YHWH inspirou nas narinas do argiloso (cf. Gn 2,7).

---

135. Ibid.

"O espírito de Deus me criou e o sopro do Todo-poderoso me deu a vida" (Jó 33,4).

Essa transmissão do sopro será retomada no momento do surgimento de Cristo ressuscitado aos seus discípulos, Ele sopra sobre eles e lhes diz: recebei o Sopro sagrado (o Santo Espírito, *pneuma o aghios*) (Jo 20,22).

Para João Clímaco e toda a tradição ortodoxa até o Monte Athos hoje em dia, *orar é respirar*, é não pensar em Deus, é respirar com Ele, harmonizar nosso sopro curto ao seu Sopro infinito. É igualmente a oração dos adoradores que Deus (YHWH, *o patros*) pede: *en pneumati kai aletheia*, ou seja, no Sopro e na vigilância, traduzido com muita frequência como "em espírito e verdade", tradução que relativiza a dimensão "respiratória" ou inspirada da oração.

A atenção ao Sopro nos traz igualmente ao presente e à presença sutil da vida que nos atravessa e nos liga a tudo aquilo que vive e respira.

Os Padres mais tarde ensinarão que o nome de Yeshua adere ao sopro, *Yesh* ao inspirar, *houa* ao expirar, manter os três momentos da respiração juntos é uma maneira de celebrar a Trindade. O silêncio no início do inspirar e no final do expirar é o espaço de onde vem o Filho (inspirar) e para onde ele volta (expirar) ao Pai. O corpo onde é inspirado e expirado o Sopro, é o Filho, o sopro inspirado e expirado é o Santo Espírito (o próprio *pneuma*), os três são Um: o silêncio, o corpo, o sopro... é o próprio mistério da encarnação, o silêncio se fez carne no sopro, a carne na consciência do sopro retorna ao silêncio. É traduzir na experiência da oração as grandes palavras dos primeiros teólogos (ver Atanásio): Deus se tornou homem para que o homem se tornasse Deus. A *théosis* ou divinização é a obra do sopro/*pneuma* que reanima o corpo do homem. O Logos se fez carne fazendo-a voltar para a Fonte do seu ser: o Pai. Alguns perceberão igualmente que o nome impronunciável de YHWH pode ter um eco de si mesmo no sopro *Yah* ao inspirar, *houa* ao expirar. Sem esquecer o silêncio no início e no final, ali de onde vem o nome e para onde volta o nome. Devemos perceber igualmente que o nome de Yeshua se inscreve no coração do nome impronunciável YHWH. A obra do solitário (hesicasta) é "que a lembrança de Yeshua faça apenas um com o nosso sopro". O esquecimento do Ser não é o esquecimento de um conceito abstrato, mas o esquecimento do sopro que nos faz viver e amar. Lembrar-se do Ser é lembrar-se do Ser que vive e respira em nós.

6

Quem sente e se coloca diante de Deus do fundo do coração durante a oração será como uma coluna imóvel... A verdadeira obediência, frequentemente, torna-se de repente, durante a oração, inteiramente luminosa e transportada de alegria. Pois o combatente já estava preparado e inflamado por um serviço irrepreensível. Qualquer um pode orar com a multidão, mas, para a maioria, é melhor fazê-lo com um companheiro que tenha o mesmo espírito. Pois a oração perfeitamente solitária é um privilégio raríssimo[136].

Essa é uma experiência que dá imobilidade quando todo nosso ser é um e se mantém na vertical, imóvel e silencioso, é como se o homem fosse transformado em uma coluna de luz. Não há mais sensações, pensamentos, há apenas silêncio, um sopro que nos mantém aprumados.

Para se preparar para essa experiência é preciso desacelerar, imobilizar-se pouco a pouco, assim como é preciso se

---

136. Ibid., p. 90.

calar, que haja cada vez menos palavras, imagens ou pensamentos. É um corpo e um coração puro, um corpo e um coração retos, que recebem a luz. O exercício da vigília é útil para esse propósito: O monge que vigia é um pescador de pensamentos, assim como o gato é um pegador de camundongos, ele discerne além deste vaivém de pensamentos, ele percebe o silêncio entre dois pensamentos, a luz entre dois sopros; a calma da noite é propícia a esse despertar e a essa vigilância. O hesicasta saboreia, então, um outro repouso que não é o do sono.

7

Que sua oração ignore toda multiplicidade: uma única palavra basta ao Publicano e à Criança pródiga para obter o perdão de Deus...

Não há necessidade de buscar palavras para sua oração: quantas vezes a gagueira simples e monótona dos filhos faz seu pai ficar de joelhos! Não vos lanceis a longos discursos para não dissipar seu espírito na busca de palavras. Uma única palavra do Publicano tocou e emocionou a misericórdia de Deus; uma única palavra de fé salvou o Ladrão. A prolixidade na oração frequentemente preenche o espírito de imagens e o dissipa enquanto que muitas vezes uma única palavra (monologia) tem como efeito reuni-lo. Vós vos sentis consolado e comovido por uma palavra de oração, detenha-se aí, pois o nosso anjo da guarda ora conosco[137].

João Clímaco acrescenta a oração monológica à oração no Sopro – tema que será igualmente retomado por toda a tradição. "Que a sua oração ignore a multiplicidade, uma única palavra é o suficiente".

---

137. GOUILLARD, J. (ed.). *Petite philocalie de la prière du coeur.* Op. cit., p. 91.

O publicano, o filho pródigo, o bom ladrão são mencionados como exemplo:

Propôs-lhes Yeshua uma parábola para mostrar que é necessário orar sempre sem jamais ficar desmotivado. "Havia em certa cidade um juiz que não temia a Deus nem respeitava pessoa alguma. Na mesma cidade vivia também uma viúva que vinha com frequência à sua presença para dizer-lhe: 'Faze-me justiça contra o meu adversário'. Ele, porém, por muito tempo não o quis. Por fim, refletiu consigo: 'Eu não temo a Deus nem respeito os homens; todavia, porque esta viúva me importuna, lhe farei justiça, senão ela não cessará de me molestar.'"

Prosseguiu o Senhor: "Ouvis o que diz este juiz injusto? Por acaso não fará Deus justiça aos seus escolhidos, que estão clamando por ele dia e noite? Porventura tardará em socorrê-los? Digo-vos que em breve lhes fará justiça. Mas, quando vier o Filho do Homem, acaso achará fé sobre a terra?"

Yeshua lhes disse ainda esta parábola a respeito de alguns que se vangloriavam como se fossem justos, e desprezavam os outros: "Subiram dois homens ao templo para orar. Um era fariseu; o outro, publicano. O fariseu, em pé, orava no seu interior desta forma: 'Graças te dou, ó Deus, que não sou como os demais homens: ladrões, injustos e adúlteros; nem como o publicano que está ali. Jejuo duas vezes na semana e pago o dízimo de todos os meus lucros'. O publicano, porém, mantendo-se a distância, não ousava sequer levantar os olhos ao céu, mas batia no peito, dizendo: 'Ó Deus, tem piedade de mim, que sou pecador!' Digo-vos: este voltou para casa justificado, e não o outro.

Pois todo o que se exaltar será humilhado, e quem se humilhar será exaltado (Lc 18,1-14).

"Tende piedade de mim, pecador" – *kyrie eleison* será para muitos, junto com o nome de Jesus/Yeshua, a oração do coração. Podemos também escolher a do ladrão "Senhor, lembrai-vos de mim em teu Reino" (Lc 23,42).

A de Tomé, "Meu Senhor e meu Deus" (Jo 20,28) ou no final do Apocalipse: "Maranatha", "vem Senhor Jesus" (Ap 22,20), o importante é que a frase seja curta, mas também que ela nos toque, nos emocione, coloque o coração em movimento.

"Senti-vos consolados ou comovidos por uma palavra", uma palavra, um nome, detenhai-vos aí, pois nosso anjo da guarda ora conosco, um acréscimo de luz e de presença nos é dado.

8

Não sintais muita confiança, mesmo que tenhais obtido pureza, mas sim grande humildade, e então sentireis maior confiança. Quando tiverdes subido a escada das virtudes, orai pelo perdão dos seus pecados, dóceis ao grito de São Paulo: "Eu sou um (pecador), sou o primeiro" (1Tm 1,15). O óleo e o sal dão sabor aos alimentos, a castidade e as lágrimas dão asas à oração. Quando tiverdes encarnado a doçura e a ausência da cólera, não vos custará muito mais para libertar vosso espírito do seu cativeiro[138].

Todas as experiências luminosas ou saborosas que acompanham a prática assídua da oração deveriam nos conduzir a uma humildade e gratidão maiores para com Aquele de quem recebemos todo bem. "Que tens que não tenhais recebido?"

A confiança e a paciência são grandes tesouros, mas sempre nos falta o amor. Sentir essa falta é se considerar *pecador* (*hamartia*: ao lado, fora do Amor maior, Ágape).

---

138. Ibid., p. 91.

A pureza e as lágrimas dão asas à oração e nos aproximam desse amor que nos falta, esse infinito que nos preenche e que cava um buraco dentro de nós ao mesmo tempo.

Permanecer consciente da doçura que está no fundo do ser, em uma ausência de cólera e de desejo, ou seja, de recusa e de expectativa (repulsa, atração) liberta nosso espírito do cativeiro dos pensamentos. Não vivemos mais em um mundo pensado ou representado, mas no mundo real.

Deus não é mais um pensamento, mas uma presença.

9

O primeiro grau da oração consiste em expulsar através de um pensamento (ou uma palavra) simples e fixa (monologicamente) as sugestões no próprio momento em que elas surgirem. O segundo, manter nossos pensamentos apenas no que dizemos e pensamos. O terceiro, é o rapto da alma no Senhor. Outra é a exultação que os que vivem em comunidade encontram na oração, diferente da vivida pelos solitários: a primeira pode ainda estar ligeiramente manchada pela imaginação, a segunda é bastante cheia de humildade...[139]

João Clímaco, quando nos fala desses três graus de oração, refere-se à tradição inaugurada por Orígenes, Gregório de Nissa e Dionísio, o Teólogo, que distinguem três etapas ou três graus sobre o caminho da *théosis*: a via purgativa, a via iluminativa e a via unitiva que dirigem-se respectivamente aos *iniciantes*, aos *progressantes* ou aos *realizados*.

A oração monológica, a invocação do nome, é o início do caminho, ela purifica o coração e acalma os pensamentos. Trata-se de voltar da dispersão à unidade. Ela supõe

---

139. Ibid., p. 92.

uma grande atenção aos pensamentos, às emoções, aos desejos que nos atravessam. A consciência, assim como o gato vigia o camundongo e impede os ratos de propagar a peste na casa, é a limpeza, a purgação daquilo que nos incomoda. O jejum acompanha esse grau de oração.

Assim, a oração se aprofunda, a luz e a presença ocultas no nome revelam-se e nos fazem esquecer qualquer outra preocupação. O Reino está mais próximo, pois nós nos aproximamos do Reino. O amor, após nos ter esclarecido e clareado, nos ilumina. Enfim, chega a terceira etapa onde nos tornamos luz na luz, nosso ser "emigrado" em Deus. "O Pai e eu somos um"; o espírito (sopro/*pneuma*) do homem e o Espírito, o Sopro/*Pneuma* de Deus são Um. O silêncio, a pura consciência do homem, o silêncio e a pura consciência de Deus são uma só Consciência; o coração do homem (o Ágape) e o coração de Deus são um só coração (Ágape).

10

Se não estivermos sós no momento da oração, imponhamo-nos interiormente a atitude da súplica; aqui não há testemunhas suscetíveis para nos louvar, imponhamos a nós mesmos, além disso, a atitude externa de reverência porque, entre os imperfeitos, o espírito muitas vezes se conforma ao corpo[140].

João Clímaco lembra a importância do corpo e das suas diferentes atitudes na oração, pois frequentemente o espírito se conforma ao corpo. Erguer as mãos para o céu é o início do louvor ou da intercessão.

Colocar-se de joelhos, prosternar-se com todo seu corpo sobre o chão, é o início da humildade (ver a importância

---

140. Ibid.

das metânias na tradição ortodoxa), manter-se ereto e imóvel na luz é o início da contemplação.

Manter os braços bem abertos (em forma de cruz) é o início do acolhimento e do amor.

Estar sentado em silêncio, não olhando nem para a direita nem para a esquerda, nem para frente nem para trás, nem para cima nem para baixo, totalmente centrado no coração, é o início da oração pura. Abaixar os olhos para o espaço e a imensidão que está no coração é o início da alegria.

Respirar mais suavemente é o início da *hésychia*. Suspender seu sopro é tocar o silêncio, respirar novamente é viver silenciosamente, é o início da sabedoria (*Sofia-Logos*).

11

O mesmo fogo que consome é também a luz que ilumina. Por isso, alguns saem da oração como se saíssem de uma fornalha, experimentando uma espécie de clareamento de uma mancha e uma matéria enquanto outros emergem dela iluminados e vestidos com o duplo manto da humildade e da exultação. Aqueles que saem da oração sem um desses dois efeitos fizeram uma oração corporal, para não dizer judaica, não uma oração espiritual. Se o corpo que toca um outro sofre um efeito de alteração, como não sofreria uma alteração aquele que toca o corpo do Senhor com mãos inocentes? [...][141].

João Clímaco vivia no monastério do Monte Sinai, chamado também de monastério da Sarça ardente. Foi ali que "Moisés teria visto um arbusto que queima, mas não é consumido" (Ex 3,4).

---

141. Ibid., p. 93.

É neste arbusto que Deus lhe teria revelado seu nome *Eyeh ascher eyeh*, "Eu sou o que eu sou" (ou eu serei quem eu serei ou era, Eu sou, Eu serei).

O arbusto espinhoso, para o hesicasta, é o seu próprio corpo, é o seu coração, é o seu mental. Há ali um fogo, uma luz que queima, mas não consome. A presença de Deus não destrói o homem, mas o ilumina de dentro. O Self não destrói o eu. O infinito não destrói o finito, o eterno não destrói o tempo, ele faz dele o lugar da sua manifestação.

O ser humano é o templo ou o arbusto temporal onde se revela o Ser que não deixa de ser e de se tornar (eu sou, eu serei), de ser um no múltiplo. Orar é assumir esse paradoxo: Deus é um fogo que nos inflama e nos refresca, Ele nos mata e nos faz viver. Ele é ao mesmo tempo nossa morte e nossa ressurreição, Ele nos exalta e nos humilha.

Aqueles que saem da oração sem um desses dois efeitos não sabem ainda o que é a verdadeira oração, ele não é uma sarça ardente que queima e não é consumida, o amor é o único tesouro que aumenta à medida que o gastamos.

12

Não aprendemos a ver, esse é um efeito da natureza. Não se aprende a beleza da oração, nem mesmo pelo ensinamento de uma outra pessoa. Ela tem o seu mestre em si mesma, Deus, "que ensina aos homens a ciência" (Sl 94,10), dá a oração àquele que ora e abençoa os anos dos justos[142].

Se não aprendemos a ver, pois "trata-se de um efeito da natureza", aprendemos, talvez, a ver melhor, a ver de

---

142. Grau 28. In: *PG* 88, 1.130s.

maneira clara, com uma visão cada vez mais penetrante e assim nos aproximamos dos arcanos do Real.

Mas isso não se aprende externamente, o mestre está no interior, é o amor que ilumina e fortifica nossa atenção.

É a prática que leva à perfeição, é estando cada vez mais atentos que adquirimos o conhecimento (*théoria*), é estando cada vez mais à escuta, abertos e receptivos, que nos tornamos contemplativos (*gnosis*).

É amando mais a cada dia que nos tornamos ou deixamos ser YHWH, aquele que é, aquele que ama em nós...

"Deus dá a oração àquele que ora". "Ora! E o Espírito Santo orará e intercederá melhor por ti (cf. Rm 8,26), "Ele orará em ti" (cf. Rm 8,16).

"Pois Deus, a quem sirvo em meu espírito, anunciando o Evangelho de seu Filho, me é testemunha de como vos menciono incessantemente em minhas orações" (Rm 8,9).

"O próprio Espírito atesta ao nosso espírito que somos filhos de Deus", filhos com o Filho, capazes de dizer com Ele *A'um* (em aramaico), *Abba* (em hebraico) (Rm 8,15).

XII
A pequena filocalia de Máximo o Confessor

Entre os Padres, a vida e a teologia estão estreitamente interligadas. Isso é particularmente verdadeiro no caso da teologia da divinização de Máximo o Confessor; a evolução do seu pensamento sobre esse assunto segue as etapas da sua vida movimentada.

Ele nasceu em Constantinopla em 580 em uma família aristocrática onde ele recebeu uma educação privilegiada.

Por volta de 610, o Imperador Heráclio o chamou à corte para fazer dele seu primeiro secretário. Apesar de estar destinado às mais altas funções, a existência mundana só lhe ofereceu medíocres apaziguamentos. Sentindo-se chamado a uma vida mais elevada, ele abandonou essa situação que muitos lhe invejavam e entrou para o monastério de Chrysopolis.

A divinização, que ele considerava o objetivo da vida cristã, lhe aparece neste período da vida monacal como "realização da natureza humana de Deus".

Os ritmos e exercícios da vida monástica estão aqui para lembrar ao homem sua verdadeira finalidade. Basta orientar seu desejo e sua liberdade para Deus – causa de todos os bens – para conhecer a beatitude.

Começa, então, para Máximo, uma vida errante, ao longo da qual ele não esquecerá a finalidade da sua existência, mas ele deverá descobrir outros modos de união a Deus além daqueles oferecidos pela vida regrada de um monastério. A divinização torna-se, então, no coração das provações, exigente fidelidade para manter desperta em nós a liberdade filial. Em toda situação, trata-se de conformar seu ser e sua vontade à de Cristo para viver a intimidade que Ele vivia com seu Pai no coração do mundo.

Encontraremos Máximo na África em 632, ligado por amizade ao prefeito Georges e Sophronius que foi mais tarde patriarca de Jerusalém. Nessa época, Sophronius ainda era monge. Apesar de adversário do monofisismo (aquele vê apenas uma única natureza em Cristo; a natureza humana sendo "afogada" na natureza divina como uma gota de água no oceano), ele se envolveu nas confusões do monotelismo (uma vontade em Cristo).

Para Máximo, não se tratava de modo algum de uma "questão de palavras". Se a natureza, a vontade, a energia humana de Cristo não são respeitadas, então não há divinização real do homem: as características do homem são esmagadas pelo poder divino. Deus não ergue o homem a uma comunhão, a uma relação livre com Ele, ele aniquila o que acabou de criar, ou seja, uma natureza humana, uma vontade autônoma, uma energia própria ao homem.

As grandes obras de Máximo situam-se neste contexto, onde a união das duas naturezas, das duas vontades, das duas energias em Cristo, "sem confusão e sem separação" está no coração do debate. "Tudo que não é assumido não é salvo". Haverá uma dimensão de nós mesmos que não entrará na luz, que não será divinizada.

Para Máximo, cristologia e teologia da divinização não estão separadas. Jesus Cristo lhe aparece como o homem plenamente católico (*kat-olon*: segundo o todo), o homem da "síntese" (do criado e do incriado, do tempo e do eterno, da liberdade humana e da liberdade divina): o arquétipo do homem divinizado.

Assim, Máximo participará de diversos concílios africanos. No final do ano de 646, o encontraremos em Roma onde ele permanecerá até 649, ano do Concílio de Latrão. Em 653, ele volta a Constantinopla e ali começa a última etapa da sua confissão. Em 655, ele sofre um primeiro interrogatório. Acusado de alta traição, ele é levado a Byzias e é exilado em Perbera, na Trácia.

Novamente em Constantinopla em 662, ele é flagelado. Ele tem a língua arrancada porque continua a proclamar as duas energias e as duas vontades em Cristo. Ele tem a mão direita decepada pois essa continua a confessar o que a língua não pode mais proclamar (o próprio gesto que encontraremos nos ícones: os dois dedos que se tocam para significar a união das duas naturezas em Cristo). Em seguida, vem o último exílio na costa leste do Mar Negro. Ele morre, em consequência das torturas recebidas, em 13 de agosto de 662[143].

A obra de Máximo ocupa um lugar importante na filocalia grega, particularmente as suas centúrias sobre o Ágape; mais do que toda ascese e contemplação (*praxis* e *gnosis*) é o amor que nos diviniza, nos torna "partícipes" da natureza divina, por inclinação da nossa natureza ou por um ato heroico da nossa vontade.

1

O irmão disse: meu Padre, ensinai-me, eu vos peço, como a oração suga a mente de todos os conceitos. O ancião respondeu: Os conceitos são conceitos de objetos. Dentre esses objetos, alguns dirigem-se aos sentidos, outros ao espírito. O espírito que se demora entre eles, rola dentro de si seus conceitos. Mas a graça da oração une o

---

143. Cf. LELOUP, J.-Y. *Introdução aos verdadeiros filósofos*. Petrópolis: Vozes, 2003.

espírito a Deus; unindo-se a Deus, ela o separa de todos os conceitos. O espírito, assim nu, torna-se familiar e semelhante a Deus. Como tal, pede-lhe o que convém e seu pedido jamais é frustrado. É por isso que o Apóstolo prescreve "orar sem interrupção" para que unindo assiduamente nosso espírito a Deus, nós o desmamemos gradualmente do apego às coisas materiais.

O irmão lhe disse: como o espírito pode "orar sem interrupção"? Cantando, lendo, conversando, comparecendo aos ofícios, nós o desviaremos de diversos pensamentos e considerações. O ancião responde: a Divina escritura não pede nada de impossível. O Apóstolo também cantava, lia, servia e orava sem interrupção. A oração ininterrupta é manter seu espírito aplicado a Deus em uma grande reverência e um grande amor, suspendê-lo na esperança de Deus, confiar em Deus em todas nossas ações e em tudo que nos acontece. O Apóstolo, por estar nessas disposições, orava sem trégua[144].

É sempre a mesma questão: "como orar sem cessar", como não se distrair, cair no esquecimento do Ser, afastar-se da sua presença?

Se nada é impossível para Deus, tudo é possível ao homem que se abandona a Ele. Porque parece que é esse abandono à vontade de Deus que, através de tudo aquilo que somos e tudo que fazemos, nos mantém na oração do coração.

A cabeça não pode pensar incessantemente em Deus, o coração não pode sempre se sentir em sua presença. E, no entanto, o amor que une a cabeça e o coração habitam nele. Mas esse amor não é sempre "sensível", essa consciência nem sempre é consciente dela mesma. Podemos até mesmo pensar que o amor e a consciência nos abandonaram e este

---

144. Livre ascétique, n. 24-25. In: PG. 90, 929. Apud GOUILLARD, J. (ed.). *Petite philocalie de la prière du coeur.* Op. cit., p. 100-119.

é um pensamento, por vezes um grito: onde estás, ó minha luz? "Pai, por que me abandonastes?"

A aceitação desse abandono nos conduz além de tudo que é sentido, a uma Consciência além de toda consciência, a um amor e uma consciência puros, que podem nos aproximar de Cristo que, após seu último grito, pôde dizer, completando o Salmo que Ele começara (cf. Sl 22(21)):

"Mas estás sempre comigo", quer eu tenha consciência disso ou não, essa é a pura oração. "Pai, entre tuas mãos eu devolvo meu espírito", e Ele expirou.

É preciso aprender a expirar totalmente, profundamente e pressentir algo, no final da expiração... um silêncio, uma presença que está sempre presente em todo lugar.

2

Quando tiveres triunfado valentemente sobre as paixões do corpo, suficientemente guerreado contra os espíritos impuros e tirado seus pensamentos do reino da alma, então orai para que recebas um coração puro e o espírito de justiça restaurado em suas entranhas (cf. Sl 51,12), ou seja, esvaziado dos pensamentos corrompidos e que a graça te preencha de pensamentos divinos. E que "seja" o mundo espiritual de Deus, imenso e resplandecente, composto por contemplações morais (vida ativa), naturais (primeiras contemplações) e teológicas (contemplação de Deus).

Aquele que tiver purificado seu coração não conhecerá apenas as razões dos seres inferiores a Deus: ele fixará também em uma certa medida o próprio Deus, quando tendo ultrapassado a sucessão de todos os seres, ele alcançará o cume supremo da bem-aventurança. Deus, manifestando-se neste coração, se dignará a gravar suas próprias leis ali pelo Espírito, como em novas tábuas mosaicas. Isso na medida em que o coração terá progredido na ação e na contemplação, seguindo a intenção mística do preceito: "Crescei" (Gn 35,11).

> *Podemos chamar de coração puro aquele que não tem mais nenhum movimento natural para o que quer que seja, de qualquer maneira que seja. Sobre essas tábuas perfeitamente polidas por uma absoluta simplicidade, Deus se manifesta e inscreve suas próprias leis.*
>
> *É puro o coração que apresenta a Deus uma memória sem espécies nem formas, unicamente disposta a receber os caracteres pelos quais Deus está acostumado a se manifestar*[145].

Se, com Evágrio, Máximo insiste sobre a visão intelectual da luz que um espírito pode conhecer quando está despojado de todos os conceitos e de todas as imagens, ele lembra que a sede da consciência pura não é o cérebro, mas o coração.

Como para todos os hesicastas, a sede do conhecimento é o coração e o objetivo da vida evangélica, como dizia Cassiano, é "a pureza do coração". O coração é a raiz a partir da qual a árvore espiritual poderá se desdobrar.

Esse tema hesicasta do coração, centro do ser humano, entra em ressonância com outras tradições:

> Tão vasto quanto o espaço que beija nosso olhar é esse espaço no interior do coração; ali estão reunidos, um e outro, o céu e a terra, o fogo e o ar, o sol e a lua, o raio e as constelações e aquilo que pertence a cada um aqui embaixo e aquilo que não lhe pertence, tudo isso ali está reunido (Chandogya upanishad).

O coração está estreitamente ligado ao sangue.

Segundo um místico cristão do século XVIII, Eckartausen, a falta de amor (o pecado original) inscreve-se no sangue sob forma de uma substância pesada, que ele chama

---

145. Ibid., p. 119-120.

de "glúten". O sangue de Cristo, a Vida "daquele que ama", "o Homem novo" em cada um de nós, transforma nosso coração e nosso sangue pesado em coração leve.

Ele transforma o coração de pedra em coração de carne e o coração de carne em coração de luz; o coração torna-se então o sol que ilumina a lua (o cérebro e a inteligência) e a terra (o ventre e os sentidos): "Orai para que vos seja dado um coração puro e que o espírito da retidão seja restaurado em vossas entranhas" (Sl 51,12).

Ao passar pelo coração, nossa libido ou impulso vital pode tornar-se amor; da mesma maneira, ao passar pelo coração, nossos pensamentos tornam-se inteligência e consciência verdadeiras.

"Ao se manifestar no coração, Deus ali gravará suas próprias leis pelo Espírito como sobre novas tábuas", dizia Máximo, fazendo eco a Paulo de Tarso na sua segunda carta aos Coríntios: "Não há dúvida de que vós sois uma carta de Cristo, redigida por nosso ministério e escrita não com tinta, mas com o Espírito do Deus vivo, não em tábuas de pedra, mas em tábuas de carne, isto é, em vossos corações" (2Cor 3,3).

3

O Espírito de Cristo que os santos recebem segundo as palavras: "Nós temos o espírito do Senhor" (1Cor 2,16), não vêm até nós pela privação do nosso poder intelectual, nem como um complemento ao nosso intelecto, nem sob a forma de uma adesão substancial ao nosso intelecto. Não. Ele faz o poder do nosso intelecto brilhar em sua própria qualidade e o leva ao mesmo ato. Eu chamo "com o espírito de Cristo": pensar segundo Cristo e pensar nele em todas as coisas[146].

---

146. Ibid., p. 120.

Todo combate teológico de Máximo enfrenta o monofisismo (uma única natureza em Cristo, apenas existe a natureza divina, não há natureza humana), o monoenergismo (uma única energia em Cristo, apenas existem a energia e o agir divinos, não existe energia ou agir humanos) e o monotelismo (uma única vontade em Cristo, apenas a vontade divina existe, não há vontade humana). Máximo afirma incessantemente a realidade humana da natureza, da energia, da vontade, e da consciência. A união com Deus não destrói a realidade do ser humano (o fogo queima no arbusto mas sem consumi-lo).

Se o ser humano não tivesse existência própria com todas suas faculdades, não haveria relação, união entre o ser humano e o Ser divino, não haveria nem amor nem aliança, mas apenas mistura e confusão.

Máximo afirma a síntese (ou a sinergia de Deus e do homem) em Jesus Cristo que ele chama de "arquétipo da síntese".

O arquétipo de Deus no homem e do homem em Deus, união sem confusão nem mistura, diferença sem separação nem exclusão. O arquétipo do Amor encarnado e da carne divinizada pelo amor. O Espírito do amor, o Sopro do Vivente não nos priva do nosso poder intelectual. "Deus está além da razão, Ele não está contra", Ele a abre e ilumina a partir do interior, ele a conduz à sua realização; Ele conduz a razão à oração e a oração ao deslumbramento; Ele conduz toda ciência e toda filosofia à filocalia, ou seja, Ele conduz nossa inteligência ao verdadeiro conhecimento (épignosis) que nos desperta e nos deslumbra.

4

Aquele que vê em seu coração um sinal de ódio para com um homem, não importa quem seja, devido a uma ofensa, não importa qual seja, é realmente estranho ao amor de Deus. Pois o amor de Deus não suporta de modo algum o ódio no homem.

"Aquele que ama, diz o Senhor, observará meus mandamentos" (Jo 14,15-23). Ora, eis o meu mandamento: "amai-vos uns aos outros" (Jo 15,12). Portanto, aquele que não ama seu próximo não observa o mandamento. E aquele que não observa o mandamento não saberia amar o Senhor.

Bem-aventurado o homem que pode amar todos os homens igualmente.

Bem-aventurado o homem que não se apega a nada corruptível ou passageiro.

Bem-aventurada a inteligência que ultrapassou todos os seres e não cessa de se deleitar na beleza de Deus.

Aquele que cuida da carne para satisfazer sua luxúria e cobiça (Rm 13,4) e que, por coisas passageiras, deseja o mal ao seu próximo, tal pessoa adora a criatura ao invés do criador (Rm 1,25).

Aquele que mantém o corpo fora do prazer e da doença faz dele um companheiro a serviço do que é mais elevado.

Aquele que foge das cobiças mundanas, coloca-se acima de toda tristeza do mundo.

Aquele que ama Deus ama também totalmente o seu próximo. Tal homem não saberia guardar o que tem, mas ele dispensa como Deus, dando a cada um aquilo de que necessita.

Aquele que pratica a esmola à imitação de Deus ignora a diferença entre o mau e o bom, o justo e o injusto, a partir do momento em que eles sofrem em seu corpo. Mas ele dá a todos igualmente, segundo suas necessidade, mesmo se preferir, por sua boa vontade, do homem virtuoso ao homem depravado.

Da mesma maneira que Deus, que por natureza é bom e impassível, ama igualmente todos os seres como suas obras, mas glorifica o homem virtuoso porque esse lhe é unido pelo conhecimento (pela vontade) e que, em sua bondade, tem piedade do homem depravado e o faz voltar instruindo-o neste século, da mesma maneira aquele que, por movimento próprio, é bom e impassível, ama todos os homens igualmente. Ele ama o homem virtuoso pela sua natureza e sua boa vontade. E ele ama o homem depravado pela sua natureza e por compaixão, pois ele tem piedade dele como de um louco que caminha nas trevas.

Revelamos a arte de amar não apenas compartilhando o que temos, revelamos muito mais ainda quando transmitimos a palavra e servimos aos outros em seus corpos[147].

Às vezes insistindo no desligamento do mundo, às vezes no compromisso com o serviço ao próximo que vive no mundo, Máximo tenta unir *apatheia* (impassibilidade) e *ágape* (amor).

A *apatheia*, que não é indiferença, mas liberdade para com o mundo, um estado de não expectativa, de não apropriação que garante a qualidade do amor que temos para com os outros (*ágape* e não *eros* ou *philia*).

O amor do *impassível* é um amor solar, ele brilha sobre os bons assim como sobre os maus, sobre os justos como sobre os injustos; ele é um amor que não apenas *imita* o amor de Deus e de Cristo para com os homens e tudo aquilo que vive e respira, mas participa. Sua bondade e sua impassibilidade são à imagem de Deus, impassível em sua essência, bom em suas energias, incompreensível, incognoscível em sua essência, manifesto, participável em suas energias (seus nomes e suas qualidades).

---

147. *La philocalie*. Op. cit., p. 375.

5

Aquele que rejeitou o egoísmo, a complacência em si mesmo (philantia), que é a mãe das paixões, com a ajuda de Deus livra-se facilmente de outras paixões como a raiva, a tristeza, o ressentimento etc. Mas aquele que é levado pela primeira paixão é ferido pela segunda, mesmo que não queira. Egoísmo é a paixão que temos pelo corpo.

Aquele que é perfeito em amor e que chegou ao topo da impassibilidade ignora a diferença entre ele e o outro, ou entre aquilo que é próprio e aquilo que é estrangeiro, ou entre o crente e o descrente, ou entre o escravo e o homem livre, ou entre o homem e a mulher. Mas, colocado mais alto do que a tirania das paixões e vendo apenas a natureza única dos homens, ele considera todos de maneira igual e sente por todos o mesmo sentimento. Pois agora não existem mais nem grego nem judeu, nem homem nem mulher, nem escravo nem homem livre, mas Cristo em tudo e em todos (cf. Gl 3,28; Cl 3,11).

Abstenha-te da mãe dos vícios, a complacência em si mesmo, o egoísmo, que é o afeto irracional que temos no corpo. Porque é obviamente dele que nascem os três primeiros pensamentos malucos, apaixonados, fundamentais, ou seja, a gula, a cupidez e a glória vã, que tem aparentemente sua origem nas exigências do corpo. É delas que vêm toda a sequência de vícios. É preciso, portanto, necessariamente, evitar a complacência para consigo mesmo e combatê-la com muita sobriedade e vigilância. Pois quando ela desaparece, todos os pensamentos que vêm dela desaparecem junto.

A paixão do egoísmo sugere aos monges ter piedade de seus corpos e alimentá-los além do necessário, aparentemente para mantê-los e dirigi-los, mas na verdade é para atraí-los pouco a pouco e fazê-los cair no abismo do amor e do prazer. Quanto ao homem do mundo, ele lhe propõe cuidar deste corpo a partir deste momento, para satisfazer sua cobiça e luxúria.

Dizem que este é o estado mais elevado da oração: a inteligência, quando ela ora, ela está fora da carne e do mundo, fora de toda matéria e de toda forma. É isso, portanto, que mantém esse estado sem falha; em verdade, ora continuamente[148].

A *philautia*, frequentemente traduzida por egoísmo, egocentrismo, amor por si mesmo, é considerada por Máximo como a fonte de todos os males, o pecado por excelência, o início do inferno.

Máximo chama de pecado a derrota, a falta de sucesso, aquele que não alcança seu objetivo devido à falta de amor: como a flecha que atinge fora do alvo, deixando de acertar o bem e o movimento segundo a natureza, nós nos conduzimos rumo à inexistência total, contra a natureza, sem razão e sem substância[149].

A *philautia* é um desejo parado sobre si mesmo, como uma flecha em pleno voo que cai antes de alcançar o alvo.

É um amor por si, parado em si mesmo, que não vê mais nada além de si.

É a visão do mundo egocentrado simbolizada no texto de Gênesis por "a árvore do conhecimento do bem e do mal". Eu chamo de bem o que me agrada, eu chamo de mal o que não me agrada, eu me coloco como juiz do bem e do mal, do verdadeiro e do falso, do normal e do anormal etc.

Essa visão se opõe à visão teocentrada onde vejo as coisas não a partir de mim mesmo, das minhas memórias e dos meus limites, mas a partir do Ser que faz ser todas as coisas, é a visão teocentrada, simbolizada pela "árvore da vida".

---

148. Ibid., p. 384, 387, 391.
149. "Maxime commentaire sur les noms divins". In: *PG* 4, 348 C.

A *philautia* faz de mim um egófilo quando na verdade sou chamado a ser um teófilo. A *philautia* fecha todas as coisas na visão estreita e fragmentada que posso ter: meu olhar é parado por suas representações, conceitos ou imagens que ele toma pelo Real. Não é mais um olhar aberto que discerne o infinito em todas as coisas finitas, o eterno em todas as realidades temporais, Deus na natureza e no ser humano.

O egófilo cujo olhar está parado sobre si, fecha todas as coisas em si mesmo, vê e vive todas as coisas com relação a ele.

Esse fechamento prepara para o inferno onde o *eu* não consegue mais sair de si mesmo e fica girando em círculos (sentido da palavra *mahala*, que quer dizer *doença* em hebraico).

O olhar que permanece no Aberto e que mantém sua visão voltada para o Outro, o infinito Real e os *outros*, os seres relativos que o manifestam, é teófilo.

A *philautia* é o pior dos males, pois ela nos priva da visão de Deus, ou seja, da visão do Real, ela permanece e se compraz na ilusão. Também podemos traduzir *philautia* por "complacência em si mesmo" que é o contrário ou uma perversão do verdadeiro amor por si mesmo, onde cada um se reconhece em seus limites e sua grandeza abertos ao infinito e a uma grandeza maior, trata-se sempre de pousar sobre si mesmo e sobre os outros (sobre si mesmo como um outro) o olhar do Ágape, o olhar do amor impassível que vê sem ser detido por aquilo que vê, que pensa sem ser detido por aquilo que pensa, que ama sem ser detido por aquilo que ama...

O egófilo erra o alvo, ele não alcança a plenitude do amor (*ágapè*) que é o objetivo da vida humana. Ele próprio se detém e trava todas as coisas em si mesmo. Ele faz do seu ser mortal o único ser que existe, ele se compraz nos seus limites e em sua infelicidade da qual ele poderia se libertar através do amor ao próximo e ao mais próximo que é o próprio Deus, o grande "Eu sou", que o amor entravado em seu pequeno "eu sou" lhe esconde.

Há três maneiras de considerar a si mesmo:

1) o amor idólatra (*philautia*, egofilia, deter-se sobre sua imagem);

2) o amor iconoclasta por si mesmo (destruidor da sua imagem, desprezo por si);

3) o amor iconófilo por si mesmo (não parado sobre sua imagem, aberto à luz da qual ele é o reflexo ou a encarnação).

6

O princípio de todo movimento natural é a gênese dos seres-colocados-em-movimento; e o princípio da gênese dos seres colocados em movimento é Deus, enquanto criador. O estado imóvel é o objetivo do movimento natural dos seres criados; esse estado provém da Infinitude (apeiria) quando ultrapassamos tudo que é finito: nela, por falta de espaço, todo movimento de seres naturalmente colocados em movimento cessa... Deus é o princípio (arché) e o objetivo (telos) de toda gênese e de todo movimento dos seres: eles provêm dele, eles se movem em sua direção e nele encontrarão a imobilidade[150].

Máximo considera o ser humano à imagem de YHWH. "Eu sou, eu serei", ou seja, ao mesmo tempo Ser e Vir a ser, sabendo que o início (*arkè*) e o fim (*telos*) são sempre

---

150. *Le Christ dans la théologie byzantine*. Ed. de J. Meyendorff. Paris: Du Cerf, 1969, p. 179.

o Ser. Viemos de Deus e voltaremos a Deus. Deus que é chamado aqui de *apeiria*, a infinitude ou *apeiron*, o Infinito.

Nós viemos do infinito, nós fazemos a experiência da finitude e nós retornaremos ao infinito. Nós viemos da luz, nós fazemos a experiência da matéria, nós voltaremos à luz. Nós viemos do eterno, nós fazemos a experiência do tempo, nós retornaremos ao eterno.

A característica do Ser divino é a estabilidade, a imobilidade, a *stasis, a eternidade, o apeiron*.

A característica do homem é o movimento, o vir a ser; a perversão deste vir a ser é não mais ser orientado para o Ser, ou seja, a *stasis*, o repouso. O vir a ser gira, então, em círculos (ver *mahala*, girar em círculos, doença), o homem está infinitamente vindo a ser e ficando sem finalidade, um absurdo que é uma ausência de significado.

Para Máximo, o sentido se resume em diferentes tríades:

- nascimento (*génesis*), movimento (*kinesis*), repouso (*stasis*);
- início (*arkè*), estado intermediário (*mesotès*), fim (*telos*);
- essência (*ousia*), poder (*dynamis*), ato (*energia*);
- ser (*einai*), bem-estar (*en einai*), sempre estar bem (*aei einai*).

O primeiro e o último termo não dependem de nós, Deus é o alpha e o ômega, o início e o fim.

O que depende de nós é o estado intermediário, ali onde escolhemos (*gnomè*) não apenas estar (ser), mas "estar (ser) bem", em movimento rumo a um Bem-estar eterno, provando que o nosso bem-estar é fugaz e provisório.

Para Máximo, este devir é lembrar-se de Deus, é uma vinda de Deus, o lugar da *Théosis* ou deificação. O homem não tem outro sentido nem outra saída além de tornar-se Deus, qualquer que seja o modo ou a maneira (*tropos*) deste devir, seja de maneira contemplativa em um monastério ou de maneira heroica no mundo. Não importa qual seja o lugar em todos nossos pensamentos e todos nossos atos, devemos manter a lembrança de Deus e do nosso desejo-movimento para Ele, estar com o Logos no sopro "*pros ton théon*" voltado para Deus (cf. Jo 1,1).

Dele nós viemos, para Ele nós caminhamos, nele nós conheceremos o repouso (*quies, hésychia, stasis*) e, ainda mais elevado do que o repouso, a *anastasis*, a ressurreição.

7

Deus é indizível e incompreensível na sua transcendência infinita, ultrapassando toda criatura e toda diferença e distinção criadas, mas esse mesmo Logos se manifesta e se multiplica de uma maneira conveniente para o Bem em todos os seres que provêm dele, seguindo a analogia de cada um, ele resume todas as coisas em si mesmo... Todas as coisas, de fato, participam de Deus por analogia, na medida em que elas vêm de Deus...[151]

O Logos como superessencial (*hyperousia*) não participa de nada; Máximo é aqui o discípulo de Dionísio, o Teólogo e o precursor de Gregório Palamas. Deus é ao mesmo tempo imparticipável e participável, incognoscível em sua essência, revelado em suas energias que são também seus nomes e suas qualidades (beleza, bondade, verdade, grandeza etc.)

Ele lembra igualmente a importância do sentido e da prática da analogia: "Todas as coisas de fato participam

---

151. Ibid., p. 182.

de Deus por analogia, na medida em que elas provêm de Deus".

Aqui, Máximo faz de si o eco do Livro da Sabedoria retomado pela epístola aos Romanos: "A grandeza e a beleza das criaturas nos fazem, por analogia, compreender o criador" (Sb 13,5; Rm 1,20).

Apesar de Deus ser invisível a todas as naturezas mortais, suas próprias obras o manifestam. Ser é participar do Ser por analogia; ser consciente é participar do Ser que é Consciência; amar é participar do Ser que é Amor "sem confusão e sem separação". Seria necessário acrescentar: é a palavra-chave que faz compreender a analogia: nosso ser não deve ser confundido com o Ser de Deus, o ser finito não é o Ser infinito, mas ao mesmo tempo nosso ser não está separado do Ser, ele é um grau finito do Ser infinito, um nível de realidade da única Realidade, um modo de ser do Ser Um.

Isso é um eco da distinção entre "essência e energia" em Deus, distinção, diferenciação que não é separação. Dizer que a essência e a energia em Deus não estão separadas não é dizer que elas se confundem. Nós sabemos que o sol e os raios do sol são um só sol, mas nós só poderemos prová-lo e conhecê-lo através desses raios; seu centro ou sua essência nos é inacessível.

Perder o sentido da analogia é ver todas as coisas separadas ou todas as coisas se confundindo. A visão das coisas separadas nos conduz à incomunicabilidade, à não relação entre as coisas e nós, entre os seres humanos e entre o homem e Deus, ou à mistura, à confusão do ser e das coisas, do Ser divino e do ser humano em um grande todo, ou uma grande sopa que apaga ou dilui as formas e suas belezas distintas.

A fórmula calcedônia tão cara a Máximo nos abre as portas da analogia.

Tudo está ligado, todos os níveis de ser e de consciência, tudo é relação, tudo é *um*, sem confusão se sem separação. Tu e eu, o Pai e eu, o homem e o outro, o homem e a mulher, a matéria e a luz, Deus e o homem etc.

E o que vincula tudo aquilo que é, pensa, deseja e respira, é o ágape.

8

Deus é o princípio, o centro e o fim, na medida em que Ele age (assim), sem (nada) sofrer... Ele é o princípio enquanto criador; Ele é o centro enquanto Providência; e Ele é o fim enquanto Conclusão, pois Todas as coisas vêm dele, por Ele e para Ele (Rm 11,15)[152].

Máximo retoma aqui um tema familiar à patrística. O homem por natureza é à imagem de Deus. À sua imagem, ele é ser e liberdade, mas ainda é preciso que ele se torne, pelo exercício deste ser e desta liberdade, à semelhança de Deus que é bondade e sabedoria, consciência e amor. Ser pela graça aquilo que Deus é por natureza, pois não basta querer ser bom e sábio, "nós desejamos o bem, mas não está em nosso poder obtê-lo", dizia São Paulo. "Não fazemos o bem que queremos, mas fazemos o mal que não queremos" (Rm 7,15). Queremos amar e o amor nos falta.

Isso era natural no início, pois o que existe de mais natural do que amar a vida, os outros, Deus – por que isso não é mais possível?

Para compreender, sem que reste sombra de dúvida, que sem Deus nada é possível e que querer o bem é um

---

152. Ibid., p. 184.

efeito da sua graça; o que depende de nós é a aceitação da nossa natureza e a abertura à sua graça.

Não apenas a graça do ser, mas também a graça de ser bom e sábio, a graça de amar "como Ele ama", à sua semelhança.

9

O Logos, por quem e em quem todas as coisas foram criadas na origem, reorienta e reintegra, assumindo a criação inteira que tinha abandonado o "movimento" que Deus lhe atribuiu. As dualidades fundamentais da criação que, pelo pecado, tinham se tornado elementos de desintegração e de corrupção, foram nele ultrapassadas. Pelo seu nascimento virginal, Cristo, de fato, vai além da oposição dos sexos – "em Cristo, diz o Apóstolo, não há nem homem nem mulher" (Gl 3,28).

Pela sua morte e ressurreição, Ele destrói a separação que existia, desde a queda, entre o paraíso e o universo – "Hoje, comigo, tu estarás no paraíso", diz Ele ao bom ladrão (Lc 23,43) – abrindo ao gênero humano o acesso ao jardim proibido, Ele próprio voltando para a terra após a sua Ressurreição e mostrando que nele o paraíso e o universo fazem apenas um. Pela sua ascensão, Ele une o céu e a terra ao exaltar o corpo humano, conatural e consubstancial ao nosso, que Ele assumira. Ao suplantar, com a sua alma e seu corpo humano, as ordens angélicas, Ele restaurou a unidade entre os mundos sensíveis e inteligíveis, e assegurará a harmonia da criação inteira. Enfim, enquanto homem, Ele realiza em toda verdade o verdadeiro destino humano que Ele próprio tinha predeterminado enquanto Deus e do qual o homem tinha se desviado: Ele une o homem a Deus. O objetivo último do plano divino é, assim, a deificação do homem: que "como um todo, os homens participem de Deus inteiramente; apenas na forma da união da alma e do corpo, Deus torna-se participável da alma e, por intermédio da alma, do corpo, para que a alma receba um caráter imutável e o corpo a imortalidade e que o homem por inteiro torne-se Deus, deificado pela graça de Deus que se tornou homem, permanecendo homem por inteiro, alma e corpo, por natureza e tornando-se Deus por inteiro, alma e corpo, pela graça[153].

Cristo é "o arquétipo da síntese"; por amor e no amor Ele realiza as diferentes sínteses necessárias para que o homem dividido, dispersado, dualizado, despedaçado, reencontre sua integridade e sua unidade.

Máximo, neste texto dos Ambigua[154], enfatiza primeiro a síntese do masculino e do feminino realizada naquele que se tornou Anthropos, o humano em sua inteireza. "Nele não há mais macho ou fêmea" (Gl 3,28), mas uma pessoa em quem a vida pode se dar, não fechada em suas particularidades sexuais, além das oposições dos sexos ou da confusão dos gêneros. Cristo é realmente do sexo masculino, mas seu sexo não determina sua maneira de amar. Ele pode amar de uma maneira não sexual, o outro sexo não lhe faz falta, ele não tem necessidade, suas relações são, dessa maneira, livres de qualquer dependência ou atrações para com os homens e as mulheres que o cercam.

Nele se realiza, assim, a união entre o céu e a terra, a união deste mundo e do paraíso.

O paraíso pode ser vivido neste mundo, como a vontade de Deus pode se realizar "assim na terra como nos céus". Aquele que permanece no amor, no Espírito Santo, não busca um outro mundo, o paraíso; o céu não lhe faz falta. Ele é um com tudo aquilo que está na sua dimensão visível e invisível.

---

153. Ibid., p. 193-194.
154. Col. 1308 D-1309 D.

É o amor que está faltando.

Se o amor não estiver presente, não há mais paraíso, há apenas o mundo, não há mais céu, apenas a terra que preenche tudo, que toma o lugar de tudo. Se o amor faltar, "o inferno são os outros", se o amor estiver presente, "o paraíso são os outros". Há também essa síntese que deve ser realizada entre o homem e o universo antes de aceder à síntese entre o humano e o divino.

O universo não está separado do homem que faz parte do universo, o homem não está separado do universo de quem ele é um elemento e, no entanto, há uma forma única e particular no seio deste universo, uma forma que o diferencia dos animais e das plantas. Ele não está separado do universo, ele não está misturado ao universo, a onda não está separada do oceano, o oceano é feito de uma multidão de ondas. O um, o dois e o inumerável estão sempre juntos e presentes.

Enfim, não há homem sem Deus, ou seja, não há ser sem que o Ser esteja presente. Não há consciência sem que a Consciência esteja presente. Não há amor sem que o Amor esteja presente.

Sem esta presença, nada, ausência de ser, de vida, de consciência e de amor, ausência de presença; mas tampouco há fusão.

A consciência humana permanece sendo uma consciência limitada, finita, o amor humano permanece sendo um amor condicional, limitado. O ser humano permanece sendo um ser finito, mortal.

Assim Cristo realiza em si a síntese da morte e da vida Ele sofre de verdade e é impassível de verdade, Ele morre de verdade e ressuscita de verdade, Ele é crucificado, Ele foi colocado no túmulo, Ele ressuscitou e subiu aos céus.

A palavra "*anastasis*" descreve bem esse movimento (*kinésis*) de subir (*ana*) em direção à *stasis*, o repouso, a vida eterna, que também chamamos, em linguagem evangélica, de "os céus" ou o "seio do Pai".

"Estava no meu corpo, ou fora do meu corpo?", perguntou São Paulo ao se questionar sobre a experiência que ele acabara de viver. Máximo responderia: "estava no seu corpo e fora do seu corpo".

Da mesma maneira Cristo dirá: "Eu sou desse mundo e estou fora deste mundo". Seguindo o exemplo de Yeshua, "Eu sou", o arquétipo da síntese, os cristãos são chamados a realizar pelo Espírito Santo, que é a graça do amor, todas essas uniões, sem mistura nem fusão, todas essas diferenciações, sem separação nem exclusão, de dentro e de fora, da interioridade e da exterioridade, do visível e do invisível, do eterno e do tempo, do nascimento e da morte, do infinito e do finito, do homem e de Deus. A *théosis* ou divinização é um processo de síntese em todos os níveis de realidade. Esse é um tema que, dando continuidade a Máximo, deveria ser amplamente desenvolvido.

Pressentimos, de fato, todas as consequências que isso poderia ter sobre a vida sensível, intelectual e afetiva, no nível pessoal, mas também sobre a vida social e cósmica: nem comunismo, nem totalitarismo, nem individualismo, nem anarquismo... Cada uma dessas ideologias esquece a verdade contrária, uma igualdade sem liberdade, sem autonomia, sem "eu" ou uma liberdade sem igualdade, sem interdependência, sem outro, engendra civilizações desafortunadas e passa ao largo da inter-relação que está no coração de Deus (Uni-Trindade) e no coração do homem. Tanto hoje quanto ontem, trata-se sempre do infinito Real tal qual ele é descoberto, em suas respectivas linguagens, pelos homens da ciência e da sabedoria.

10

Nada é mais deiforme que o amor, nada mais misterioso, nada eleva mais os homens e os faz chegar mais perto da divinização. Pois ele abraça em si todo o bem, tudo o que a palavra da verdade põe na conta da virtude. E ele é absolutamente estranho àqueles que cercaram e apreenderam uma das formas do mal, como um pleroma da Lei e dos Profetas. De fato, o mistério do amor sucede-lhes, transformando-nos, homens, em deuses, e resume em um Logos universal o que é parcial nos mandamentos[155].

O amor realiza a lei e realiza o que apenas a lei, como apenas a natureza, pode realizar – este é um tema muito paulino.

Sem a graça, a lei e a natureza não podem nos salvar, ou seja, segundo Máximo, nos curar e nos divinizar.

Pela graça do amor "nós somos livres para com a lei, nós vivemos de agora em diante sob o novo regime do Espírito e não sob o regime da carta expirada" (Rm 7,6; cf. Rm 8).

Trata-se do Ágape, esse "novo" e todo outro "amor", o amor espiritual que nasce da calma e não da excitação, da plenitude e não da falta, da fonte e não da sede.

"Nada de mais deiforme do que este amor, nada de mais misterioso." Não podemos possuí-lo, não podemos perdê-lo, não podemos entrar, não podemos sair. Sempre essa antinomia ou esse paradoxo do Real que só pode ser vivido e jamais explicado.

Jamais saberemos se realmente amamos e quem ama em nós; apenas o deslumbramento pode dizer algo a res-

---

155. *La divinisation de l'home selon sainte Maxime le Confesseur.* Ed. de J.-C. Larchet. Paris: Du Cerf, 1996, p. 477.

peito dessa nossa alegria que não possuímos, desse amor que não temos e que se dá.

Ah! Sim! Obrigado! *A'oum* (*Abba* em aramaico).

11

Nada é tão fácil para a divinização, se podemos chamar dessa maneira essa proximidade com Deus, do que a misericórdia da alma que é oferecida com prazer e alegria aos necessitados. Pois se o Verbo mostrou que aquele que precisa de benevolência é Deus – pois, diz Ele, "tudo aquilo que fizeres ao menor dentre vós, é a mim que estarás fazendo" (Mt 25,40-41) – Deus, que disse isso, mostrará de maneira ainda mais verdadeira que, pela graça e participação, é deus aquele que pode fazer o bem e o faz, pois Ele desenvolveu, através de uma boa imitação, a energia e a propriedade de sua própria beneficência. E se o pobre é deus por condescendência a Deus que Se fez pobre por nós e que tomou para si, através dos seus próprios sofrimentos, os sofrimentos de cada um e que até a realização do século, em proporção ao sofrimento de cada um, sofre sempre misteriosamente pela sua bondade, com ainda mais razão e verdade será Deus aquele que cura a si mesmo, de uma maneira que convém a Deus, por filantropia, em imitação a Deus, os sofrimentos daqueles que sofrem e que mostra ter, segundo a disposição e guardadas as proporções, o mesmo poder da providência salvadora de Deus[156].

Finalmente, e sobretudo, unindo pelo amor uma natureza criada ao Incriado (ó maravilha do amor de Deus por nós!) ele se demonstraria um e idêntico (com Deus) quanto ao estado de graça, unido inteiramente a Deus, inteiramente em uma pericorese total, e se tornaria tudo o que Deus é – com exceção da identidade da essência –, recebendo em vez de si mesmo, Deus inteiramente, e

---

156. Ibid., p. 479.

obtendo, como pagamento pela sua ascensão a Deus, o próprio Deus absolutamente sozinho[157].

Ele imprimiu totalmente em si a marca e a forma de Deus, de modo que ele próprio é Deus pela graça e assim é chamado, do mesmo modo que Deus, pela sua condescendência, é homem e assim é chamado por causa deste, e que manifestou o poder desta disposição mutuamente dada que diviniza o homem por Deus, por amor a Deus e hominiza Deus para o homem, por amor ao homem e através dessa bela correspondência antístrofe faz de Deus homem pela divinização do homem e faz do homem deus graças à inhominização de Deus[158].

Nada é mais sublime do que o amor, tampouco existe algo mais concreto.

Se digo que amo Deus e não o vejo e digo que não amo o meu irmão que eu vejo, eu sou um mentiroso; aquele que ama Deus ama também seu irmão (1Jo 4,20). Novamente a "síntese" entre o visível e o invisível, entre o homem e Deus: tudo aquilo que fazemos ao menor dentre os homens, é a "Eu sou" que está neles, é a Deus que o fazemos (cf. Mt 25,40-41). Deus e o homem não estão separados e ao mesmo tempo nós não podemos adorar, idolatrar nenhum ser humano, Deus e o homem não se confundem.

Se somos capazes de amar, é porque Deus nos ama, "Ele se fez carne".

A Consciência e o Amor tomaram corpo para que o corpo e a consciência humana possam amar. Deus se fez homem para que o homem se tornasse Deus, essa é a

---

157. Ibid., p. 480.
158. Ibid., p. 480-481.

odisseia da consciência ou a odisseia do amor. Deus deseja o homem para que o homem deseje Deus. Deus desce (*kenosis*) para que o homem suba (*anastasis*). A luz se fez matéria para que a matéria se faça luz. O Espírito Santo, o Espírito do amor é o movimento que procede do Pai (*arkhê*), desce sobre o filho (*logos* encarnado – *kenosis*) e através dele volta ao Pai (*theosis*).

Deus, por amor ao homem, se fez homem; o homem, por amor a Deus, se faz deus. Mas assim como só conhecemos Deus através de Deus (o Espírito Santo), só amamos Deus através de Deus (*logos-pneuma/ ágape: arkhê*).

12

Ao começar essa oração (o Pai-nosso), somos conduzidos a honrar a trindade consubstancial e supraessencial como a causa criadora da nossa gênese. Aprendemos, entre outras coisas, a anunciar a nós mesmos a graça da filiação, pois, pela graça, nos tornamos dignos de chamar de Pai Aquele que nos criou por natureza. Assim, reverenciando a invocação daquele que nos engendrou pela graça, nós nos esforçamos para expressar na vida que levamos as marcas daquele que nos fez nascer: nós santificamos seu nome sobre a terra, nós o imitamos como um Pai, nós mostramos que somos seus filhos pelos nossos atos e exaltamos em tudo aquilo que pensamos ou fazemos, o Filho do Pai por natureza, onde Ele próprio opera essa filiação. Ora, nós santificamos o nome do Pai pela graça que está nos céus, evidentemente transformando o desejo que cobiça a matéria e nos purificando das paixões corruptoras, contudo, a santificação é a imobilidade total e a transformação da concupiscência dos sentidos.

Jesus dizia: "Tomem meu jugo, aprendam de mim que sou manso e humilde de coração, e vocês encontrarão descanso para suas almas".

Ele chama de repouso o poder do Reino divino, esse poder que suscita naqueles que dele são dignos uma soberania livre de toda servidão. Ora, se o poder indestrutível do Reino em estado puro é dado aos humildes e aos mansos, quem estaria neste momento sem amor e sem nenhum desejo pelos bens divinos para não se esforçar ao máximo para se aproximar de Deus, tanto quanto for possível ao homem, carregando em si aquilo que, pela graça, lhe dá forma espiritual semelhante à de Cristo?[159]

É na oração e na contemplação que Máximo elabora sua doutrina da *théosis* ou divinização. Particularmente, no Pai-nosso, que é a oração por excelência de Yeshua, o arquétipo da síntese. É nessa oração que ele encontrará a Fonte de todas as sínteses; ao dizer "pai nosso", nós nos tornamos um com o Pai, como seu filho nós podemos dizer "o Pai e eu, nós somos um", que o seu nome seja santificado em nosso nome, que o seu "Eu sou" se encarne em nosso eu sou.

"Nós nos esforçamos para expressar na vida que levamos as marcas daquele que nos fez nascer" para que o seu Reino (ou seu Espírito Santo) se estabeleça em nós, em tudo e em todos, que a vontade do Amor esclareça, clareie, ilumine, pacifique e una o céu e a terra...

Tendo se tornado Deus, um com o Pai, no sopro do Espírito, não é através do fantástico e do extraordinário que devemos buscar os frutos da divinização, mas através da mansidão e da humildade. É nesta maneira de ser (o *tropos*, do *logos*), simples e verdadeira, que se encarna o Deus Vivente, luz incriada e amor infinito.

---

159. LELOUP, J.-Y. *Introdução aos verdadeiros filósofos*. Petrópolis: Vozes, 2003.

XIII
A pequena filocalia de Simão o Novo Teólogo

Simão (917-1022) é, junto com São João e Gregório de Nazianço, o único a carregar o nome de "teólogo", isso mostra a importância que a tradição ortodoxa lhe atribui.

A filocalia propõe diferentes escritos de Simão, dentre os quais "o método de atenção e de oração" que inspirará particularmente o peregrino russo e que a crítica contemporânea não reconhece mais como sendo uma obra de Simão. Contudo, nós a mantivemos, pois ela se insere bem nesse compêndio que é um convite à prática mais do que à especulação e porque esse texto é testemunha de uma das formas mais elaboradas do método da oração hesicasta.

Além disso, se Simão se inscreve na filocalia, é também devido à sua insistência sobre o realismo da experiência.

> O batizado só desenvolve realmente os efeitos do seu batismo se ele chegar à consciência da presença do Santo Espírito em si e vir a luz da glória de Deus. A purificação da alma e a prática dos mandamentos estão diretamente vinculadas a este carisma. Sem ele, é imprudente invocar seu batismo ou pretender atar e desatar, mesmo que a pessoa seja padre ou bispo[160].

---

160. Syméon le nouveau Théologien. In: GOUILLARD, J. (ed.). *Petite philocalie de la prière du coeur*. Op. cit., p. 128.

Essa atitude não atraiu apenas amigos, ele conheceu a exclusão e o exílio antes de ser reabilitado e canonizado como um dos santos mais preciosos da tradição ortodoxa cuja influência se fará sentir até nossa época em figuras como São Serafim de Sarov.

1

Da mesma maneira que os mandamentos gerais abraçam os mandamentos particulares, as virtudes gerais envolvem as virtudes particulares: aquele que vender seus bens, os distribuir aos pobres e tornar-se pobre de uma só vez, realiza todos os mandamentos particulares ao mesmo tempo. Ele não tem mais a dar àquele que lhe pede nem a recusar a quem quer lhe emprestar. Ele não está mais na obrigação de louvar o Senhor sete vezes por dia e à noite, de manhã e ao meio-dia, pois ele já executou a oração e o canto que os cânones nos impõem em tempos e horas determinados. Da mesma forma, quem possui em si conscientemente "Aquele que dá aos homens a ciência" (Sl 94(93),10), colheu todos os frutos da leitura, ele não tem mais nada a fazer lendo livros. Da mesma maneira ainda, o homem que entrou na familiaridade daquele que inspirou os livros santos é por Ele iniciado nos segredos inefáveis dos mistérios ocultos. Ele próprio torna-se para os outros um livro inspirado, que carrega, inscritos com o próprio dedo de Deus, os mistérios novos e antigos, pois ele tudo realizou e repousa em Deus a Perfeição primeira, de todos os seus trabalhos e obras[161].

Para Simão, o acesso universal em nós realiza o particular. Qual é esse universal que realiza e contém todas as coisas?

O exercício do Amor realiza e contém toda lei. Aquele que ama, não mata, não rouba, não mente, não utiliza

---

161. Ibid., p. 129-130.

o nome de Deus em vão, não explora seu próximo, não esgota a terra etc.

Quando o coração está em um estado de atenção amorosa e ininterrupta à presença, ou seja, quando ele ora sem cessar, todas as formas de oração são realizadas (as horas monásticas, as orações rituais etc.), mas também as diferentes qualidades da oração: o louvor, a demanda, a intercessão, a adoração, o silêncio etc.

Quando a inteligência (consciência, *noùs*) é habitada pela luz que ilumina tudo aquilo que é, fonte de todos os pensamentos, de todas as imagens, de todos os símbolos, de todas as escrituras, a leitura dos livros, a instrução dos eruditos e dos filósofos não é mais necessária.

É a realização da palavra, todos serão ensinados por Deus. Esse advento da luz no intelecto, no corpo e nos sentidos, ilumina e relativiza ao mesmo tempo todos os pensamentos, todas as sensações e todos os afetos.

Quando a sabedoria faz sua morada em alguém, todo seu ser é assim alimentado e iluminado. Quando permanecemos no coração do sol, conhecemos também todos os raios; quando Deus (ágape) mora em nós e nós nele, conhecemos os efeitos a partir da sua causa. Vemos a criação e todas as criaturas com o olhar do criador e vemos, então, que tudo isso é verdadeiro, bom e belo (*ki tov!*)

Como o sol é incapaz de fazer ou de criar sombra, a luz que está em nós é incapaz de fazer e ver o "mal". O amor só pode fazer amor. É preciso se desviar do sol para ver a sombra, é preciso se afastar do amor para ver o mal.

Quando nos voltamos para o sol, a sombra desaparece; quando nos voltamos para o amor, o mal e o infortúnio desaparecem.

Só há mal ou infelicidade naquilo que é mal-amado. É preciso afirmar essas evidências? Só há tristeza onde a alegria estiver ausente, onde o amor estiver ausente, onde a luz estiver ausente. Orar é voltar incessantemente da ausência, do esquecimento e do exílio ao presente da presença que, como um sol, invisivelmente brilha.

2

Um jovem chamado Jorge (na realidade, o futuro teólogo) se abre a um monge muito santo – ouça Simão Eulabes o Estudita – sobre sua vocação monástica. Seu diretor lhe estabelecera um pequeno programa e lhe remetera a lei espiritual de Marcos, o Eremita. Jorge devorou o opúsculo e guardou sobretudo três capítulos que correspondem às fases da ascensão espiritual:

1) Se buscas a cura, cultiva tua consciência, faz tudo que ela te pede e tirarás proveito.

2) Aquele que busca as operações do Espírito antes de ter praticado os mandamentos lembra o escravo que, no exato momento da sua aquisição, reclama o valor de compra e exige suas cartas de emancipação.

3) Aquele que ora de corpo e não possui ainda a ciência espiritual, é como o cego que grita: "Filho de Davi, tende piedade de mim" (Lc 18,38). O cego, quando ele recobriu seus olhos e viu o Senhor, o adorou chamando-o não mais Filho de Davi, mas Filho de Deus.

Nosso jovem admirou esses três capítulos. Ele acreditou que encontraria uma vantagem extrema ao cultivar sua consciência; que ele conheceria as operações do Santo Espírito para guardar os mandamentos de Deus; que com a graça deste, seus olhos interiores se abririam e ele veria Deus espiritualmente. Ferido pelo amor e desejo do Senhor, ele perseguiu a Beleza primeira e invisível com sua esperança. Mas ele se limitou a isso e teve que me confessar depois sob juramento: todas as noites, ele colocava em prática a pequena instrução que o velho santo velho havia transmitido, depois ia para a cama. Quando sua consciência lhe dizia: faz isso, acrescenta outras metânias e outros salmos e diz também "Senhor Jesus Cristo, tende piedade de mim", ele obedecia com um grande ímpeto e sem hesitação, como se Deus em pessoa o tivesse comandado[162].

Esse pequeno texto descreve bem a ascese preliminar à experiência da luz.

Primeiro, a escuta do seu pai espiritual e a colocação em prática dos seus conselhos. Aqui o conselho é breve, mas tem consequências em todos os campos da vida. Pois "cultivar a sua consciência" é estar atento a tudo, ao visível assim como ao invisível, é um convite à oração perpétua. A prática dos mandamentos e dos ensinamentos são as próprias condições do acesso à luz, pois "aquele que faz a verdade vem à luz". Não basta pensar ou imaginar a verdade, é preciso fazê-la, melhor ainda é preciso sê-la: ser verdadeiro é habitar na luz da consciência, estar atento e, a cada instante, ser um com tudo aquilo que nos acontece, agradável ou desagradável, é habitar na luz do amor, é deixar o Logos tomar corpo em nós. O jejum, as metânias, os salmos e a invocação "Senhor Jesus Cristo, tende piedade de mim" – *kyrie eleison* – são meios de nos lembrar da sua presença e de voltar a ela.

3

Uma noite em que ele orava e dizia em seu espírito: "Meu Deus, tende piedade de mim pois sou um pecador", de uma só vez uma poderosa luz divina brilhou do alto sobre ele. Todo o quarto foi

---

162. Ibid., p. 131.

inundado de luz; o jovem não sabia mais se estava dentro da casa ou sob um teto; ele só via a luz por todos os lados, ele ignorava até mesmo que estava sobre a terra. Nenhum medo de cair, nenhuma preocupação mundana... Ele fazia apenas um com essa luz divina, ele tinha a impressão de ter se tornado luz e de estar inteiramente ausente do mundo, ele transbordava de lágrimas e de uma alegria inexplicável. Em seguida, o seu espírito se elevou aos céus e ali ele viu uma outra luz mais radiante ainda, e perto dessa luz ele percebeu um santo ancião que estava de pé e que lhe dava o Livro de Marcos e as instruções...[163]

É chegado o momento onde a ascese e a prática da oração, dão seus frutos; é a experiência da luz incriada que será o fundamento da vida de Simão, assim como ela é o fundamento de tudo aquilo que existe. O texto descreve esse momento onde a consciência humana de Simão (corpo, alma, espírito) descobre a luz que está ali desde sempre e para sempre.

Essa experiência da Luz é a experiência do Monte Thabor, onde os discípulos veem Jesus tal como Ele é, a Luz do mundo, o Logos encarnado, pois até esse momento seus olhos só estavam abertos para a dimensão carnal do seu ser. Após essa visão, onde cada um "o viu tal qual seus olhos eram capazes de vê-lo", ou seja, cada um segundo sua capacidade neste momento particular, eles o reconheceram em sua divindade.

Simão parece se abrir a diferentes capacidades, como se cada luz fosse o véu de uma consciência mais elevada, de uma luz mais elevada. Ele se aproxima "de uma luz mais radiante" ainda e, nesta luz, o mundo não é totalmente apagado. Ele vê seu pai espiritual e ouve as "instruções" que

---

163. Ibid., p. 132.

este lhe deu no início do seu caminhar: "Sê consciente, exerce tua consciência..."

4

Eu ainda não reconhecia claramente quem tu eras, tu que eu via. De repente, eu vi uma luz mais densa que, uma vez tendo entrado em mim, quando minha alma gozava de calma e de paz, às vezes longe, do lado de fora, apareceu-me ou então escondeu-se completamente e ao esconder-se causou-me uma dor intolerável, ao pensar que ela nunca mais apareceria.

Foi então que pela primeira vez me julgastes digno, eu, o pródigo, de ouvir a tua voz: com qual doçura me interpelaste, enquanto eu me levantava, me assustava, tremia e tentava ser sensato: "O que essa glória e a grandeza desse esplendor podem querer comigo? Como então, por que fui feito digno de tais bens?" "Eu sou" — "Eu sou, diz ele, o Deus que por ti se fez homem. E porque me procuraste com toda tua alma, eis que de agora em diante tu serás meu irmão, meu co-herdeiro, meu amigo"[164].

A relação de Simão para quem a luz se revelou é semelhante ao surgimento do Bem-amado do Cântico que assim que aparecia, tão logo desaparecia; assim que preenchia o desejo, tão logo o aumentava. Essa seria a experiência de todos os místicos que se aproximaram de Deus sem jamais possuí-lo. Não capturamos a luz, não capturamos o espaço. Se os olhos se fecharem, se o espírito adormecer, a luz desaparecerá. No entanto, ela está sempre aqui, mas nós nem sempre estamos despertos, atentos à sua presença. Em presença desta luz, o ser humano limitado e mortal

---

164. Cf. LELOUP, J.-Y. *Introdução aos verdadeiros filósofos*. Petrópolis: Vozes, 2003.

se sente incapaz de contê-la; como dizia o Apóstolo Pedro: "Afasta-te de mim, eu sou um pecador", eu a quem falta o amor, como eu poderia suportar ser amado desta maneira, eu a quem falta inteligência, como eu poderia suportar uma tal luz, uma tal consciência? Como a ânfora poderia conter a torrente sem se quebrar? E, no entanto, é isso que o Logos diz a Zaqueu, o colaborador, o coletor de impostos odiado por todos: "Quero permanecer com você, de agora em diante serás meu irmão, meu co-herdeiro, meu amigo".

5

Senhor, eu sei que te possuo conscientemente em mim. A partir deste dia, não foi mais por lembrar de ti e das coisas ao teu redor que eu te amei, e pela memória dessas coisas; mas, por Tu seres realmente o amor subsistente que eu possuía em mim — a partir daí, essa foi a minha fé! Sim, o próprio amor — é realmente isso o que és, oh Deus[165].

Pensar em Deus é ter pensamentos sobre Deus, é um Deus pensado e pensado dentro nos limites da nossa inteligência, não é um Deus infinito, não é Deus.

Amar Deus é ter afetos, sensações, emoções com a imagem que temos de Deus. É um Deus imaginado, experimentado segundo os limites da minha imaginação e do meu coração. Não é um deus infinito, não é Deus.

Estaríamos dizendo que não saberíamos nem conhecer, nem sentir, nem amar o verdadeiro Deus? Não é essa a opinião de Simão. Assim como a luz e o espaço habitam em nós sem que possamos compreendê-los, Deus realmente habita em nós, não é uma realidade exterior, é

---

165. Ibid., p. 208.

a substância da nossa substância, a consciência da nossa consciência, o amor do nosso amor, o sopro do nosso sopro, a vida da nossa vida. Lembrar-me de ti me conduz a ti, quando estás aqui não me lembro de mais nada, meu estudo, minha inteligência, minha consciência me conduziram a ti. Mas quando Tu estás aqui, não penso em mais nada, não tenho mais consciência de nada.

Meu desejo, meu amor, me conduziram a ti: mas quando estás aqui, eu estou sem desejo, até mesmo sem amor. Tu estás aqui, Tu és Tudo, o que mais poderia haver?

6

Eu fiz a experiência do amor e da compaixão de Deus pelos homens... e tendo recebido a graça, indigno que era de toda graça, não posso suportar ficar sozinho para escondê-la no fundo da minha alma, mas é a todos vós, meus irmãos e meus pais, que digo os dons de Deus e esse talento que me foi dado, eu vos faço ver, tanto quanto depende de mim, em que ele consiste e, pela palavra, eu vos descubro como na palma da minha mão. E eu não vos falo cochichando e em segredo, mas grito em voz alta: "Correi, irmãos, correi!" e não me contento gritando, mas vos designo o Mestre que o deu para mim, estendendo diante de vós, como se fosse um dedo, as minhas palavras... O que vi e conheci de fato e por experiência das maravilhas de Deus, eu não me resigno a não falar a respeito, mas testemunho diante de todos os outros como em presença de Deus.

Esse tesouro que se dissimula sob as divinas escrituras... Eu o busquei, não parei de cavar, dia e noite.... Eu o encontrei. E diante dessa visão, eu não paro de gritar: "Vinde e aprendei que não é apenas no futuro, mas já agora, sob vossos olhos, diante de vossas mãos, a vossos pés, que repousa o tesouro inefável que vai além de todo poder. Vinde, deixai-vos convencer que este tesouro é a luz do mundo[166].

---

166. Ibid., p. 208-209.

Em nossa época, o *starets* Siluane também conheceu esse ardor do coração que o levou a interceder pelo mundo inteiro, até mesmo a orar pelos inimigos da fé. Essa compaixão que nos invade é igualmente familiar para São Francisco ou Teresa de Ávila quando o Serafim lhe fere suas costelas ou lhes abre o coração. Não é, evidentemente, uma preocupação de reconhecimento ou glória vã que nos "obriga" a falar, é a compaixão que nos faz sair da nossa beatitude e do nosso silêncio.

Não apenas o amor nos preenche, ele nos transborda e temos vontade de compartilhar com todos a beleza que acabamos de contemplar, somos feridos pela indiferença dos homens que se privam de tal luz, sofremos porque "o amor não é amado".

No entanto, ele está aqui para todos e em todos agora. "Vinde e aprendei que não é apenas no futuro, mas agora que repousa em vós o tesouro inefável: 'Eu sou' que é a luz."

A eternidade começou bem antes do nosso nascimento, cada instante é um instante favorável (*kairos*) para reconhecê-la...

7

É pelo Santo Espírito que se faz a ressurreição de todos. E não falo da ressurreição final dos corpos... mas daquela que é feita todos os dias, a das almas mortas, regeneração e ressurreição espiritual, de maneira espiritual: ressurreição dada por aquele que morreu uma vez e ressuscitou e, através de todos e para todos aqueles que vivem dignamente, ressuscita e faz ressuscitar junto com Ele as almas mortas pela vontade e a fé, e isso acontece pelo seu Espírito Santo, lhes fazendo dom, começando aqui embaixo, do Reino dos Céus. Sim, eu peço, esforcemo-nos, enquanto ainda estivermos vivendo essa vida, para vê-lo e contemplá-lo, pois se somos julgados dignos de vê-lo aqui embaixo sensivelmente, nós não morreremos, a morte não terá domínio sobre nós. Não, aguardemos o futuro para vê-lo, mas já a partir de agora, lutemos para contemplá-lo[167].

Para Simão, se não tivermos conhecido a vida eterna já neste mundo, nós tampouco a conheceremos no outro mundo. A vida eterna é una, ela era antes de nós, ela será depois de nós, ela estará aqui enquanto nós formos. A vida é eterna ou ela não é. Nossa vida mortal é apenas uma expressão, única sem dúvida, desta vida eterna. Não se trata de ressuscitar amanhã, mas hoje.

"Aquele que ama passou da morte à vida", nos diz São João, é o amor que torna a vida viva, que ressuscita, que ergue os mortos e os adormecidos.

"Jesus estava ressuscitado antes de morrer", nos diz o Evangelho de Filipe. Ele é "a Ressurreição e a vida", nos diz igualmente o Evangelho de João. Antes de Abraão (e depois) "Eu sou" está vivo! Ele é o mesmo ontem, hoje, sempre! "Sim, eu peço, esforcemo-nos, enquanto ainda estivermos vivendo essa vida, para vê-lo e contemplá-lo..."

A vida ascética e espiritual (*práxis* e *gnosis*) engendra uma intensificação do ser na pessoa que ora: ela nasce para um outro mundo, ela oscila no silêncio e na luz da presença real que a liberta ou relativiza todas as presenças fugazes e impermanentes nas quais ela tinha se demorado.

A vida ordinária aparece, então, como uma vida onde falta intensidade, ou seja, onde falta realidade.

A vida espiritual, pela sua intensidade, transforma a própria substância do homem, afina sua materialidade e

---

167. Ibid., p. 209.

cristaliza nele um corpo sutil, capaz de atravessar a experiência da morte e de viver "já" na carne, a Ressurreição (*anastasis*).

8

Aqui estão aqueles com quem falo e a quem chamo de hereges: aqueles que dizem que não há ninguém, em nossa época, no meio de nós, que possa observar os mandamentos evangélicos e tornar-se conforme aos Santos Padres: fiel e ativo... ao mesmo tempo "vendo Deus", aquilo que nos tornamos quando somos iluminados, recebendo o Espírito Santo e através dele contemplando o filho voltado para o Pai. Portanto, aqueles que afirmam que isso é impossível não é por terem caído em alguma heresia particular, mas por terem caído em todas ao mesmo tempo, se assim podemos dizer, mas essa suplanta todas as outras pela impiedade e o excesso de blasfêmia. Quem quer que fale dessa maneira subverte todas as Escrituras divinas... Esses anticristos afirmam: "É impossível, impossível. E, no entanto, diga-me, é impossível? Por qual outro meio os santos brilharam sobre a terra e tornaram-se luminares no mundo? Se fosse impossível, eles nunca teriam tido sucesso. Porque eles também eram homens, como nós, e não tinham nada mais do que nós, exceto a vontade voltada para o bem, zelo, paciência, humildade, caridade para com Deus. Adquira tudo isso, portanto, e esta alma hoje de pedra se tornará fonte de lágrimas. Mas se negares a dor e a angústia, ao menos não diga que é impossível[168].

Pode haver melhor comentário sobre as palavras de Simão do que essas palavras de Serafim?

Através dos séculos esses dois homens parecem dar testemunho da mesma experiência e da mesma exigência: deixar agir o Espírito Santo que é o mesmo ontem e hoje

---

168. Ibid., p. 210.

e que pode fazer de todo homem um santo; mas "quando Cristo voltará, encontrará Ele a fé sobre a terra?"

"Na época em que vivemos, chegamos a uma tal mornidão na fé, a uma tal insensibilidade para com a comunhão com Deus, que nos afastamos quase totalmente da verdadeira vida cristã. Algumas passagens da Santa Escritura nos parecem estranhas hoje em dia, por exemplo, quando o Espírito Santo, pela boca de Moisés, diz: "Adão via Deus passeando no paraíso" (Gn 3,8) ou quando lemos o Apóstolo Paulo dizer que ele foi impedido pelo Espírito Santo de anunciar a Palavra na Ásia, mas que o Espírito o acompanhou quando ele foi para a Macedônia (At 16,6-9). Em muitas outras passagens da Santa Escritura trata-se, por diversas vezes, da aparição de Deus aos homens.

Então, alguns dizem: "Essas passagens são incompreensíveis. Podemos admitir que os homens podem ver Deus de uma maneira tão concreta?" Essa incompreensão vem do fato de que, sob pretexto de instrução, de ciência, nós nos engajamos em uma tal escuridão de ignorância que achamos inconcebível os anciãos terem uma noção muito clara para poder discutir entre si as manifestações de Deus aos homens como se fossem coisas conhecidas por todos e nada estranhas. Assim Jó, quando seus amigos lhe criticaram por blasfemar contra Deus, respondeu: "Como isso pode acontecer se eu sinto o sopro do Todo-poderoso em minhas narinas?" (Jó 27,3). Dito de outra maneira, como posso blasfemar contra Deus quando o Espírito Santo está comigo? Se eu blasfemasse contra Deus, o Espírito Santo me deixaria, mas eu sinto sua respiração em minhas narinas. Abraão e Jacó conversaram com Deus. Jacó chegou até mesmo a lutar com ele. Moisés viu a Deus e todo o povo com ele, quando ele recebeu as tábuas da Lei sobre o Monte Sinai. Uma coluna de nuvem de fogo – a graça visível do Espírito Santo – serviu de guia ao povo hebreu no deserto. Os homens viram Deus e seu Espírito não em um sonho ou em êxtase – frutos de uma imaginação malsã –, mas em realidade.

Desatentos como nos tornamos, compreendemos as palavras da Escritura de maneira diversa do que deveríamos. E tudo isso porque, ao invés de buscar a graça, nós a impedimos, por orgulho intelectual, de vir habitar nossas almas e nos iluminar e esclarecer como aqueles que de todo coração buscam a verdade"[169].

9

Impossível limpar as vestes sujas quando falta água e sem lágrimas é ainda mais impossível limpar e purificar a alma das suas manchas e sujeiras. Não invoquemos pretextos perniciosos e vãos para a alma, ou melhor dizendo, inteiramente mentirosos e bons para nos perder, mas busquemos com toda nossa alma essa rainha das virtudes (a compunção), é ela que, primeiro, limpa a sujeira de todos aqueles que se aproximam dela; em seguida, ela limpa ao mesmo tempo as paixões e as higieniza, arrancando as crostas das feridas... e isso não é tudo: correndo como uma chama, pouco a pouco, ela as elimina queimando-as como espinhos o tempo todo, colocando-os sobre as brasas... eis tudo que, com as lágrimas, ou melhor, pelas lágrimas, opera o fogo divino da compunção; mas sem as lágrima, como dissemos, nada acontece, nem em nós nem em ninguém já se produziu ou irá se produzir[170].

O maior perigo na vida monástica é a secura ou a dureza do coração, os monges também pedem incessantemente "o dom das lágrimas" que, como indica Simão, purificam e clareiam o olhar do corpo, do coração e do espírito.

A palavra *penthos,* traduzida em português por "compunção", tornou-se incompreensível.

---

169. *Séraphim de Sarov.* Ed. de I. Gorainoff. Bégrolles-en-Mauges: Abadia de Bellefontaine, 1973, p. 165-166.

170. LELOUP, J.-Y. *Introdução aos verdadeiros filósofos.* Petrópolis: Vozes, 2003.

Será por acaso? Não seria, antes, uma experiência, que nos escapa e que, no entanto, era familiar aos Padres Népticos e à filocalia? *Penthos* é a experiência do coração quando ele se parte ou se enternece em presença da Beleza que sentimos desprezada ou esquecida, seja em nós mesmos ou no mundo: "o amor não é amado" e essa lucidez é fonte de lágrimas e de nostalgia.

"Minha alma te deseja, Senhor, e te busco com lágrimas" ou "onde estás, ó minha luz?... Vê minha aflição (*penthos*), eu não consegui te esquecer... Teu olhar pacífico e doce capturou minha alma. Meu espírito estava cheio de alegria no paraíso onde eu vi a tua face", dizia Siluane no Monte Athos. *Penthos* é a consciência do coração que faz a experiência de ter caído do seu estado de graça, caído da sua alegria e da sua plenitude de amor (o paraíso).

Mas nossas lágrimas podem também mudar de natureza: lágrimas de aflição diante da nossa infidelidade, nossa finitude e nossa miséria, podem tornar-se lágrimas de celebração, presença à misericórdia que nos dá seu perdão e presença à beleza que nos extravasa.

Lembremo-nos, em *Crime e castigo*[171], do monólogo de Marmeladov, sua visão ébria e sublime de Cristo, estendendo os braços aos bêbados e aos libertinos, àqueles que "jamais se sentiram dignos de receber tal acolhida". "Cairemos aos seus pés... e romperemos em soluços".

Na tradição latina, o dom das lágrimas está ligado ao dom da ciência. Representamos frequentemente Tomás

---

171. *Crime e castigo* é um romance do escritor russo Fiodor Dostoiévski, publicado em formato de folhetim em 1866 e em livro em 1867 na Rússia. Arquétipo do romance psicológico, o livro é considerado uma das maiores obras literárias da história [N.T.].

de Aquino derrubando várias lágrimas para aceder à resolução de um problema.

Diante dos obstáculos que impedem a contemplação da verdade, as lágrimas lavam os olhos para que eles contemplem a luz. A beatitude daqueles que choram une-se à beatitude dos corações puros, "eles verão a Deus"; e se "ver Deus" é conhecer o Amor (Ágape), pode haver melhor maneira de conhecê-lo do que o momento onde o coração se parte e se enternece? É nessa fissura, nessa "outra brisa"[172] que a Beleza se revela: "alegria, alegria, chora de alegria"[173].

10

Durante a noite nossos olhos só olham para o lugar onde eventualmente acendemos a lâmpada que dá luz e o resto do mundo para nós é só noite. Assim, para aqueles que dormem na noite do pecado, nosso bom mestre só aparece como um fraco luar, apesar de Ele ser o Deus que nada pode conter, com relação à nossa fraqueza. De repente, levantando os olhos e contemplando a natureza dos seres como jamais ele a percebeu, o homem freme e lágrimas espontâneas brotam sem dor, que o purificam e lhe conferem um segundo batizado, esse batizado sobre o qual fala nosso Senhor no Evangelho: "Se alguém não renascer nas águas e no Espírito, não entrará no Reino dos Céus" (Jo 3,5). Ou ainda: "Se alguém não renascer do alto..." (Jo 3,7) dizendo "do alto", o Senhor significou o nascimento pelo Espírito.

No primeiro batizado, a água é símbolo das lágrimas e o óleo da unção prefigura a unção interior do Espírito; mas o segundo batizado não é mais a figura da verdade, é a própria verdade[174].

---

172. Jogo de palavras intraduzível em português; entre *brisure* (fissura) e *cette autre brise* (essa outra brisa). Referência à brisa ligeira na qual Deus se revela ao Profeta Elias.

173. Cf. memorial de Pascal.

174. DESEILLE, P. *La spiritualité orthodoxe et la philocalie*. Op. cit., p. 131.

O dom das lágrimas é para Simão um novo batizado, ele chegará a dizer: "se tu não fores batizado (mergulhado) nas lágrimas, teu batizado (ritual) de nada vale".

João Clímaco já dizia: "Ela é maior do que o próprio batizado, essa fonte de lágrimas que brota após o batizado..."

Como recebemos o batizado na infância, nós o contaminamos mais tarde, mas por meio das lágrimas nós o renovamos em sua beleza original.

O grande cânone de André de Creta (660-740, ode 5) recitado durante a quaresma no mundo ortodoxo faz igualmente o vínculo entre as lágrimas e o batizado. "Que minhas lágrimas sejam para mim uma piscina de Siloé onde eu lavarei os olhos cegos da minha alma, para que, curado, eu te contemple, tu, luz da eternidade". Simão dirá também: "Nunca comungue sem lágrimas", o que provocaria a hilaridade e a zombaria dos seus irmãos. Essas palavras nos revelam sua sensibilidade ao sagrado e ao mistério, essa sensibilidade ou atenção amorosa, sem as quais as realidades físicas ou espirituais não revelariam toda a sua beleza.

11

A primeira idade do crescimento monástico consiste em reduzir suas paixões: é a marca dos debutantes.

O segundo grau e estágio de crescimento é de quem, de um ser espiritual ainda na adolescência, torna-se um jovem, é a assiduidade ao canto. Uma vez que as paixões são diminuídas e abrandadas, a salmodia se suaviza na língua, ganha um prêmio diante de Deus, porque não é possível "cantar ao Senhor em terra estrangeira", ou seja, em um coração apegado às paixões. É assim que reconhecemos aqueles que progridem.

O terceiro grau e fase de crescimento faz com que o jovem passe à virilidade espiritual: é a perseverança na oração e o sinal distintivo de quem progrediu. Nesse nível, há tanta diferença entre cantar e orar quanto entre um homem adulto, um adolescente e um rapaz.

Segue-se o quarto grau e fase de crescimento espiritual, o do idoso e dos cabelos brancos: "é o olhar fixo e imóvel da contemplação, o apanágio dos perfeitos. O percurso está concluído, o topo da escada é alcançado" [175].

A patrologia grega acolheu esses textos na filocalia sob o nome de Simão o Novo Teólogo; se não forem dele (nós o atribuímos hoje a Nicéforo o Solitário), eles continuam tendo sido inspirados por ele.

Esse trecho descreve bem as etapas do crescimento ou da maturação espiritual:

1) Libertar-se ou purificar-se das paixões (*pathè* – patologia) é a função da ascese. "Um exercício bem-ordenado sobre si mesmo", diria Tomás de Aquino.

2) A assiduidade à salmodia, o prazer que temos na oração das horas e na liturgia é o sinal de que crescemos, que não encontramos mais nosso prazer apenas nas realidades materiais ou carnais.

3) A perseverança na oração, pois a oração não é feita só de prazeres e de doçuras espirituais. Há também o tempo das provações, de dúvidas e de secas, é o tempo do deserto.

4) Mas o deserto esconde uma fonte, um oásis, além do prazer e da secura na oração, além da felicidade e

---

175. GOUILLARD, J. (ed.). *Petite philocalie de la prière du coeur.* Op. cit., p. 162-163.

da infelicidade; aquele que ora entra na paz e no repouso da *hésychia*.

Encontramos aqui as etapas clássicas da tradição ortodoxa: iniciante (criança), progressante (adulto), realizado (ancião) ou as três vias: purgativa (ascese), iluminativa (a *gnosis* que leva à oração), unitiva (o ágape, o repouso e a paz que são consequência da nossa união com o Amor).

A realidade é menos sistemática, nós somos sempre ao mesmo tempo iniciantes, progressantes e realizados.

A luz do vivente está em todo lugar e sempre presente, mas devemos constantemente nos abrir a ela, iluminar-nos nela e nos proteger de todos os obstáculos que nos impedem de contemplá-la (ninguém está isento da guarda do coração).

12

Antes de tudo, é preciso que adquiras três coisas – em seguida te dedicarás a teu objeto: imprudência em relação às coisas razoáveis (permissíveis) e irracionais (proibidas), isto é, morte para todas as coisas; uma consciência pura, preservando-te de qualquer condenação da tua própria consciência; enfim, desapego imóvel de qualquer paixão que o faça inclinar-se para o século atual ou mesmo para o próprio corpo.

Então, senta em uma cela tranquila, à parte, em um canto[176] *e dedica-te a fazer o que digo: fecha a porta, e deixa teu espírito acima do teu objeto vão ou passageiro. Em seguida, apoiando a tua barba contra o teu peito, dirige o olhar do corpo ao mesmo tempo sobre todo teu espírito, sobre o centro do teu ventre, ou seja, sobre o teu umbigo, comprima a aspiração do ar que passa pelo nariz de maneira a não*

---

176. A mesma fórmula, certamente mais antiga, encontra-se *ad verbum* em Simão o Novo Teólogo. In: *PG* 120, 621c.

respirar à vontade e esquadrinhar mentalmente o interior de suas entranhas em busca do lugar do coração, onde todos os poderes da alma amam se encontrar. No início, tu encontrarás as trevas e uma opacidade obstinada, mas se perseverares, se noite e dia praticares esse exercício, tu encontrarás, ó maravilha! uma felicidade sem limites. Pois tão logo o espírito tenha encontrado o lugar do coração, ele vê de repente aquilo que ele jamais tinha visto. Ele vê o ar que se encontra dentro do coração, ele se vê inteiramente luminoso e cheio de discernimento. De agora em diante, quando um pensamento despontar, ele não terá tempo de tomar forma nem de se tornar uma imagem que irá persegui-lo e será reduzido a nada pela invocação de Jesus. O espírito, em seu ressentimento contra o demônio, excitará a cólera que a natureza lhe deu contra os inimigos espirituais e os expulsará a golpes. O resto tu aprenderás, com a ajuda de Deus, praticando a guarda do espírito e guardando Jesus em teu coração. "Senta, te disseram, na tua cela e ela te ensinará todas as coisas"[177].

É provável que o texto mais conhecido de Simão o Novo Teólogo não seja dele, em todo caso é ele que o *starets* apresenta ao peregrino russo no momento em que lhe mostra a filocalia[178]. É a partir deste texto que se desenvolverão todas as suas práticas. De fato, ele descreve bem os diferentes elementos do método da oração hesicasta.

O sentar, o silêncio, a solidão, o centro do coração, a invocação do nome de Jesus, a respiração.

"Senta, no silêncio e na solidão." Esses conselhos podem ser interpretados em diferentes níveis: físico, psíquico e espiritual"[179].

---

177. GOUILLARD, J. (ed.). *Petite philocalie de la prière du coeur*. Op. cit., p. 161-162.

178. Cf. *Relatos de um peregrino russo*. Petrópolis: Vozes, 2013.

179. "A via do peregrino". In: LELOUP, J.-Y. *Escritos sobre o hesicasmo*. Op. cit. • LELOUP, J.-Y. *Sabedoria do Monte Athos*. Petrópolis: Vozes, 2011.

Em seguida, trata-se de encontrar o lugar do coração "no fundo das nossas entranhas"; é como se disséssemos que sua localização não é precisa, trata-se daquilo que consideramos como o fundo ou o centro de nós mesmos. O órgão físico do coração pode ser um ponto de referência. Trata-se, na realidade, de um espaço de receptividade e de atenção que inclui todo o peito; portanto, é para esse espaço que devemos fazer descer o intelecto e deixar subir a energia vital.

A inteligência e a força vital estão a serviço do amor e a serviço daquele que invocamos no coração, "Jesus Cristo", para que Ele ali permaneça e esteja cada vez mais presente e esteja na fonte de todos os nossos pensamentos, de todos os nossos desejos, de todas as nossas palavras e de todos os nossos atos. A presença de "Eu sou", Yeshua, "aquele que ama em nós".

A consciência do Sopro e do seu ritmo em harmonia com o seu nome nos conduz à experiência bem-aventurada: "Não sou mais eu quem vivo, é Cristo que vive em mim".

Meu "pequeno eu" não é destruído, ele não desapareceu, ele foi amplificado e chegou às dimensões do Ser/Amor/Infinito (*Ágape/o Théos*).

XIV
A pequena filocalia de Gregório o Sinaíta

Gregório o Sinaíta nasceu por volta de 1255/1265 em Koukoulos, cidade situada perto de Urla, no sul do Golfo de Esmirna. Ele morreu no dia 27 de novembro de 1346 no monastério fundado por ele sobre o Monte Paroria (na atual Bulgária). Entre os dois, viveu sua vida de monge no Monte Sinai e no Monte Athos onde foi contemporâneo de Gregório Palamas. Gregório o Sinaíta, em seus tratados recuperados pela filocalia, propõe uma síntese do método hesicasta. Assim como Simão o Novo Teólogo, ele insiste no papel do Espírito Santo que o homem deve "respirar, falar, pensar e viver". Ele convida a permanecermos vigilantes (népticos) para mantermos livres o coração e a consciência de toda forma, de todo conceito e de toda imagem e fazer deles o "lugar de Deus".

A lembrança de Deus presente em nossa humanidade, em Cristo, pela invocação do seu nome, conduz à paz (*hésychia*), à humildade e à alegria, "sentimento de plenitude e de certeza indubitável". Ele indica certos aspectos corporais do método, as dores e as alegrias que aquele que persevera na postura pode conhecer, a concentração no sopro e a presença do nome no coração.

1

Saiba que a ciência da verdade é, essencialmente, o sentimento da graça...

> *O coração sem pensamentos, emudecido pelo Espírito é o Santuário verdadeiro, antes mesmo da condição futura. Tudo ali é celebrado e expressa-se pneumaticamente. Aquele que não obteve este estado pode ser, graças às suas outras virtudes, uma pedra qualificada para a edificação do templo de Deus, mas ele não é o templo do Espírito nem seu pontifex*[180].

Para Gregório o Sinaíta, a ciência da verdade, literalmente "a gnosis", é o sentimento da graça, ou seja, o reconhecimento de que tudo nos é dado, que "tudo é graça". Esse sentimento que abre o coração e a inteligência chama-se gratidão.

É a gratidão que nos faz entrar no templo da presença. A razão nos faz entrar no templo da razão (ninguém entra aqui se não for geômatra). A gratidão nos faz entrar no templo da graça (ninguém entra aqui se não estiver no louvor e no reconhecimento). A senha para entrar, aquilo que nos dá "a permissão para entrar", é "obrigado".

O único pecado, a maior "falta de amor", é a ingratidão.

A gratidão nos faz entrar no "santuário verdadeiro", a vida verdadeira, no "coração sem pensamentos, emudecido pelo Espírito, pois a gratidão não é um pensamento, um cálculo ou um pedido, é um movimento espontâneo, "pneumático", como indica Gregório, ou seja, algo que nos vem do amor que difunde o Espírito no coração.

A gratidão é a alegria de participar do movimento da vida que se dá, graciosamente, gratuitamente.

---

180. *Petite philocalie de la prière du cœur.* Op. cit., p. 177.

2

Acima dos mandamentos, há o mandamento que engloba todos: a lembrança de Deus: "Lembra-te do Senhor teu Deus o tempo todo" (Dt 8,18). É por causa dele que os outros foram violados, é por ele que os seguimos. O esquecimento, na origem, destruiu a lembrança de Deus, obscureceu os mandamentos e revelou a nudez do homem[181].

A lembrança de Deus é o exercício (*mitsva*, frequentemente traduzido por mandamento) que suplanta todos os exercícios, ou seja, que nos permite realizar todos os mandamentos.

Lembrar-se de Deus é lembrar-se do Amor (*Ágape*) que está em nós e que faz existir todas as coisas. Aquele que ama cumpre a lei. Não podemos matar, mentir, roubar, cobiçar... e amar ao mesmo tempo. O exercício do amor é o próprio exercício de Deus em nós, sua maneira (*tropos*) de ser e de se dar.

Lembrar-se do amor e da luz do Ser que é e que ama é a fonte da nossa salvação e da nossa divinização.

O esquecimento de Deus, o esquecimento do Ser que é a Vida da nossa vida, a Luz da nossa consciência, o Amor do nosso amor, a essência da nossa Essência, é a pior coisa que pode nos acontecer.

O esquecimento engendra a ingratidão, a ingratidão engendra a tristeza, a tristeza engendra o desgosto de viver, o desgosto de viver engendra a morte...

O homem está nu, sem o Ser ele é um não ser, sem amor, ele é nada (*sine, ipso, nihil*)[182].

---

181. Ibid.
182. "Sem Ele, nada". Cf. Jo 15,5.

3

O princípio e a causa dos pensamentos é, a partir da transgressão, a detonação da memória simples e homogênea. Ao tornar-se composta e diversa, ao invés de simples e homogênea como era, ela perdeu a lembrança de Deus e corrompeu seus poderes.

O remédio para libertar essa memória primordial da memória perniciosa e ruim dos pensamentos é a volta à simplicidade original. O instrumento do pecado, a desobediência, não apenas distorceu a relação da memória simples com o bem, ela corrompeu seus poderes e enfraqueceu sua atração natural pela virtude. O grande remédio para a memória é a lembrança perseverante e imóvel de Deus na oração.

O princípio da oração espiritual é a operação ou a virtude purificadora do Espírito e o sacerdócio místico do Espírito. O princípio da quietude (hésychia) *é a vacância. Seu método, a virtude iluminativa e a contemplação. Seu termo, o êxtase e o rapto do espírito junto a Deus*[183].

De onde nos vem esse "esquecimento de Deus", essa atrofia da inteligência, essa perda da nossa memória essencial, essa ruptura do elo consciente e saboroso que nos une à nossa fonte?

O homem é um espelho livre; se ele se voltar para a luz, ele refletirá a luz; se ele se voltar para o caos, ele refletirá o caos.

Tudo é uma questão de orientação e eis aí o exercício da nossa liberdade. Nós podemos nos desviar da luz, nos desviar do amor e nos afastar, assim, do melhor de nós mesmos.

Qual é o remédio para nos curar dessa doença que é o esquecimento e a perda da nossa memória mais elevada?

---

183. *Petite philocalie de la prière du cœur.* Op. cit., p. 178.

Para Gregório, é o retorno à simplicidade original e a lembrança perseverante e imóvel de Deus na oração.

Tornar-se simples, sem dobras, não dois, não dividido, não disperso, é o fruto da nossa atenção, instante após instante, àquilo que está presente, mais precisamente, à consciência daquilo que está aqui, presente, à luz na qual nós vemos todas as coisas.

Pouco a pouco, encontramos assim nossa unidade, nossa simplicidade original.

Essa simplicidade é também uma estabilidade (mais do que uma imobilidade): "eu me pouso, eu me deponho, eu repouso na presença daquele que ama em mim". É a oração de um coração bem orientado que reflete a luz que ele invoca e da qual ele se lembra incessantemente.

4

Nós deveríamos falar como o grande Doutor e não ter necessidade nem do socorro das Escrituras nem dos Padres, mas sermos "ensinados por Deus" (Jo 6,45), a ponto de aprender e de conhecer nele e por Ele tudo aquilo que convém. Não apenas nós, mas qualquer fiel. Fomos chamados a carregar gravados em nossos corações as tábuas da lei do Espírito e a conversar com Jesus através da oração pura, imediatamente, da mesma maneira admirável dos querubins.

Mas somos apenas crianças na nossa segunda criação, incapazes de compreender a graça, de entender a renovação; nós ignoramos a supra eminente grandeza da glória da qual participamos, não sabemos que é preciso, pela observação dos mandamentos, crescer em alma e espírito e ver no espírito o que recebemos. Eis como a maioria dentre nós cai por negligência e hábito vicioso na sensibilidade e na cegueira e não sabemos mais se há um Deus, nem o que somos, o que nos tornamos passando a filhos de Deus, filhos da luz, filhos e membros de Cristo[184].

---

184. Ibid., p. 178-179.

Quando não sabemos mais se há um Deus, não sabemos mais quem somos, de onde viemos e para onde vamos. Nós não sabemos mais quem nos engendra a cada instante.

Nós não sabemos mais que a nossa vida vem da Vida, que a nossa consciência vem da Luz, que o nosso desejo vem do Amor.

Nós perdemos nossa filiação divina. Precisaremos, então, de leis exteriores para nos dizer o que devemos fazer, o que é bom ou ruim, justo ou injusto. Se pela oração nós nos ligamos à Fonte de tudo aquilo que é, vive, pensa, ama e respira, então as leis exteriores não são mais úteis ou necessárias, pois somos diretamente "ensinados por Deus", como diz o Apóstolo João.

O amor nos incita e nos convida a fazermos o bem, o que é verdadeiro, bom e belo, de todas as maneiras. Quando o amor nos falta temos necessidade de leis que nos lembrem da "ordem" e da harmonia.

Se somos crianças, "incapazes de compreender a graça, se ignoramos a glória da qual participamos", precisamos orar, e a oração é a realização da lei: "Amar Deus de todo teu coração, de todas tuas forças, de todo teu espírito e teu próximo como a ti mesmo".

5

Fomos batizados na idade adulta? Nós só percebemos a água e não o Espírito. Se até mesmo nós, que somos renovados no Espírito, só acreditamos em uma fé morta e inativa... somos de fato feitos de carne e nos conduzimos segundo a carne.

Fazemos penitência? Só conhecemos e observamos os mandamentos do corpo e não do Espírito. Se a graça, sensível ao nosso trabalho, gratifica alguns dentre nós com a sua manifestação, nós ali vemos uma ilusão. Se outras pessoas nos contam que a graça se manifestou, a inveja nos mostra uma miragem. E permanecemos mortos até a hora do nosso fim, nem vivendo em Cristo nem sendo movidos por Ele. E "aquilo que temos" na hora da passagem e do julgamento, "nos será tirado" por causa da nossa incredulidade e da nossa falta de esperança, falhando em entender que as crianças devem ser como o Pai, deuses como Deus, espíritos provindos do Espírito[185].

Como Simão o Novo Teólogo, Gregório parece relativizar aqui os sacramentos se eles forem vividos apenas exteriormente. O ritual torna-se, então, um espetáculo ao qual assistimos, não é mais um mistério do qual participamos. (Não é esse o perigo hoje em dia dos rituais ou sacramentos mediáticos, transformados em "representação" ou em "concerto" televisado como se o sagrado não fosse mais aquilo que escapa à sociedade do espetáculo, ou seja, ao mundo profano profanado?)

Ser mergulhado na água não é a mesma coisa que mergulhar em Cristo e em seu Espírito, em seu Ser, seu Amor e seu Sopro. O verdadeiro mergulho é interior, e não deveríamos sair dali com o coração seco, mas inundados de lágrimas.

"Nós observamos os mandamentos no corpo, mas não no espírito". Fazemos aquilo que é considerado bom e bem, mas o coração não está presente e o sinal de que o coração não está presente é que não há alegria quando fazemos o que há para fazer.

Vivemos sem viver realmente, pensamos sem estarmos conscientes daquilo que pensamos, amamos, fazemos o bem sem gostar de verdade daquilo, e o cansaço, a

---

185. Ibid., p. 179.

tristeza e o sofrimento se abatem sobre nós. Somos cristãos, batizados, e Cristo não vive em nós; dizemos que acreditamos em Deus, mas Ele não ama em nós e através de nós. No entanto, insiste Gregório, nós devemos nos assemelhar ao Pai, perfeitos e misericordiosos, assim como Ele é perfeito e misericordioso[186].

Sede deuses como Deus, espíritos provindos do Espírito.

É claro que não se trata de pensar que somos Deus, mas de crer que Ele está presente em nós e "deixá-lo ser" em toda sua grandeza.

6

Há duas maneiras de encontrar a operação (energia) do Espírito recebida sacramentalmente no santo batismo:

1) De uma maneira geral, esse dom se revela pela prática dos mandamentos a custo de longos esforços. São Marcos o Eremita nos diz: "À medida que exercermos os mandamentos, esse dom faz resplandecer esse fogo cada vez mais aos nossos olhos".

2) Ele se manifesta na vida de submissão (a um pai espiritual), pela invocação metódica e contínua do Senhor Jesus, ou seja, pela lembrança de Deus. A primeira via é a mais longa, a segunda a mais curta, com a condição de termos aprendido a escavar a terra com coragem e perseverança para descobrir o ouro.

Portanto, se quisermos descobrir e conhecer a verdade sem risco de errar, busquemos ter apenas a operação do coração absolutamente sem forma nem figura, sem refletir na nossa imaginação nem forma nem impressão das coisas ditas santas, a não contemplar nenhuma luz (o erro, sobretudo no início, tem o costume de abusar do espírito

---

186. "Sede perfeitos como vosso Pai celeste é perfeito" (Mt 5,48). "Sede misericordiosos como vosso Pai celeste é misericordioso" (Lc 6,36).

dos menos experimentados através desses mentirosos ilusórios). Esforcemo-nos para termos ativo em nosso coração apenas a operação da oração que aquece e alegra o espírito e consome a alma com um amor indizível por Deus e pelos homens. E da oração poderemos ver nascer uma grande humildade e contrição, se for verdade que a oração é, entre os debutantes, a operação espiritual infatigável do Espírito que, no início, brota do coração como um fogo alegre e, no fim, opera como se fosse uma luz de bom odor.

Eis os sinais deste início para aqueles que buscam a verdade... Para alguns, ela se manifesta como uma luz da aurora; para outros, como uma exultação misturada de tremor; para outros, ainda, é a alegria, aliás, uma mistura de alegria e temor, alguns tremem de alegria, às vezes com lágrimas e temor.

A alma se alegra com a visita e a misericórdia de Deus, mas ela teme e treme ao pensar em sua presença por causa de seus numerosos pecados. Entre outros, produz-se uma contrição e uma dor inexpressíveis na alma, parecidas com a da mulher trabalhando que é mencionada nas Escrituras. "Porque a Palavra de Deus é viva, eficaz, mais penetrante do que uma espada de dois gumes e atinge até a divisão da alma e do corpo, das juntas e medulas, e discerne os pensamentos e intenções do coração" (Hb 4,12) para cortar dos membros da alma e do corpo tudo o que eles contêm de paixões. Em outros, isso se manifesta na forma do amor indizível e da paz para todos; com outros ainda, é uma exultação e um salto, segundo a expressão frequente dos Padres, um movimento do coração vivo e virtude do espírito[187].

Segundo Gregório, a ação do Santo Espírito se manifesta de três maneiras:

1) pela obediência aos mandamentos;
2) pela obediência a um pai espiritual;

---

187. *Petite philocalie de la prière du cœur.* Op. cit., p. 180.

3) pela obediência ao Senhor Jesus, presente em nós pela invocação do seu nome.

Tanto em latim quanto em grego, a obediência está ligada à escuta (*obedere* em latim quer dizer ao mesmo tempo "obedecer" e "escutar". Em grego, "escuta" se diz *akoé* e "obediência", *hypakoé*, como se esta fosse uma hiperescuta, uma atenção maior) e isso reitera o primeiro, o maior dos mandamentos ou exercícios: *shema*, escuta.

Escutar é, portanto, aderir, obedecer; é abrir-se a uma vontade mais sábia e maior. A vontade de Deus ou vontade do Ser/Amor se manifesta na lei e nos exercícios, os mandamentos que ela nos propõe (*mitsvot*) na palavra e no conselho do padre ou mestre espiritual que nos esclarece e nos consola, na própria presença de Cristo, a quem nos sentimos ligados pela oração.

Essas três maneiras de escutar e obedecer à Realidade daquele que é (YHWH) nos conduz a uma experiência paradoxal, pois não devemos nos apegar a nenhuma imagem, forma ou figura, "nem impressão das assim chamadas coisas santas, nem sequer a luz, e ao mesmo tempo, não é ruim acolher a operação da oração "que aquece e alegra o espírito e consome a alma com um amor indizível por Deus e pelos homens". Há também todos os sinais sensíveis nos quais Gregório parece confiar: "exultação misturada a tremores, mistura de alegria e temor, tremores de alegria, temores acompanhados de lágrimas".

Para Gregório, o critério de que esses sinais sensíveis não são ilusões ou simples manifestações da natureza é a humildade e o amor.

Se essas experiências nos tornam mais humildes, mais conscientes das nossas insuficiências, dos nossos limites e mais amorosos, mais pacientes para com o outro, então essas experiências sensíveis podem ser acolhidas como um dom de Deus que nos santifica e nos consola.

7

Existem dois tipos de união, ou melhor, uma dupla entrada dá acesso à oração espiritual que o Santo Espírito (opera) no coração. Ou o espírito, "aderindo ao Senhor", ali entra primeiro ou pouco a pouco a operação fica abalada no meio de um fogo alegre e o Senhor atrai para si o intelecto e o conecta à vocação unitiva do Senhor Jesus. Pois, se o Espírito opera em cada um da maneira que lhe agrada, uma forma de união precede a outra.

Às vezes, a operação ocorre no coração, tendo as paixões sido diminuídas pela invocação amparada por Jesus Cristo, acompanhada pelo calor divino. "Deus é um fogo que consome" as paixões. Às vezes o Espírito atrai para si o espírito, o bloqueia no fundo do coração, proíbe-lhe esses vai e vem costumeiros. Não é mais um cativo que levamos de Jerusalém para a Assíria, é uma migração vantajosa da Babilônia ao Sião... O espírito pode dizer: "Quando o Senhor tiver mudado a sorte de seu povo, Jacó exultará e Israel se alegrará!" (Sl 13,17): escutai o espírito ativo que, através dos trabalhos da vida ativa, venceu, depois de Deus, as paixões; o espírito contemplativo que vê Deus na contemplação o máximo possível [188].

O Espírito opera em cada um da maneira que lhe agrada, ele realiza nossa união com Deus de diferentes maneiras. Certas personalidades são mais intelectuais, outras mais afetivas, outras mais instintivas. Trata-se de unir todos nossos centros vitais no "lugar de Deus" que está no coração do coração e que transcende tanto o afetivo quanto o intelectual ou instintivo. Gregório compara a

---

188. Ibid., p. 181-183.

suspensão dos pensamentos, das sensações e dos afetos a uma emigração vinda da Babilônia em direção a Sião, ou seja, da passagem da terra da escravidão à terra prometida, terra celeste onde se unem o divino e o humano. Trata-se de uma experiência pascal, de uma morte-ressurreição, emigrar desta vida e desta consciência mortal e mortífera para a vida verdadeira e eterna. Essa passagem de um nível de realidade a um outro, "deste mundo para o Pai", se faz no silêncio da oração pura ou da pura contemplação, sem imagens, sem pensamentos, sem emoções, sem sensações, mas não sem luz e sem amor. O deserto é a câmara nupcial onde repousa o espaço inalcançável.

8

"De manhã semeia tua semente" a oração e "à tarde que tua mão não se detenha" para não interromper a continuidade da oração e arriscar a perder a hora da resposta "porque você não sabe qual dos dois lhe trará prosperidade".

De manhã, senta em um assento baixo, meio côvado, empurra teu espírito para longe da tua razão em direção ao teu coração e mantenha-o lá, enquanto, laboriosamente curvado, com uma forte dor no peito, ombros e nuca, tu gritarás com perseverança em tua mente ou em tua alma: "Senhor Jesus Cristo, tende piedade de mim!" Em seguida, devido à restrição, dificuldade e, talvez, o tédio da continuidade (certamente não devido ao cardápio único e invariável do tríplo nome: pois "aqueles que não comerão ainda terão fome"), tu transportarás teu espírito sobre a segunda metade dizendo: "Filho de Deus, tende piedade de mim!" Repete essa metade várias vezes e toma cuidado para, por indolência, não mudar com frequência, pois as plantas demasiadamente transplantadas não crescem mais.

Domina a respiração do pulmão de maneira a não respirar com facilidade. Pois a tempestade dos sopros que sobem do coração obscurece o espírito e agita a alma, a distrai, a entrega cativa ao esquecimento, ou faz com que ela passe por todo tipo de coisas e a joga insensivelmente no que não deveria ser. Se vires a impureza dos maus espíritos ou dos pensamentos se erguer e tomar forma no teu espírito, não te desconcertes; se os bons conceitos das coisas se apresentarem a ti, não dê atenção, mas tanto quanto possível, segura teu sopro, fecha teu espírito em teu coração e exerce sem trégua nem relaxamento a invocação do Senhor Jesus e tu os consumirás e reprimirás sem tardar, flagelando-os visivelmente pelo nome divino, seguindo a palavra de João da Escada[189].

Gregório não se contenta em dizer que é preciso orar de manhã, de tarde e de noite, sem se cansar; ele nos indica alguns detalhes práticos para que isto seja possível: primeiro parar de correr, de ir, de voltar e simplesmente sentar-se, mas então é o pensamento que vai e vem. Ele nos diz que é preciso dirigir a consciência para o coração e mantê-la centrada nesse lugar dito de Deus. Esse espaço silencioso e vasto, esse céu que cada um carrega em seu peito, ou seja, que devemos manter nosso espírito centrado no aberto e não em um lugar ou uma coisa particular. Não é possível manter a consciência no coração sem distração sem que haja esforço. A oração demanda uma energia por vezes considerável para não se dispersar e o corpo imobilizado na contemplação do silêncio interior pode sentir diferentes dores no peito, nos ombros e na nuca; ainda não é a atenção sem tensão do hesicasta, mas suavemente o corpo dá início à sua metamorfose. No coração do seu silêncio, para não se perder, ele deve invocar o nome de Jesus, *kyrie eleison*, "Filho de Deus, tende piedade de mim" no ritmo da respiração. Diferentes desenvolvimentos dessa

---

189. Ibid., p. 183-184.

oração são possíveis e serão propostos pela tradição cristã. "Senhor Jesus Cristo" ao inspirar, "Filho de Deus" em um momento de retenção do sopro após o inspirar, "tende piedade de mim" ou "tende piedade de nós, pecadores", ao expirar, com um momento de silêncio e de contemplação no final da expiração.

Gregório nos previne que o acesso ao silêncio e à *hésychia* não é imediato.

Maus espíritos ou pensamentos se erguem e tomam forma em teu espírito, mas não deixe que isso o desconcerte, tampouco te apegues aos belos e nobres e piedosos pensamentos. Não preste atenção, só preste atenção ao sopro que o inspira e expira e a este espaço de puro silêncio, de pura consciência entre as palavras da tua oração. Ali para onde o nome de Jesus o conduz, no Sopro que o une ao seu Pai e nosso Pai.

9

Que deves prender a respiração, atesta Isaías, o anacoreta, e muitos outros junto com ele. "Disciplina teu espírito indisciplinado, diz Isaías, ou seja, o espírito abalado e dissipado pelo poder inimigo, que, após o batizado, a negligência leva a todos os maus espíritos..." (Mt 12,45). Um outro disse: "O monge deve lembrar-se de Deus cada vez que respira"; um outro: "o amor de Deus deve vir antes da nossa respiração" e Simão o Novo Teólogo: "Comprime a aspiração de ar que passa pelo nariz de maneira a não respirar à vontade..."

No momento da nossa purificação, recebemos o pagamento do Espírito e a semeadura do verbo interior... mas a negligência dos mandamentos nos fez cair nas paixões e, ao invés de respirar o Espírito Santo, nós nos preenchemos do sopro dos espíritos ruins. Isso é obviamente a origem do bocejo, nós o recebemos dos Padres. Aquele que obteve o Espírito e é purificado por Ele, também é aquecido por

Ele e respira a vida divina, falando, pensando e vivendo seguindo as palavras do Senhor: "Não sois vós que falais..." (Mt 10,20).

Gregório insiste na disciplina do sopro: "tu deves reter teu sopro; Isaías, o anacoreta, o atesta e outros com ele".

É um exercício que deveria ser familiar aos hesicastas e Gregório se surpreende por muitos o ignorarem.

O que quer dizer "reter seu sopro"? É permanecer um momento mais ou menos longo, silencioso, particularmente no final da expiração, pois é o movimento onde nós nos unimos à presença daquele que invocamos. Sem esse silêncio no coração do sopro, nós só estaremos recitando palavras; de que serve dizer o nome de Jesus, se não passamos um tempo simplesmente estando ali, com Ele, nele? Nós estamos "nele" quando o pensamento e o sopro param, felizes daqueles que ouvem o nome ou a palavra de Yeshua, "mais feliz ainda aqueles que ouvem seu silêncio", dizem os anciãos.

Orar não é pensar em Deus, é respirar com Ele; não pensamos em alguém que está aqui, respiramos com Ele.

Orar é respirar.

A consciência do sopro nos conduz ainda mais longe. Orar é respirar mais suavemente e em certos momentos parar de respirar para saborear o silêncio que está no coração da presença. Mas isso deve ser praticado com prudência e discernimento, daí a importância de um pai espiritual ou de um homem experiente que evitará que caiamos na patologia ou na ilusão. Não se trata evidentemente de estar em busca de um estado particular de consciência ou de qualquer emoção ou sensação extraordinária, mas, pelo contrário, de estar mais calmo, mais simples, mais silencioso, ou seja, mais próximo da infinita tranquilidade de Deus.

10

Por que alguns ensinam muitos a cantar, outros poucos, outros nem um pouco, mas ensinam a se manter na oração, a se dedicar a um trabalho manual qualquer ou a um outro exercício de penitência?

Resposta: eis a razão. Aqueles que encontraram a graça pela vida ativa ao preço de anos de esforços ensinam aos outros aquilo que lhes foi ensinado. Eles não querem acreditar naqueles que ali chegaram metodicamente e em pouco tempo, graças à misericórdia de Deus por meio de uma fé ardente, como se expressa Isaac. Vítimas da ignorância e da suficiência, eles o culpam e afirmam que qualquer outra experiência é ilusão e não operação da graça. Eles não sabem que para Deus não custa nada transformar de um só golpe o rico em pobre e que "o início da sabedoria é adquiri-la" (Pr 4,7). O apóstolo repreende assim seus discípulos que ignoram a graça: "Não sabeis que Cristo habita em vós?" (1Cor 3,16), a menos que sejais párias. Eis por que a incredulidade e a presunção os impedem de admitir os efeitos extraordinários e singulares que o Espírito opera em alguns[190].

Gregório nos lembra que um pai espiritual não pode nos conduzir além do ponto onde ele mesmo chegou. E por vezes ele pode querer nos fechar nos limites da sua própria experiência.

Uma irmã de Teresa de Ávila lhe perguntou: "Para dirigir minha vida espiritual, devo escolher um homem piedoso e fervoroso ou um bom teólogo?"

Ela respondeu: "Escolhe um bom teólogo, porque o homem fervoroso e pio corre o risco de, com muita sinceridade, fechá-la em sua própria experiência; um bom teólogo te transmitirá a tradição que te esclarecerá e guiará tua experiência".

---

190. Ibid., p. 185-186.

Na ortodoxia, um "bom teólogo" é também um homem experiente, apenas aquele que ora é teólogo e todo homem experiente, normalmente, se deixa verificar pela tradição, o que deveria libertá-lo de toda presunção e de toda pretensão em querer dirigir os outros. "Não chamais ninguém de pai ou mestre", um único é Pai ou mestre e a função do mestre exterior ou do pai espiritual é nos conduzir ao nosso mestre interior à escuta do único mestre. "Não sabeis que Cristo habita em vós?"

O início da sabedoria é o acolhimento.

11

Os Padres aconselham alguns a recitar a oração inteira, outros a recitar a metade, o que é mais fácil, visto a fraqueza do espírito. Pois "ninguém pode dizer interiormente e de si mesmo Senhor Jesus senão no Espírito Santo"; como uma criança que ainda balbucia, ele é incapaz de articular. Não se deve alternar frequentemente as invocações por preguiça, mas raramente, para assegurar a perseverança.

Da mesma maneira, alguns ensinam a pronunciar a invocação oralmente, outros no espírito. Eu aconselho um e outro. Porque às vezes a mente, às vezes os lábios, são tocados pelo cansaço. Oraremos, portanto, de duas maneiras: com os lábios e com o espírito. Mas invocaremos tranquilamente e sem perturbação, por medo que a voz dissipe e não paralise o sentimento e a atenção do espírito. Chegará o dia em que o espírito treinado terá feito progresso e receberá o poder do Espírito para orar total e intensamente: então ele não terá mais necessidade da palavra, ele será até mesmo incapaz e se contentará em operar sua obra exclusiva e totalmente nele[191].

Só existem, segundo o Apóstolo Paulo, duas orações que não podemos dizer sem a presença do Espírito Santo,

---

191. Ibid., p. 180, 192.

sopro de Deus: "Senhor Jesus" e *A'oum* (em aramaico), *Abba* (em hebraico) Pai!" É por isso que a tradição ortodoxa nos pede para dizermos antes de qualquer salmodia, qualquer hino ou liturgia, essas duas orações para que permaneçamos no Espírito Santo. Quanto à maneira de dizer essas duas orações, é também o Espírito Santo que deve nos inspirar.

Elas supõem uma intensidade, uma abertura do coração e do espírito que não dependem só de nós e da nossa boa vontade durante o exercício. Gregório o Sinaíta não opõe a invocação exterior em voz alta e a invocação interior e silenciosa, isso depende da consciência e do "humor" no qual estamos e também das circunstâncias.

Chegará um momento, nos diz ele, onde as palavras se apagarão em um puro silêncio, uma pura presença. "Aquele que sabe que ora, ainda não ora verdadeiramente", é o que dizia João Cassiano.

12

A aparição da graça na oração se apresenta sob diversas formas e a partilha do Espírito se manifesta e se faz conhecer diversamente, já que ela agrada ao Espírito. Elias o Tesbita nos oferece o protótipo. Para alguns, o espírito do temor passa fendendo as montanhas, quebrando as rochas – os corações duros –, finca a carne, por assim dizer, por medo e a deixa morta. Para outros, uma sacudidela ou uma exultação (um salto, dizem mais claramente os Padres), absolutamente imaterial mas substancial produz-se nas entranhas (substancial, pois aquilo que não possui nem essência nem substância não existe). Para outros, enfim, Deus produz – é o fato sobretudo daqueles que progrediram na oração – uma brisa luminosa, leve e pacífica, enquanto Cristo faz sua morada no coração e se manifesta misticamente no Espírito. Eis por que Deus disse a Elias sobre o

Monte Horeb: o Senhor não está nem no primeiro nem no segundo (fenômeno), quer dizer, nas obras particulares dos iniciantes, mas na brisa luminosa e leve, ou seja, na oração perfeita (cf. 1Rs 19)[192].

A experiência de Elias no deserto sempre inspirou os contemplativos, particularmente o hesicasta. Apesar de Deus poder se manifestar através de experiências fortes ou fantásticas, Ele não é Ele mesmo nessas experiências, são apenas os efeitos da sua presença.

Deus não está nos estremecimentos da terra ou da carne, ele tampouco está no fogo que nos queima o coração. Ele está no "silêncio de um sopro sutil", que traduzimos por vezes por "brisa ligeira", ou seja, Deus está presente em nosso sopro e nosso silêncio, mais do que nas manifestações grandiosas que abalam a natureza.

A busca espiritual não é a busca pelo extraordinário e o fantástico, mas atenção ao mais simples, ao mais discreto.

Esse sopro em nosso sopro, esse silêncio em nosso silêncio.

O amor não faz barulho, ele avança a passo de pomba e, assim, tudo refresca...

---

192. Ibid., p. 197.

XV
A pequena filocalia de Gregório Palamas

Gregório Palamas (1296-1359) era filho de pais nobres, originários da Ásia Menor que tinham emigrado para Constantinopla devido à invasão turca. Ele foi educado na corte do Imperador Andrônico II Paleólogo. Após ter feito estudos profanos, ele escolheu a vida monástica, preferindo o silêncio da oração e a *hésychia* dos monastérios do Monte Athos ao estudo de Aristóteles e Platão. Foi ali que ele recebeu o ensinamento de Gregório o Sinaíta e tornou-se eremita em um eremitério próximo ao monastério da Grande Laura: São Sabas. Ele teve que deixar seu eremitério para afrontar Barlaão da Calábria que zombava das práticas dos monges hesicastas.

Ele tornou-se teólogo e defensor dos hesicastas, afirmando junto com eles o realismo da experiência espiritual no corpo, sempre asseverando o caráter inacessível da essência divina.

Ele fará assim a distinção entre a essência de Deus, imparticipável, e suas energias participáveis, sem que isso quebre a sua unidade. Os raios de sol e o sol não estão separados. Após diversas polêmicas e muitas viagens, Gregório Palamas foi consagrado metropolita da Tessalônica em maio de 1347.

Vários concílios consagraram a ortodoxia da sua doutrina. Doente desde 1352, Gregório morreu no dia 14 de novembro de 1359, sendo em seguida objeto de uma grande veneração popular, tendo sido canonizado em 1368.

1

Deus é o Bem em si, a própria Misericórdia e um abismo de Bondade; ou melhor, Ele abraça esse abismo e excede todo nome e todo conceito possível. Tampouco há outro meio para obter sua misericórdia a não ser a união. Nós nos unimos a Deus compartilhando, tanto quanto possível, as mesmas virtudes e através deste comércio de súplica e de união que se estabelece na oração.

A participação das virtudes, pela semelhança que ela instaura, tem como efeito dispor o homem virtuoso para receber Deus. Pertence ao poder da oração operar essa recepção e consagrar misticamente o desenvolvimento do homem rumo ao divino e sua união com ele – pois ela é a ligação das criaturas racionais com seu Criador – com a condição, no entanto, que a oração tenha ultrapassado, graças a uma compunção inflamada, o estado das paixões e dos pensamentos. Pois um espírito apegado às paixões não saberia pretender à união divina. Enquanto o espírito orar neste tipo de disposição, ele não obterá misericórdia; em revanche, quanto mais ele tiver sucesso em afastar os pensamentos, mais ele adquirirá a compunção e, à medida que sua compunção avançar, ele tomará parte na misericórdia e nas suas consolações. Que ele persevere humildemente neste estado, e transfigurará inteiramente a parte apaixonada da alma[193].

O que amo quando digo que amo Deus? Eu amo o Bem em si, a Bondade, a Beleza, todas essas qualidades que manifestam o Ser que permanece inacessível, inalcançável em sua essência. Eu amo o sol aquecendo-me e iluminando-me com seus raios.

O que amo em mim quando digo que amo Deus? Não seria o próprio Deus, a Fonte de todo bem, de toda bondade, de toda beleza, que tem sede de ser bebida? Não

---

193. Ibid., p. 199.

seria Deus amando a si mesmo? A bondade que tende a se realizar, a beleza, a verdade que tendem a se manifestar?

É Deus que conhece a si mesmo em mim. Só conhecemos Deus por participação. Apenas o Espírito de Deus conhece o Espírito de Deus, só amamos Deus através de Deus.

Assim como só amamos a Vida nos tornando mais vivos, só amamos a luz nos tornando mais atentos, mais conscientes, mais despertos. Só amamos o amor nos tornando mais amorosos. "Eu sou, eu serei", é o nome de Deus que se encarna em nós; "eu sou e eu me tornarei", "eu sou, eu serei quem eu sou".

Essa *théosis* onde o ser humano torna-se Deus por participação no próprio Deus, pelo seu Espírito e sua presença incriada em todo nosso ser, isso supõe um abandono de toda paixão, de toda vontade própria e de todos pensamentos inúteis.

Isso supõe uma consciência pura, uma consciência enternecida (é o sentido da palavra compunção) pela contemplação da infinita Beleza cuja revelação dá testemunho da sua misericórdia.

Não é possível guardar o sol, recluso em seu fogo ou em sua sublime essência; ele brilha, ele se dá pelo bem-estar de tudo e de todos, em cada um dos seus raios.

2

A conversão do espírito a si mesmo consiste em preservar-se; a sua ascensão a Deus realiza-se sobretudo através da oração: ou oração reunida e concentrada, ou oração mais extensa, logo mais laboriosa. Aquele que persevera nessa concentração do espírito e nesta ascensão em direção a Deus, contendo energicamente as evasões do seu pensamento, aproxima-se interiormente de Deus, entra na posse de bens inefáveis, saboreia o século futuro, conhece através do sentido espiritual como o Senhor é bom, segundo as palavras do salmista: "Saboreai e vede como o Senhor é bom!" (Sl 34,9)[194].

A oração é ao mesmo tempo uma concentração e uma abertura, uma "ascensão", diz Palamas.

Trata-se primeiro de recolher-se, de reunir nossos pensamentos, nossas emoções, nossos desejos e recentrá--los no lugar do coração, como as ovelhas dispersadas que ao chamado do pastor se encontram em seu estábulo, esse recinto onde, juntas, elas se restauram e repousam. Elas saboreiam e veem "como o pastor é bom e belo" (*kalos*).

É também ao chamado do pastor que elas saem, mas sem se dispersar, pois pela Escuta (a oração) elas ficam presentes à presença do pastor, atentas ao menor dos seus gestos e das suas ordens. Elas saboreiam, então, vastas pastagens sempre permanecendo centradas, recolhidas na consciência daquele que as guia e as acompanha. Assim, aqueles que através da oração incessante permanecem atentos à presença do Senhor ou do pastor do seu ser, quer estejam dentro ou fora, no interior do monastério ou no mundo, estão com ele "até o final dos tempos".

3

Chegar à trindade do espírito, fazendo com que ela continue sendo um, e unir a oração a essa permanência: isso não é tão difícil. Mas perseverar muito tempo neste estado que gera o inefável é a própria dificuldade. O trabalho de toda outra virtude é insignificante e leve em comparação a esta. Eis por que muitos renunciam ao estreitamento

---

194. Ibid., p. 200.

da virtude da oração e não chegam aos grandes espaços abertos dos carismas. Mas para aqueles que têm paciência, socorros divinos maiores que poderão sustentá-los os aguardam e os ampararão com alegria para ajudá-los a seguir em frente, tornando fácil a própria dificuldade e conferindo-lhes uma aptidão por assim dizer angélica; enfim, eles permitem à natureza humana viver na familiaridade das naturezas que a suplantam. O profeta disse: "Aqueles que têm paciência voam como águias, eles renovam as forças" (Is 40,31)[195].

Hoje em dia falamos dos três cérebros do homem: cérebro instintivo, cérebro afetivo ou emocional, cérebro cognitivo ou intelectual. Seria esse um eco daquilo que os anciãos chamavam de trindade do espírito (memória, vontade, cognição)?

Gregório insiste sobre sua unidade que é preciso "preservar" unida, da mesma maneira que é preciso manter a unidade do corpo, da alma, e do espírito, e essa unidade se realiza no e através do exercício do Amor. "Tu amarás o Senhor teu Deus de toda tua alma, de todas tuas forças e de todo teu espírito".

Isso é fácil de compreender, porém mais difícil de viver. Perseverar na oração, perseverar no amor: eis o que demanda muita convicção e energia.

Perseverar muito tempo neste estado gerador do inefável é a própria dificuldade. A oração, o amor, tornam-se então o grande exercício da paciência. É a paciência que chega ao final de tudo, mas seríamos capazes de ser pacientes se não nos sentíssemos amparados pela graça e energia do Deus vivo, Fonte e fim de toda paciência?

---

195. Ibid.

4

Questão: eles (certos profissionais da cultura profana) pretendem que estejamos enganados por querer recluir nosso espírito em nosso corpo: em vez disso, nós deveríamos expulsá-lo a todo custo. Seus escritos abusam de alguns de nosso povo com o pretexto de que aconselham os iniciantes a voltar o olhar para si mesmos e a introduzir, por meio da inspiração, seu espírito em si mesmos. O espírito, dizem eles, não está separado da alma; como então alguém poderia introduzir em si mesmo aquilo que não está separado, mas unido? Eles acrescentam que alguns dentre nós falam em introduzir a graça em si por meio das vias nasais. Eu sei que isso é uma calúnia (pois nunca ouvi nada parecido em nosso meio) e uma malignidade acrescentada a outras. Para quem distorce, custa pouco inventar.

Explicai-me, meu Pai, por que colocamos todo o nosso cuidado para introduzir em nós nosso espírito e por que não estamos errados em encerrá-lo em nosso corpo...

Resposta de Gregório: (Não há nada de ruim em nosso corpo como tal; ele é bom por natureza; não há nada condenável, exceto a mente carnal, o corpo prostituído para o pecado.) O mal não vem pela carne, mas daquilo que a habita. O mal não é o fato de o espírito habitar no corpo, mas que a lei oposta à lei do espírito seja exercida em nossos membros. Eis por que nos insurgimos contra a lei do pecado e o expulsamos do corpo para ali introduzir a autoridade do espírito. Graças a essa autoridade, nós fixamos sua lei em cada poder da alma e nos membros do corpo: a cada um o que lhe é devido. No sentido da natureza e nos limites do seu exercício: essa obra da lei não traz temperança à parte apaixonada da alma, mas nos faz obter o excelente hábito: a caridade. A parte razoável continua querendo que melhoremos rejeitando tudo que se oponha à ascensão do espírito a Deus: essa parte da lei chama-se sobriedade. Aquele que purificou seu corpo pela temperança, quem, pela caridade, fez do seu aspecto irascível e da sua concupiscência ocasiões para exercer as virtudes, que finalmente apresente a Deus um espírito purificado pela oração, adquira e veja em si a graça prometida aos corações puros...

"Carregamos este tesouro em vasos de barro" (2Cor 4,6-7), ou seja, nossos corpos. Como então, mantendo nosso espírito além do nosso corpo, faltaríamos à sublime nobreza do espírito?...[196]

A questão que será incessantemente colocada a Gregório Palamas diz respeito ao lugar que deve ser dado ao corpo na oração. Os doutos dizem que é necessário libertar-se do corpo, assim como de tudo que é sensível, passional, racional, ou seja, é preciso afastar-se de tudo que é humano (da carne) para aceder à vida espiritual. E eles zombam desses pobres monges que pretendem capturar o Espírito em suas fossas nasais e fazer descer a graça incriada em seu ventre.

Palamas responderá que Deus se fez homem, "o Logos se fez carne" e é nessa carne, nessa humanidade fraca e frágil que devemos acolher a graça de Deus e sua presença incriada.

"O corpo não possui nada de ruim em si, ele é bom por natureza." É o uso que fazemos que pode ser ruim; no lugar de fazer dele o templo do Santo Espírito, podemos fazer uma caverna de ladrões ou um túmulo para zumbis mortos-vivos.

Trata-se, portanto, de cuidar do corpo e de libertá-lo de tudo aquilo que o incomoda e que é contrário à sua verdadeira natureza – paixões, pensamentos, desejos – pelos quais ele se prostitui ao invés de se dar e se abandonar à graça que o purifica e lhe dá a oportunidade de participar no tempo, em seus limites, da presença eterna e infinita.

Não se trata de idolatrar o corpo, mas de saber que é apenas nessa carne que podemos viver, conhecer, amar, no tempo e no espaço.

---

196. Ibid., p. 201-203.

"Nós carregamos um tesouro em um vaso de barro", o que dá valor ao vaso é o tesouro que ele carrega em si.

Porque iríamos destruir o lugar onde Deus habita? Por que o expulsaríamos da sua morada? A Vida está aqui, no nosso corpo vivo. A Luz está aqui, em nosso corpo consciente. O Amor está aqui, em nosso corpo que deseja.

Bem-aventurados os corpos puros, eles habitam em Deus e Deus habita neles. Isso em nada deprecia o trabalho da ascese, da temperança e da vigilância.

A guarda do coração é também a guarda do corpo.

"Orai e vigiai." Pois no corpo idolatrado, entregue às cobiças, sobrecarregado pelas suas paixões, imaginações e pensamentos, na carne egocêntrica (egoísta e egocêntrica), o vaso está repleto pelo seu próprio barro, falta ar e espaço, não há mais lugar para Deus. Não há mais nele um silêncio onde poderia ressoar um silêncio maior.

5

Nossa alma é uma essência dotada de múltiplos poderes, seu órgão é o corpo que ela anima. Seu poder – o espírito, como nós chamamos – opera por meio de certos órgãos. Ora, quem poderia supor que o espírito poderia ter sua sede nas unhas, nas pálpebras, nas narinas ou nos lábios? Todos concordam em colocá-lo dentro de nós. As opiniões divergem quando se trata de designar o órgão interno. Alguns colocam o espírito no cérebro como em uma espécie de acrópole; outros atribuem a ele a região central do coração, que é pura em todo e qualquer sopro animal.

Sabemos com certeza que a nossa alma racional não está dentro de nós como se fôssemos um vaso – pois ela é incorpórea –, tampouco está mais fora do que dentro – pois está unida ao corpo –, mas está no coração como se estivesse em seu próprio órgão. Não a recebemos de um homem, mas daquele que o formou: "Não é o que entra pela boca que contamina o homem, mas o que sai... Pois é do coração que vem pensamentos ruins" (Mt 15,11-19). E o grande Macário não diz o contrário: "O coração preside todo o organismo. Quando a graça se apodera das pastagens do coração, ela reina sobre todos os pensamentos e sobre todos os membros. Pois é aqui que estão o espírito e todos os pensamentos da alma". Nosso coração é, portanto, a sede da razão e o seu principal órgão corporal. Se queremos nos empenhar em vigiar e endireitar nossa razão, por meio de uma sobriedade cuidadosa, que melhor maneira de vigiá-la do que reunir nossa mente dispersa pelas sensações, reconstruí-la dentro de nós até este mesmo coração que é a sede dos pensamentos? É por isso que Macário continua um pouco mais adiante: "Então é aqui que devemos olhar para ver se a graça gravou ali as leis do Espírito". Aqui onde? no órgão diretor, o trono da graça, onde o espírito e todos os pensamentos da alma estão, em suma, no coração. Tu podes avaliar agora a necessidade que sentem aqueles que resolveram se vigiar na quietude, para trazer de volta seu espírito e recentrá-lo em seu coração, especialmente neste corpo dentro do corpo, que chamamos de coração...[197]

Adão, onde estás? É essa a questão que Deus coloca a Adão, o terroso. Meu Deus, onde estás? É a questão do ser humano ao Ser que o fundamenta: "Eis-me aqui"; "Eu estou aqui". Poderia ser a resposta de um e de outro, de um ao outro. Mas onde é "aqui"? O "aqui" do homem é aqui. O "aqui" de Deus é em todo lugar.

A questão é então saber "onde" se encontram o particular e o universal, aquele que está/é aqui e aquele que está/é em todo lugar: na consciência "de estar/ser aqui e em todo lugar, na "consciência"? Onde?

---

197. Ibid., p. 203-204.

Será que a consciência está no cérebro, no coração, em todos os membros do corpo, em todos os membros do universo? Onde?

Cada um tem sua opinião sobre o assunto. Gregório Palamas lembra que, segundo a tradição (ao mesmo tempo bíblica e evangélica), o lugar do encontro, a consciência da unidade ou da união, a câmara nupcial é o coração.

Quando a graça do amor toma conta das pastagens do coração, a luz reina sobre todos nossos membros e se comunica a tudo aquilo que nos cerca; as pastagens do coração são toda a criação.

O espaço que está no vaso de barro é o espaço que preenche todo o universo. Os sábios do Oriente também falam deste lugar, onde o ser do relativo e o ser do absoluto se encontram e fazem apenas um único Ser: "O Ser absoluto é, para o seu ser no coração, o próprio coração.

Quem pode concebê-lo e como? Na verdade, habitar no coração é conhecê-lo" (R. Maharshi).

Onde estás? Onde estou? Escuta, encontra em teu coração a fonte do "Eu". A fonte do "Eu" e do tu. A fonte do "nós". A fonte do "tudo".

Escuta, ouve esse murmúrio de refinado silêncio...

6

Se "o Reino dos Céus está dentro de nós" (Lc 17,21), como não se excluiria do reino quem deliberadamente se dedica a fazer sair seu espírito? "O coração reto", disse Salomão, busca o significado (Pr 27,21), esse significado que em outro trecho ele chama de "espiritual e divino" (Pr 2,5) e sobre o qual os Padres nos dizem: "o espírito, inteiramente espiritual, está envolvido por uma sensibilidade espiritual; não deixemos de perseguir esse sentido, ao mesmo tempo em nós e fora de nós".

Tu percebes que se quisermos nos levantar contra o pecado, adquirir a virtude e a recompensa do combate virtuoso, mais exatamente os juros dessa recompensa, o sentimento espiritual, é necessário trazer o espírito de volta para dentro do corpo e de si mesmo? Querer fazer sair o espírito – não digo do pensamento carnal, mas do próprio corpo – para se apresentar em espetáculos espirituais é o cúmulo do erro grego (= pagão)... Nós devolvemos o espírito, não apenas ao corpo e ao coração, mas a si mesmo. Aqueles que dizem que o espírito não está separado, mas unido, podem replicar: "Como podemos fazer seu espírito entrar?" Eles ignoram que a essência do espírito é uma coisa, e seu ato (sua energia) é outra. Para dizer a verdade, eles não são tolos e é deliberadamente que, protegidos de qualquer equívoco, eles fazem fileira entre os impostores... Não deixam de perceber que o espírito não é como os olhos que veem outros objetos sem ver a si mesmo. O espírito realiza os atos externos de sua função em um movimento longitudinal, para usar uma expressão de Dionísio; mas também retorna a si mesmo e opera em si seu ato quando se olha: é o que Dionísio chama de movimento circular. Este é o ato mais excelente, o ato adequado, caso houver, do espírito. É por meio desse ato que em certos momentos ele se transcende para unir-se a Deus.

"O espírito", diz São Basílio, "que não se espalha para fora (portanto, ele sai! Então, ele deve voltar! Escute a sequência) retorna a si mesmo e eleva-se por si mesmo até chegar a Deus por meio de um caminho infalível." Dionísio, o infalível époké *do mundo espiritual nos diz que este movimento do espírito não pode se extraviar. O pai do erro e da mentira que nunca deixou de querer enganar o homem... acaba de encontrar cúmplices, se é verdade que certas pessoas redigem tratados neste sentido e persuadem os outros, até aqueles que abraçaram a vida superior da quietude de que, durante a oração, é melhor manter seus espíritos fora de seus corpos. E isso em desprezo à definição de João em sua Escada celestial. "O hesicasta é aquele que se esforça para tentar circunscrever o incorpóreo no corpo."*

Todos nossos pais espirituais nos ensinaram a mesma coisa...[198]

---

198. Ibid., p. 204-205.

"Se o reino está dentro de nós" (Lc 17,21), como poderíamos entrar, como poderíamos sair? Não entramos no Infinito, tampouco saímos; não entramos no Eterno, tampouco saímos; não entramos na Vida, tampouco saímos. E, no entanto, podemos nos fechar na finitude, podemos nos fechar em nosso tempo mortal, em nosso ser para a morte, podemos nos fechar no mundo. Isso não seria sair do reino, sair da vida, do eterno e do infinito? Até mesmo nosso inferno ou nosso fechamento está compreendido no infinito, no eterno, no vivente.

O mundo está compreendido no reino. Nada escapa à luz e ao espaço, nada está fora do amor que faz existir todas as coisas.

Sine ipso nihil – Sem Ele, nada. Nós só podemos ter a vontade e a ilusão de estar fora dele. Triste ilusão que não podemos sustentar para sempre. A alegria será mais forte.

Entrar em um quarto onde estamos desde sempre e para sempre requer apenas esforço de abertura e atenção. Entrar neste espaço infinito onde estamos desde sempre e para sempre e "vê-lo", isso nos pede, depois de termos aberto os olhos, para "ampliá-los".

Este alargamento do olhar permite-nos descobrir "o incorpóreo no corporal".

7

Constata, meu irmão, que a razão se une às considerações espirituais para mostrar a necessidade, quando aspiramos a nos possuir verdadeiramente e a nos tornar verdadeiros monges segundo o homem interior, para fazer entrar, para manter o espírito dentro do corpo. Portanto, não é fora de propósito convidar os iniciantes, acima de tudo, a olhar para si e introduzir seu espírito em si mesmos ao mesmo tempo que a respiração, o sopro. Que espírito sensato desviaria alguém, que ainda não conseguiu contemplar a si mesmo, de empregar certos métodos para trazer seu espírito de volta a si? É um fato que, dentre aqueles que acabam de descer às liças, mal o espírito se reúne e escapa; conta a seu favor ter a mesma obstinação em trazê-lo de volta. Ainda novatos, eles não percebem que nada no mundo é mais resistente ao autoexame ou mais pronto para se dispersar. É por isso que algumas pessoas recomendam controlar o ir e vir do sopro, segurando-o um pouco, de modo a reter o espírito, enquanto permanecem na inspiração. Esperando que, com a ajuda de Deus, eles tenham feito progresso, purificado o espírito, o tenham proibido ao mundo exterior e possam trazê-lo de volta perfeitamente em uma concentração unificadora.

Todos podem ver que este é um efeito espontâneo da atenção do espírito: o vai e vem do sopro é mais lento em qualquer ato de reflexão intensa. E isso acontece especialmente entre aqueles que praticam a quietude do espírito e do corpo. Estes celebram realmente o shabat *espiritual; suspendendo todas as obras pessoais, suprimem, tanto quanto possível, a atividade móvel e mutante, liberada e múltipla dos poderes cognitivos da alma ao mesmo tempo que toda atividade dos sentidos, em suma, toda atividade corporal que dependa da nossa vontade. Já aquelas que não dependem inteiramente de nós, como a respiração, eles a reduzem ao máximo. Entre os que são avançados na prática hesicasta, esses efeitos surgem espontaneamente sem que se pense neles; são produzidos necessariamente por si mesmos na alma perfeitamente introvertida.*

Para os iniciantes, isso não é fácil. Façamos uma comparação: "A paciência é fruto da caridade – a caridade de fato sustenta tudo" (1Cor 13,7). Ora, não somos ensinados a usar todos os meios para obtê-la e assim alcançar a caridade?

O mesmo acontece aqui. Todos que têm experiência própria riem das objeções da inexperiência; seu mestre não apela ao discurso, é o esforço e a experiência que ele engendra. "A experiência que dá frutos úteis e inverte os propósitos estéreis dos litigiosos"[199].

---

199. Ibid., p. 206-207.

Palamas insiste na experiência, os grandes discursos sobre Deus não transformam o ser humano, a oração não é um pensamento, mas uma respiração. Devemos passar do Deus que é apenas um pensamento sublime para o Deus que é nossa vida, nosso sopro mais íntimo. E para isso não devemos negligenciar todas as práticas que envolvem o corpo e nos obrigam a estar ali, presentes, e a oferecer a Deus um espaço, um lugar onde ele possa habitar. Falamos sobre o coração, mas também existe a nossa respiração.

A atenção ao inspirar, ao expirar, e a este espaço "entre os dois", particularmente no final da expiração, é um meio privilegiado para voltar ao corpo, no presente, ali onde pode se manifestar a presença real "daquele que era, que é e que virá" incessantemente. O sentar, o coração, o sopro, o nome, são os quatro pilares que fazem de nós os templos do Santo Espírito, casas para abrigar o vento.

Não sabemos nem de onde vem o vento nem para onde vai; na consciência do sopro nós sabemos que ele passa em nós, que ele nos une a tudo aquilo que vive e respira, que ele nos liga à Fonte silenciosa de onde vem nosso inspirar e para onde volta nosso expirar; ali onde o sopro está suspenso, o tempo está suspenso, o pensamento está suspenso, revela-se então o inalcançável que está em todo lugar e sempre aqui presente.

8

"Cuida de ti", disse Moisés (Dt 15,9). De ti por inteiro. Não para isso e não para aquilo. Como? Pelo espírito! Não há outra maneira de cuidar de si mesmo. Coloque esta guarda diante da tua alma e do teu corpo; ela o libertará facilmente das más paixões da alma e do corpo... Não deixes nenhuma parte de tua alma ou do

teu corpo sem vigilância. Assim, tu cruzarás a zona das tentações inferiores e te apresentarás com confiança "àquele que escrutina os rins e os corações", pois primeiro tu mesmo os terá examinado. "Julguemo-nos a nós mesmos e não seremos julgados" (1Cor 2,31). Tu vais compartilhar a experiência abençoada de Davi: "Pelo menos as trevas me ocultarão, e a noite, como se fora luz, me há de envolver. As próprias trevas não são escuras para vós, a noite vos é transparente como o dia e a escuridão, clara como a luz. Fostes vós que plasmastes as entranhas de meu corpo, vós me tecestes no seio de minha mãe"(Sl 139(138),13). Não fizeste tua apenas toda parte concupiscível da minha alma, mas se sobrasse em meu corpo algum foco desse desejo, tu o devolveste à sua origem e, pela própria força deste desejo, ele voou para ti, ele se apegou a ti[200].

"Cuida de ti", tudo começa, de fato, pela atenção a si próprio, ao nosso corpo, àquilo que nossos sentidos experimentam, àquilo que o nosso coração deseja, àquilo que nosso espírito pensa.

Essa atenção a si aprofunda-se pela atenção ao Self, ao Sopro que respira em nós, à Consciência que está antes e além de todos nossos pensamentos, ao Amor que vem antes e está além de todos nossos desejos.

Não apenas eu vejo o que eu vejo, eu vejo aquele que vê, que é também aquele que pensa, aquele que ama em mim, que é mais eu do que eu mesmo e completamente diferente de mim, o puro "Eu sou", o puro sujeito ou pura consciência. Essa atenção ao Self, à "pessoa primeira" ou o Ser primeiro, pode me conduzir ainda mais profundamente, até mesmo além do "Eu sou" que eu sou, além dele, do Ser que é o que ele é e que vive, pensa, age através de mim. É a prova e a experiência de um abismo sobre o

---

200. Ibid., p. 207-208.

qual nada podemos falar, esse abismo é um abismo de luz e amor.

Mas não há mais "Eu" para falar a respeito; abismo, luz, amor são apenas palavras. "É melhor nos calarmos sobre aquilo do qual nada conseguimos dizer", o inefável permanecerá inefável.

É preciso falar sobre aquilo do qual não podemos falar, "ninguém jamais viu a Deus, mas se nos amarmos uns aos outros, Deus habitará em nós e seu amor se realizará" (1Jo 4,12).

9

O Filho de Deus, em seu incomparável amor pelos homens, não se limitou a unir sua Hipóstase divina à nossa natureza, endossando um corpo animado e uma alma dotada de inteligência, para aparecer sobre a terra e viver com os homens, mas já que Ele se uniu, ó milagre incomparavelmente superabundante, às próprias hipóstases humanas, confundindo-se com cada um dos fiéis pela comunhão com seu santo Corpo, já que Ele se tornou um único corpo conosco (cf. Ef 3,6) e fez de nós um templo da divindade por inteiro – pois no próprio Corpo de Cristo habita corporalmente toda a plenitude da Divindade (cf. Cl 2,9) –, como Ele não iluminaria aqueles que comungam dignamente com o raio divino do seu Corpo que está em nós, iluminando sua alma, assim como Ele iluminou os próprios corpos dos discípulos sobre o Monte Thabor? Pois então esse Corpo, fonte da luz da graça, ainda não estava unido a nossos corpos: Ele iluminava de fora aqueles que se aproximavam dignamente e enviava a iluminação à alma por intermédio dos olhos sensíveis, mas hoje, já que ele está confundido conosco e existe em nós, Ele ilumina a alma justamente do interior[201].

---

201. *Grégoire Palamas et la mystique orthodoxe*. Ed. de J. Meyendorff. Paris: Du Seuil, 1959, p. 114.

Sobre o Monte Thabor, Cristo revelou *a glória* que o habitava, a própria presença do "Eu sou" que é antes de Abraão e antes de todos os séculos e séculos. Comovidos por essa luz, os discípulos caíram com o rosto voltado para o chão. Mas, observa Palamas, essa luz lhes surgiu do exterior; hoje, na Eucaristia, a luz de Cristo realmente presente nos aparece vinda do interior.

Quem poderia pensar ou imaginar tal mistério? Devemos nos comover ainda mais profundamente do que os discípulos no Monte Thabor, onde em sua misericórdia a Luz se mostrou aos olhos deles de acordo com o que eles eram capazes de contemplar. O Vivente se dá a nós segundo nossa capacidade de contê-lo. Ser *"capax Dei"*, capaz de Deus, é conhecer a Vida, a Luz, o Amor segundo aquilo que somos capazes de conter. Nós temos apenas um conhecimento finito do infinito, uma experiência relativa do absoluto e, no entanto, essa experiência é bem real, a água que não podemos reter entre nossas mãos é a mesma água que a do oceano.

O espaço que nossa ânfora pode conter é o mesmo espaço que preenche e contém todo o universo. Gregório indica o que podemos conter ou conhecer da luz incriada – é apenas a sua energia, seu brilho, e não a sua essência.

"Ninguém pode ver Deus sem morrer e morrer, isso ainda não é ver Deus...."

10

Será que, para conhecer a glória do Santo Espírito, faltaria a nós que, como nos vasos de argila, ou seja, em nossos corpos, carregamos a luz do Pai na pessoa de Jesus Cristo, a nobreza de espírito se guardássemos nosso próprio espírito no interior do corpo?

A alegria espiritual que vem do espírito e entra no corpo, responde ele, não é corrompida pela comunhão ao corpo, mas transforma o corpo e o torna espiritual, porque ele rejeita então todos os apetites ruins da carne, não puxando mais a alma para baixo, mas eleva-se com ela, de modo que o homem por inteiro torna-se Espírito, seguindo o que está escrito: "Aquele que nasceu do Espírito é Espírito" (Jo 3,6.8).

É preciso oferecer a Deus a parte apaixonada da alma, viva e ativa, para que ela seja um sacrifício vivo; o Apóstolo chegou a dizer a respeito do corpo: "Eu vos exorto, diz ele, de fato, pela misericórdia de Deus, a oferecer vossos corpos como um sacrifício vivo, santo, agradável a Deus" (Rm 12,1). Como nosso corpo vivo pode ser oferecido como um sacrifício agradável a Deus? Quando nossos olhos têm o olhar suave... quando eles nos atraem e nos transmitem a misericórdia vinda do alto, quando nossos ouvidos estão atentos aos ensinamentos divinos, não apenas para ouvi-los, mas, como diz Davi, "para lembrar-se dos mandamentos de Deus, para realizá-los" (Sl 103(102),18)... quando nossa língua, nossas mãos e nossos pés estão a serviço da vontade divina. Essa prática dos mandamentos de Deus não constituiria uma atividade comum à alma e ao corpo? Como é possível, então, que todas as atividades comuns à alma e ao corpo preencham a alma de trevas e a tornem cega, como diz Barlaam?[202]

Novamente Gregório nos lembra que não devemos desprezar ou deixar o corpo para entrarmos na vida espiritual, mas é preciso fazer dele a morada, o templo do Santo Espírito para que ele possa participar do nosso processo de divinização (*théosis*): todos nossos membros podem ser transfigurados pela presença da luz divina; assim como todos nossos sentidos, nosso corpo pode tornar-se um

---

202. Ibid., p. 117-118.

corpo de pérola transparente tanto por dentro quanto por fora. O Apóstolo Paulo fala sobre oferecer nosso corpo, fazer dele uma realidade sagrada (*sacra facere*), um sacrifício agradável a Deus.

"E como esse corpo torna-se agradável a Deus?", pergunta Gregório. "Quando os olhos são suaves, doces e mansos...", responde ele.

Quando brilha neles a luz "daquele que é suave, doce e humilde de coração". Quando os ouvidos estão atentos aos silêncios e aos ensinamentos divinos fiéis ao grande exercício transmitido por Moisés: *Shemá Israel* (Escuta, Israel), tu que queres ver, fica atento (*nepsis*). Quando nossas mãos não se apegam nem agarram, quando elas seguram sem reter, quando elas se abrem e compartilham seus dons. Quando a boca para de julgar e de mentir, quando a língua se desata para louvar e abençoar. Quando não temos mais dentes para morder, mas apenas para sorrir...

Se todo nosso corpo, todos nossos órgãos estiverem assim a serviço da luz e do amor, por que deveríamos desprezá-los ao invés de dar graças? Eles nos foram dados para que a glória de Deus seja manifestada, para que, tanto hoje quanto ontem, o Logos se faça carne, que a luz seja encarnada.

11

Já que a faculdade supranatural que a presença do espírito nos concede não tem outros meios de agir, tendo deixado todos os outros seres, ela própria se torna inteiramente luz e assimila-se àquilo que vê; ela se une sem mistura, sendo luz. Se ela olhar para si mesma, ela verá a luz; se ela olhar o objeto da sua visão, ainda será a luz e se ela olhar o meio que ela emprega para ver, ainda teremos a luz; é aí que está a união; que tudo isso seja um, de modo que aquele que vê não possa distinguir nem o meio, nem o objetivo, nem a essência, mas que ele tenha somente consciência de ser luz e de ver uma luz distinta de toda criatura.

Deus, em suas entrevistas com Moisés, não disse: "Eu sou a essência", mas "Eu sou Aquele Que É" (Ex 3,14). Não é, portanto, Aquele Que É que provém da essência, mas a essência que provém Daquele Que É, pois Aquele Que É abraça em si mesmo o Ser por inteiro[203].

Para Gregório Palamas, parece que tudo é luz, uma luz única com intensidades diferentes, poderíamos dizer, de cores diferentes também, como um arco-íris.

Junto à luz do sol, luz da matéria, há a luz dos sentidos, a luz da razão, a luz da intuição, a luz da imaginação, a luz da revelação, a luz do silêncio... Cada luz é o véu de uma mais elevada ou de uma mais intensa ou mais íntima luz até chegarmos ao próprio Deus.

"Luz é o Pai, luz é o Filho, luz é o Santo Espírito, luzes unas, inseparáveis e jamais confundidas. Essa luz é a luz, una e múltipla, de uma consciência capaz de dizer "Eu", ou seja, de uma liberdade que contém o ser, a vida, a luz e o amor.

Deus não disse a Moisés na claridade ardente da sarça: "Eu sou o Ser ou a Essência", mas "Eu sou "Eu", "Aquele que é o que Ele é que faz ser tudo aquilo que é" (*eyeh esher eyeh*).

Eu sou o "Eu" que faz ser a luz e todas as luzes.

De onde vem esse "Eu", essa liberdade que dança na luz? Apenas o Silêncio sabe.

---

203. Ibid., p. 126-127.

12

Já que podemos participar de Deus e já que a essência supraessencial de Deus é absolutamente não participável, há algo entre a essência não participável e os participantes que lhes permite participar de Deus. E se suprimires o que está entre o Imparticipável e os participantes – Ó que vazio! – tu nos separas de Deus, destruindo o vínculo e estabelecendo um grande e intransponível abismo entre Deus de um lado e a criação e o governo das criaturas do outro. É preciso, então, buscar um outro Deus que não possua apenas em si mesmo sua própria finalidade, sua própria energia e sua própria deificação, mas que seja um Deus bom – pois assim não lhe bastará mais existir apenas para a contemplação de si mesmo – não apenas perfeito, mas além de qualquer plenitude; assim, de fato, quando ele quiser, em sua bondade, fazer o bem, ele poderá; ele não estará apenas imóvel, mas ele se colocará em movimento; ele estará assim presente para todos com suas manifestações e suas energias criadoras e providenciais. Em uma palavra, é preciso buscar um Deus que seja participável de uma maneira ou de outra, para que, ao participar, cada um de nós receba, da maneira que lhe for própria e por analogia de participação, o ser, a vida e a deificação.

A Bondade não é uma parte de Deus enquanto a Sabedoria é uma outra parte, a Majestade ou a Providência – uma outra ainda, mas Ele é inteiramente Bondade, inteiramente Sabedoria, inteiramente Providência e inteiramente Majestade; pois sendo único, Ele não é compartilhável, mas possui cada uma dessas energias e se manifesta por inteiro pela sua presença e sua ação em cada uma de uma maneira unificada, simples e indivisa[204].

Já que podemos participar de Deus e já que a essência supraessencial de Deus é absolutamente não participável, há algo entre a essência não participável e os participantes que lhes permite participar de Deus.

---

204. Ibid., p. 127-128.

E se suprimires o que está entre o não participável e os participantes... que vazio...

Henri Corbin dirá que esse vazio é o abismo onde se encontra o homem contemporâneo: nada parece poder fazer o elo entre o incriado, puro Espírito inacessível, e o mundo criado que se fecha sobre si mesmo e perde todo sentido do sagrado e da transcendência. Ele falará do esquecimento do mundo imaginal, que é o mundo intermediário entre o espiritual e o corporal, que nos conduz às crenças em um Espírito sem corpo e um corpo sem Espírito. O mundo imaginal é este mundo onde se encarna o Espírito e onde o corpo se espiritualiza.

Para Gregório Palamas, é o mundo da energia que faz a ligação entre o Ser incriado e o ser criado. Sem essa energia, que vazio! O Espírito está esvaziado de seu corpo e o corpo está esvaziado do seu espírito.

Na teologia ortodoxa, o Filho e o Espírito são "as duas mãos do pai" (cf. Santo Irineu), as duas energias que manifestam sua essência comum. É pelo Logos (a consciência) e pelo *pneuma* (o sopro) que o ser criado pode estar ligado ao Pai (*arkhé, ágape*), Fonte de toda vida, de toda luz, de todo amor.

Ali onde havia o vazio, há o amor.

Quando estamos na Energia do Amor, o céu e a terra não estão mais separados. Deus e o homem fazem apenas um.

Quando estamos no espírito e na luz de Cristo, podemos dizer com Ele: "o Pai e eu somos Um", "Na luz, nós vemos a luz"; essa é a experiência, segundo Gregório Palamas e os Padres Népticos, que nos guia no método da oração hesicasta, a oração e a atenção, a vigilância do coração (*nepsis*).

XVI
As pequenas filocalias de Serafim de Sarov e de Siluane o Athonita (Silvano Atonita)

Os Padres Népticos pertencem a um outro tempo. Será o mundo contemporâneo totalmente estrangeiro a suas experiências e suas indagações? Não é a mesma luz que brilha sobre eles e neles, assim como ela brilha sobre nós e em nós? O Santo Espírito e Cristo não seriam "os mesmos, ontem, hoje e sempre?"

Dois santos contemporâneos dão testemunho da perenidade da *théosis* ensinada pelos Padres: Serafim de Sarov e Siluane do Monte Athos. Ambos insistem na experiência do Santo Espírito sem a qual ninguém pode conhecer Deus. O Espírito é luz, humildade e amor, amor pelos inimigos, como assinalará Siluane, fazendo eco ao Evangelho.

São verdadeiras testemunhas, eles vivem o que dizem, eles dizem o que vivem. Escolhemos novamente 12 escritos de um e outro, eles não têm necessidade de comentários; as lágrimas, a alegria e a paz que eles nos inspiram bastam para nos fazer pressentir a Beleza e o que é a verdadeira filocalia.

Pequena filocalia de Serafim de Sarov (1754-1833)

A maior parte dessas palavras é tirada de suas entrevistas com Motovilov, com quem ele compartilhará sua experiência de *Métamorphosis* (transfiguração).

1

Era uma quinta-feira. O céu estava cinzento. A terra estava coberta por cristais de gelo e grossos flocos de neve continuavam a turbilhonar no ar quando o Padre Serafim deu início à nossa conversa em uma clareira, perto do seu "Pequeno Eremitério", em frente ao Riacho Sarovka que corre ao pé da colina.

Ele me fez sentar sobre o tronco de uma árvore que ele acabara de derrubar enquanto ele mesmo se agachava à minha frente.

– O Senhor me revelou – disse o grande starets *– que desde a sua infância desejava saber qual era o objetivo da vida cristã e por diversas vezes fizestes essa pergunta a pessoas que ocupavam cargos elevados na hierarquia da Igreja.*

Devo dizer que desde a idade de 12 anos essa ideia me perseguia e eu realmente fiz essa pergunta a diversas personalidades eclesiásticas sem jamais receber uma resposta satisfatória. O starets *ignorava esse fato.*

– Mas ninguém, continuou o Padre Serafim, lhe disse algo de preciso. Aconselharam-no ir à igreja, orar, viver segundo os mandamentos de Deus, fazer o bem – esse era, segundo o que disseram, o objetivo da vida cristã.

Alguns até mesmo desaprovaram sua curiosidade, achando-a deslocada e ímpia. Mas eles estavam enganados. Quanto a mim, miserável Serafim, eu lhe explicarei agora em que esse objetivo realmente consiste.

A oração, o jejum, as vigílias e as outras atividades cristãs, tão boas quanto possam parecer por si mesmas, não constituem o objetivo da vida cristã, mesmo que ajudem a alcançá-lo. O verdadeiro objetivo da vida cristã consiste na aquisição do Santo Espírito de Deus[205].

---

205. *Séraphim de Sarov.* Op. cit., p. 155-156.

2

"Como aquisição?, perguntei ao Padre Serafim. Não compreendo muito bem.

– A aquisição é a mesma coisa que a obtenção.

Você sabe o que é adquirir dinheiro? Para o Santo Espírito, acontece algo parecido. Para as pessoas comuns, o objetivo da vida consiste na aquisição de dinheiro – o ganho. Os nobres desejam obter honras, marcas de distinção e outras recompensas consentidas pelos serviços prestados ao Estado. A aquisição do Santo Espírito também é um capital, mas um capital eterno, que concede graças" [206].

3

Muitos monges e virgens ignoram completamente a diferença existente entre as três vontades que agem no interior do homem. A primeira é a vontade de Deus, perfeita e salvadora; a segunda é a nossa vontade própria, humana, que, em si não é nem nefasta nem salvadora; enquanto a terceira – diabólica – é totalmente nefasta. É essa terceira vontade inimiga que obriga o homem ou a não praticar a virtude de forma alguma ou a praticá-la por vaidade ou unicamente para o "bem", e não por Cristo. A segunda, nossa vontade própria, nos incita a satisfazer nossos maus instintos ou, como a do inimigo, nos ensina a fazer o "bem" em nome do bem, sem nos preocupar com a graça que podemos adquirir. Quanto à terceira vontade, a de Deus, salvadora, ela consiste em nos ensinar a fazer o bem unicamente com o objetivo de adquirir o Santo Espírito, tesouro eterno, inesgotável, que nada no mundo é digno de se igualar.

É justamente a graça do Santo Espírito, simbolizada pelo óleo, que faltava às virgens insensatas. Elas são chamadas de "insensatas" ou "loucas" por não se preocuparem com o fruto indispensável da virtude que é a graça do Espírito Santo sem a qual a pessoa não

---

206. Ibid., p. 157-158.

pode ser salva, pois "toda alma é vivificada pelo Santo Espírito, a fim de ser iluminada pelo mistério sagrado da Unidade Trinitária" (antífona antes do Evangelho das Matinas). O próprio Santo Espírito vem habitar nossas almas; essa residência do Todo-poderoso em nós, a coexistência em nós da sua Unidade Trinitária com o nosso espírito, só nos é dada sob a condição de que trabalhemos com todos os meios que temos à nossa disposição para poder obter este Espírito Santo que prepara em nós um lugar digno desse encontro, segundo a palavra imutável de Deus: "Eu virei e habitarei neles, e eu serei seu Deus e eles serão o meu povo" (Ap 3,20; Jo 14,23). É esse, o óleo que as Virgens Sábias tinham em suas lâmpadas, o óleo capaz de queimar durante muito tempo, alto e claro, permitindo aguardar a chegada, à meia-noite, do Esposo e a entrada, com Ele, na câmara nupcial da alegria eterna [207].

4

"Oh! Como eu gostaria, amigo de Deus, que nesta vida tu estejas sempre com o Espírito Santo. Vigiai, pois, porque não sabeis a hora em que virá o Senhor" (cf. Mt 24,42; Mc 13,33-37; Lc 19,12ss.). Infelicidade, grande infelicidade se Ele nos encontrar pesados devido às preocupações e às penas terrestres, pois quem pode suportar sua ira e quem pode resistir a Ele? É por esta razão que foi dito: "Vigiai e orai para não serdes induzido em tentação" (Mt 26,41), dito de outra maneira, para não seres privado do Espírito de Deus, pois as vigílias e as orações nos dão sua graça.

É certo que toda boa ação feita em nome de Cristo confere a graça do Santo Espírito, mas a oração a confere mais do que qualquer outra coisa, pois ela está sempre à nossa disposição.

Poderíeis ter, por exemplo, vontade de ir à igreja, mas a igreja está longe, ou o ofício terminou; teríeis vontade de dar esmola, mas

---

207. Ibid., p. 159-160.

não avistais o pobre ou não tendes dinheiro; gostaríeis de permanecer virgem, mas não possuís força suficiente para isso devido à vossa constituição ou por causa das emboscadas do inimigo às quais a fraqueza da sua carne humana não lhe permite resistir; gostaríeis, talvez, de encontrar uma outra boa ação para fazer em nome de Cristo, mas não tendes força suficiente para isso ou a ocasião não se apresentou. Quanto à oração, nada disso a afeta: todos sempre têm possibilidade de orar, tanto o rico quanto o pobre, o notável como o homem comum, o forte como o fraco, o saudável como o doente, o virtuoso como o pecador" [208].

5

Só devemos orar até o momento em que o Santo Espírito descer sobre nós e nos der, em uma certa medida, conhecida apenas por Ele, sua graça celeste. Depois de termos sido visitados por Ele, é preciso parar de orar.

De fato, de que serve implorar: "Venha, faça tua morada em nós, purifica-nos de toda imundície e salva nossas almas, Tu que és bondade" (tropário ortodoxo recitado no início dos ofícios), depois que Ele já tiver vindo, em resposta a nossas humildes e amorosas solicitações, ao templo das nossas almas sedentas pela sua vinda? Explicarei isto por meio de um exemplo. Suponhamos que tenhas me convidado para ir à tua casa e que eu tenha ido com a intenção de entreter-me contigo, mas que, apesar da minha presença, tu não parasses de repetir: "Queira entrar na minha casa!" Eu pensaria, sem dúvida: "O que ele tem? Qual o seu problema? Ele enlouqueceu, eu estou na sua casa e ele continua me convidando a entrar". O mesmo é verdade com relação ao Santo Espírito. É por isso que dizemos: "Afastai-vos e compreendei que eu sou Deus. Eu me erguerei dentre as nações, eu me erguerei da terra" (Sl 46(45),10), o que significa: eu aparecerei e continuarei a aparecer a cada crente e conversarei com

---

208. Ibid., p. 160-161.

ele, como conversei com Adão no Paraíso, com Abraão e Jacó e meus outros servos, Moisés, Jó e seus semelhantes.

Muitos creem que esse "afastamento" deve ser interpretado como afastamento dos assuntos deste mundo, ou seja, que ao falar com Deus na oração é preciso afastar-se de tudo que é terrestre. Certo. Mas eu, em Deus, direi que apesar de ser necessário, durante a oração, afastar-se dos assuntos do mundo, é preciso, quando o Senhor Deus, o Espírito Santo, nos visitar e vier em nós na plenitude da sua indizível bondade, afastar-se da oração também, suprimir a própria oração. A alma que ora, fala e profere palavras. Mas no momento da descida do Santo Espírito convém estar absolutamente em silêncio para que a alma possa ouvir claramente e compreender os anúncios da vida eterna que Ele se dignou trazer.

6

É preciso que eu te diga, para que possas compreender melhor o que é preciso escutar pela graça divina, como podemos reconhecê-la, como ela se manifesta entre os homens que ela ilumina e esclarece: A Graça do Santo Espírito é Luz.

Toda Escritura Santa fala sobre isso. Davi, o ancestral do Deus-Homem, disse: "Uma lâmpada sob meus pés, tua palavra uma luz sobre meu caminho" (Sl 119(118),105). Em outros termos, a graça do Santo Espírito que a lei revela sob a forma de mandamentos divinos é meu luminar e minha luz e se não fosse essa graça do Santo Espírito "que com tanta dificuldade eu me esforço para adquirir, questionando-me sete vezes por dia sobre sua verdade" (Sl 119(118),164) como dentre as diversas preocupações inerentes à minha posição real, será que poderia encontrar em mim uma única centelha de luz para me iluminar sobre o caminho da vida obscurecida pelo ódio dos meus inimigos?

De fato, o Senhor frequentemente mostrou, na presença de diversas testemunhas, a ação da graça do Santo Espírito sobre homens que Ele tinha iluminado, esclarecido e ensinado através de grandiosas manifestações. Lembrai-vos de Moisés após sua entrevista com Deus sobre o Monte Sinai (cf. Ex 34,30-35). Os homens não conseguiam fitá-lo de tanto que seu semblante resplandecia com uma luz extraordinária. Ele foi até mesmo obrigado a se mostrar ao povo com o rosto coberto por um véu. Lembrai-vos da Transfiguração do Senhor sobre o Monte Thabor. "Ele foi transfigurado diante deles e suas vestes tornaram-se brancas como a neve... e seus discípulos amedrontados caíram com o rosto voltado para o chão", quando Moisés e Elias apareceram revestidos pela mesma luz, "uma nuvem os recobriu para que eles não fossem cegados" (Mt 17,1-8; Mc 9,2-8; Lc 9,28-37). É dessa forma que a graça do Santo Espírito de Deus surge em uma luz inefável àqueles a quem Deus manifesta sua ação[209].

7

– Como, então, perguntei ao Padre Serafim, eu conseguiria reconhecer em mim a presença da graça do Santo Espírito?

– É bem simples, respondeu ele. Deus disse: "Tudo é amplo para aquele que adquire Sabedoria" (Pr 14,6). Nosso infortúnio é que não a buscamos, essa Sabedoria divina que, não sendo deste mundo, não é presunçosa.

Cheia de amor por Deus e pelo próximo, ela molda o homem para a sua salvação. Foi falando desta Sabedoria que o Senhor disse: "Deus quer que todos sejam salvos e alcancem a Sabedoria da verdade" (1Tm 2,4). Aos seus apóstolos, a quem faltava a Sabedoria, Ele disse: "Como lhes falta Sabedoria! Não lestes as Escrituras?" (1Tm 2,4) e o Evangelho diz que Ele "lhes abriu a inteligência a fim de que compreendessem as Escrituras".

Tendo adquirido essa Sabedoria, os apóstolos sempre sabiam se sim ou não, o Espírito de Deus estava com eles e, preenchidos por

---

209. Ibid., p. 174-175.

este Espírito, afirmavam que sua obra era santa e agradável a Deus. É por isso que em suas Epístolas, eles escreveram: "Ele agradou ao Santo Espírito e a nós..." (At 15,28) e estavam persuadidos de que era graças à sua presença sensível que eles enviavam suas mensagens. Então, amigo de Deus, percebes como é simples?

8

— Eu não compreendo como posso estar absolutamente certo de me encontrar no Espírito Santo — como eu mesmo posso desvendar em mim sua manifestação?

O Padre Serafim respondeu:

— Eu já disse que era muito simples e expliquei em detalhe como os homens se encontraram no Espírito Santo e como era necessário compreender sua manifestação em nós. O que falta ainda?

— O que me falta, respondi, é compreender realmente bem.

Então o Padre Serafim me segurou pelos ombros e segurando-os com força, disse:

— Nós dois estamos, tu e eu, na plenitude do Espírito Santo. Por que não olhas para mim?

— Não posso olhá-lo, padre. Há raios saindo dos seus olhos. Seu rosto tornou-se mais luminoso do que o sol. Meus olhos doem...

O Padre Serafim disse:

— Não tenhas medo, amigo de Deus. Tu te tornaste também tão luminoso quanto eu. Tu também estás agora na plenitude do Santo Espírito, de outra maneira não poderias ter me visto.

Inclinando sua cabeça em minha direção, ele sussurrou em meu ouvido:

— Agradecei ao Senhor por nos ter concedido essa graça indizível. Tu viste, eu sequer fiz o sinal da cruz. Em meu coração, apenas em pensamento, orei:

"Senhor, faça-o digno de ver claramente, com os olhos da carne, a descida do Espírito Santo, como a teus servos eleitos quando Tu te dignas a aparecer na magnificência da tua glória!" E imediatamente Deus atendeu a humilde prece do miserável Serafim. Como não agradecê-lo por este dom extraordinário que Ele concedeu a nós dois? Nem sempre Deus manifesta sua graça desta maneira, mesmo para os grandes eremitas. Como uma mãe amorosa, essa graça dignou-se consolar seu coração desolado, devido à oração da própria Mãe de Deus... Mas por que não me encaras nos olhos? Ousai olhar-me sem medo, Deus está conosco".

Depois dessas palavras, levantei meus olhos e os pousei sobre seu semblante e um medo ainda maior tomou conta de mim. Imagina que estás em pleno sol, no brilho mais forte dos raios do meio-dia; imagina o semblante de um homem que lhe fala. Vê o movimento dos seus lábios, a expressão mutante dos seus olhos, ouve a sua voz, sente a pressão das suas mãos sobre seus ombros, mas ao mesmo tempo não percebes nem suas mãos, nem seu corpo, nem o teu, nada além de uma luz reluzente que se propaga à sua volta, a uma distância de diversos metros, iluminando a neve que recobre a pradaria e cai sobre o grande starets e sobre mim. É possível imaginar a situação na qual eu me encontrava?

— O que sentes agora, perguntou o Padre Serafim.

— Eu me sinto extraordinariamente bem.

— "Bem" como? O que queres dizer por "bem"?

— Minha alma está plena de um silêncio e de uma paz indizíveis.

— Essa é, amigo de Deus, a paz sobre a qual o Senhor falou quando Ele disse aos seus discípulos: *"Eu vos dou a minha paz não como o mundo a dá. Sou eu quem a dou. Se vós fôsseis deste mundo, este mundo vos amaria. Mas eu vos elegi e o mundo vos odeia. Todavia, não temeis, "pois eu venci o mundo"* (cf. Jo 14,27; 15,19; 16,33); é a esses homens, eleitos por Deus mas odiados pelo mundo *que Deus dá a Paz que sentes agora, "essa paz, diz o Apóstolo, que ultrapassa qualquer entendimento" (Fl 4,7). O Apóstolo a chama assim porque nenhuma palavra consegue expressar o bem-estar espiritual que ela faz nascer nos corações dos homens onde o próprio Senhor implanta a sua paz (Jo 14,27), fruto da generosidade de Cristo e não deste mundo, nenhuma alegria terrestre pode dá-la. Enviada do alto, do próprio Deus, ela é a Paz de Deus. O que mais sentes?*

— Uma doçura extraordinária.

— É a doçura sobre a qual falam as Escrituras, "Eles se saciam da abundância da vossa casa e lhes dais de beber das torrentes de vossas delícias" (Sl 35,9). Ela transborda nosso coração, corre em nossas veias, procura uma sensação de delícia inexprimível... O que mais sentes?

— Uma alegria extraordinária em todo meu coração.

— Quando o Santo Espírito desce sobre o homem com a plenitude dos seus dons, a alma humana fica plena de uma alegria indescritível, o Santo Espírito recria alegremente tudo que Ele toca. No Evangelho, o Senhor fala sobre esta alegria quando diz: "Uma mulher que dá à luz na dor, sua hora tendo chegado, mas tendo colocado uma criança no mundo, ela não se lembra mais da dor, tão grande é a sua alegria. Vós também irás sofrer neste mundo, mas quando eu vos visitar, vossos corações estarão na alegria, ninguém poderá tirá-la de ti" (Jo 16,21-22).

Não importa quão grande e consoladora seja a alegria que sentes agora, ela não é nada em comparação àquela sobre a qual falou o Senhor, por intermédio do seu apóstolo: "A alegria que Deus reserva àqueles que o amam está além de tudo aquilo que pode ser visto, ouvido e sentido pelo coração do homem neste mundo" (1Cor 2,9). O que nos é concedido agora é apenas um adiantamento desta alegria suprema. E se, a partir de agora, nós sentirmos doçura, júbilo e bem-estar, o que dizer desta outra alegria que nos é reservada no céu, após termos chorado aqui embaixo? Tu já choraste o suficiente *em tua vida e vê quanto consolo na alegria o Senhor, mesmo aqui embaixo, nos dá. Agora cabe a nós, amigo de Deus, trabalhar com todas nossas forças para subir de glória em glória e "constituir este Homem perfeito, na força da idade, que realiza a plenitude de Cristo" (Ef 4,13). "Aqueles que esperam no Senhor renovam suas forças, nasce-lhes asas como às águias, eles correm sem cansaço e caminham sem fatiga" (Is 40,31).*

Eles caminharão de altura em altura e Deus lhes aparecerá no Sião" (Sl 84(83),8. É então que nossa alegria atual, pequena e breve, se manifestará em toda sua plenitude e ninguém poderá tirá-la de nós, pois estaremos plenos de indizíveis voluptuosidades celestes. O que sentes ainda, amigo de Deus?

— Um calor extraordinário.

— Como, calor? Não estamos na floresta, em pleno inverno? A neve está sob nossos pés, estamos cobertos e ela continua a cair. De que tipo de calor falas?

— De um calor comparável a um banho a vapor.

— E o odor é como no banho?

— Oh, não! Nada na terra pode se comparar a este perfume. Na época em que minha mãe ainda vivia, eu gostava de dançar; e quando ia ao baile, ela borrifava em mim perfumes que comprara nas melhores lojas de Kazan e que tinham custado caro. Seu cheiro não se comparava a esses aromas.

O Padre Serafim sorriu.

— Eu sei, meu amigo, tão bem quanto tu, e pergunto de propósito. É verdade — nenhum perfume terrestre pode se comparar ao bom odor que respiramos neste momento — o bom odor do Santo Espírito.

9

O que, sobre a terra, pode se assemelhar a ele? Tu dissestes a pouco que estava quente, como em um banho a vapor. Mas observa a neve que nos cobre, tu e eu, assim como aquela que está sob nossos pés. O calor não está, portanto, no ar, mas no interior de nós mesmos. É esse calor que o Espírito Santo nos faz pedir na oração: "Que teu Santo Espírito nos aqueça!" Esse calor permitia que os eremitas, homens e mulheres, não temessem o frio do inverno, pois estavam envolvidos, como se fosse um casaco de peles, por uma vestimenta tecida pelo Espírito Santo.

Em realidade, é assim que deveria ser: a graça divina habitando no mais profundo de nós, em nosso coração. O Senhor disse: "O Reino dos Céus está dentro de vós" (Lc 17,21). Por Reino dos Céus, Ele quer dizer a graça do Santo Espírito. Esse Reino de Deus está em nós agora. O Santo Espírito nos ilumina e nos aquece. Ele preenche o ar ambiente com perfumes variados, alegra nossos sentidos e sacia nossos corações com uma alegria indizível. Nosso estado atual é parecido àquele mencionado pelo Apóstolo Paulo: "o Reino de Deus não é o comer e o beber, mas a justiça, a paz e a alegria, pelo Espírito Santo" (Rm 14,17). Nossa fé não se baseia em palavras de sabedoria terrestre, mas na manifestação do poder do Espírito. O Senhor tinha em vista o estado no qual estamos atualmente quando disse: "Em verdade eu vos digo, alguns daqueles que estão aqui presentes não morrerão até terem visto o Reino de Deus em todo seu poder" (Lc 9,27).

Ei-la, amigo de Deus, que alegria incomparável que o Senhor dignou-se a nos conceder. Eis o que é estar "em plenitude do Espírito Santo". É isso que São Macário do Egito ouviu quando escreveu: "Eu mesmo estava na plenitude do Espírito Santo". Humildes como somos, o Senhor nos preencheu com a plenitude do Santo Espírito. Parece-me que a partir de agora não tereis mais que me interrogar sobre a maneira como se manifesta no homem a presença da graça do Espírito Santo.

Não se preocupe com nossos estados diferentes de monge e de laico. Deus busca antes de tudo um coração pleno de fé nele e em seu Filho único em resposta ao qual Ele envia do alto a graça do Espírito Santo. O Senhor busca um coração cheio de amor por Ele e pelo próximo – esse é um trono sobre o qual Ele gosta de se sentar e onde Ele aparece na plenitude da sua glória... "Filho, dá-me teu coração e o resto, eu te darei em acréscimo" (Pr 23,26). O coração do homem é capaz de conter o Reino dos Céus. "Buscai primeiro o Reino dos Céus e sua Verdade, diz o Senhor aos seus discípulos, e o resto vos será dado em acréscimo, pois Deus, o seu Pai, sabe que tendes necessidade" (Mt 6,33)[210].

10

Não há nada acima da paz em Cristo, pela qual são destruídos os assaltos dos espíritos aéreos e terrestres. Pois não é contra os adversários de carne e sangue que temos que lutar, mas contra os Principados, contra os Poderes, contra os Regentes deste mundo de trevas, contra os espíritos do mal que habitam os espaços celestes (Ef 6,12).

Um homem sensato dirige seu espírito para o interior e o faz descer em seu coração. Então a graça de Deus o ilumina e ele se encontra em um estado pacífico e suprapacífico: pacífico, pois sua consciência está em paz; suprapacífico, pois dentro dele, ele contempla a graça do Santo Espírito...

De todas nossas forças é preciso se aplicar a salvaguardar a paz da alma e a não se indignar quando os outros nos ofendem. É preciso abster-se de toda ira e preservar a inteligência e o coração de todo movimento impensado.

Se é impossível não se indignar, é preciso ao menos conter sua língua... Para salvaguardar a paz, é preciso expulsar a melancolia e tentar ter um espírito alegre...

Quando um homem não consegue suprir suas necessidades, é difícil vencer o desencorajamento. Mas isso só se aplica às almas fracas.

---

210. Ibid., p. 176-182.

Para salvaguardar a paz interior, é preciso evitar julgar os outros. É preciso entrar em si mesmo e perguntar-se: "Onde estou?" [211].

Encontra a paz interior "ali onde estás", e uma multidão será salva a teu lado.

11

Aqueles que decidiram realmente servir a Deus devem exercitar-se para guardar constantemente sua lembrança em seu coração e para orar incessantemente a Jesus Cristo, repetindo internamente: *"Senhor Jesus Cristo, Filho de Deus, tende piedade de mim"*. Agindo dessa maneira, e evitando as distrações, sempre mantendo sua consciência em paz, poderemos nos aproximar de Deus e nos unir a Ele. Pois, diz Santo Isaac o Sírio, com exceção da oração ininterrupta, não há outra maneira de se aproximar de Deus (Hom. 69).

Na igreja, é bom manter os olhos fechados, para evitar as distrações; podemos abri-los se nos sentirmos sonolentos; é preciso, então, pousar seu olhar sobre um ícone ou um círio aceso diante dele.

Se durante a oração nosso espírito se dissipar, é preciso humilhar-se diante de Deus e pedir perdão... pois, como diz São Macário, *"o inimigo só aspira desviar nosso pensamento de Deus, do seu temor e do seu amor"* (Hom. 2).

Quando a inteligência e o coração estão unidos na oração e nada perturba a alma, então o coração se enche de calor espiritual, e a luz de Cristo inunda de paz e alegria todo homem interior (Hom. 2).

12

Minha alegria
Cristo ressuscitou!

---

211. Ibid., p. 196-198.

Pequena filocalia de Siluane o Athonita
(Silvano Atonita[212]) (1866-1936)

1

No primeiro ano da minha vida no Monastério, minha alma conheceu o Senhor através do Santo Espírito.

Grande é o amor com o qual o Senhor nos ama. Aprendi com o Espírito Santo que o Senhor, por pura misericórdia, me deu.

Sou um velho e me preparo para morrer e escrevo a verdade por amor aos homens.

O Espírito de Cristo que o Senhor me deu quer a salvação de todos e deseja que todos conheçam Deus.

O Senhor deu o paraíso ao ladrão; da mesma maneira, Ele o dará a todos os pecadores. Pelos meus pecados, eu sou pior do que um cão sarnento, mas comecei a orar a Deus para que Ele os perdoasse e Ele me concedeu não apenas seu perdão, mas ainda o Santo Espírito. E, no Santo Espírito, eu conheci Deus.

Vês o amor de Deus para conosco? E quem poderia descrever sua misericórdia?

Oh! Meus irmãos, caio de joelhos e vos peço: creiam em Deus, creiam que é o Espírito Santo que dá testemunho dele em todas as igrejas e em minha alma.

O Santo Espírito é Amor; esse Amor está espalhado nas almas de todos os santos que moram no céu e o mesmo Santo Espírito vive sobre a terra, nas almas daqueles que amam Deus.

No Santo Espírito, todos os Céus veem a terra, escutam nossas preces e as levam a Deus.

O Senhor é misericordioso; isso, minha alma o sabe, mas descrevê-lo é impossível, Ele é infinitamente doce e humilde, e quando a

---

212. Silouane l'Athonite é conhecido em português como Siluane o Athonita ou Silvano Atonita. Optamos por Siluane o Athonita, mais próximo do texto original em francês [N.T.].

alma o vê, ela se transforma por inteiro em amor a Deus e ao próximo; ela própria torna-se doce e humilde. Mas se o homem perder a graça, ele irá chorar como Adão quando foi expulso do Paraíso.

Ele soluçava e o deserto inteiro ouvia seus gemidos; suas lágrimas eram amargas de tristeza, e ele chorou por muitos anos.

Da mesma maneira, a alma que conheceu a graça divina e a perdeu tem sede de Deus e diz: "Minha alma anseia pelo Senhor e eu o busco com lágrimas" [213].

2

O Criador do céu e da terra e de tudo aquilo que existe nos permite conhecê-lo através do Santo Espírito. No mesmo Santo Espírito nós conhecemos a Mãe de Deus, os Anjos e os Santos e nosso espírito queima de amor por eles.

Mas aquele que não ama seus inimigos, não pode conhecer o Senhor nem a doçura e a suavidade do Espírito Santo.

O Santo Espírito nos ensina a amar tanto nossos inimigos que teremos compaixão deles assim como temos dos nossos próprios filhos.

Há homens que desejam a danação e os tormentos do fogo do inferno a seus inimigos ou aos inimigos da Igreja.

Eles pensam assim porque não aprenderam com o Santo Espírito a amar Deus. Aquele que aprendeu, derrama lágrimas pelo mundo inteiro.

Tu dizes: "É um criminoso, que ele queime no fogo do inferno".

Mas eu pergunto: "Se Deus te desse um bom lugar no paraíso e que de lá visses queimar no fogo do inferno aquele a quem desejastes os tormentos, não terias então piedade dele, não importa quem seja, mesmo se fosse um inimigo da Igreja?"

---

213. *Starets Silouane*. Ed. de A.Sophrony. Présence, 1973, p. 254-255.

Ou terias um coração de ferro? Mas no paraíso não precisamos de ferro. Ali, precisamos de humildade e do amor de Cristo, que tem compaixão por todos.

Aquele que não ama seus inimigos não tem a graça de Deus.

Senhor, ensina-nos pelo teu Espírito Santo a amar nossos inimigos e a orar por eles com lágrimas.

Senhor, derrama o Espírito Santo sobre a terra para que todos os povos te conheçam e descubram o teu amor.

Senhor, assim como Tu oraste pelos teus inimigos, ensina-nos, pelo Espírito Santo, a amar nossos inimigos.

Senhor, todos os povos são obra das tuas mãos; desvia-os do ódio e do mal e conduza-os ao arrependimento para que todos eles conheçam o teu amor.

Senhor, Tu destes o mandamento para amarmos aos inimigos, mas isso é difícil para nós, pecadores, se a tua graça não estiver conosco.

Senhor, derrama tua graça sobre a terra; faz todos os povos da terra conhecerem teu amor, conhecerem que Tu nos amas como uma mãe, e mais do que uma mãe: uma mãe pode esquecer seu filho, mas Tu, Tu não esquecerás jamais, pois Tu amas desmesuradamente as tuas criaturas e o amor não pode esquecer.

Senhor misericordioso, na riqueza da tua bondade, salva todos os povos[214].

3

Se o mundo compreendesse toda a força das palavras de Cristo – "Aprendei comigo a humildade e a doçura" –, então o mundo inteiro, todo o universo, abandonaria todas as outras ciências só para buscar essa ciência divina.

---

214. Ibid., p. 259-260.

Os homens não conhecem o poder da humildade de Cristo, assim eles se voltam para as coisas terrestres; mas o homem não pode conhecer toda a força dessas palavras de Cristo sem o Espírito Santo; quanto àquele que a conheceu, ele não abandonaria essa ciência, mesmo se lhe dessem todos os reinos da terra.

Senhor, concede-me tua humildade, para que o teu amor faça sua morada em mim, e que viva em mim teu santo temor.

É duro viver sem amor por Deus; a alma estará então mergulhada nas trevas e no tédio. Mas quando o amor toma conta da alma, sua alegria é impossível de ser descrita.

Minha alma tem sede para chegar à humildade de Cristo; ela aspira a isso dia e noite e por vezes eu te invoco gritando: "Minha alma anseia por ti e eu te busco com lágrimas" [215].

4

Quando a alma conhece o Senhor pelo Santo Espírito, a cada instante, incessantemente, ela é tomada de assombro diante da misericórdia de Deus, sua majestade e seu poder. Enquanto isso, se a alma ainda não adquiriu a humildade, mas apenas tende a ela, ela conhecerá as mudanças: às vezes ela lutará com os pensamentos e não encontrará repouso, mas por vezes ela será libertada desses pensamentos e poderá contemplar o Senhor e compreender o seu amor.

É por isso que o Senhor diz: "Aprendei comigo a doçura e a humildade e vós encontrareis o repouso para vossas almas".

Se alguém não aprender a humildade, o amor e a doçura, o Senhor não lhe permitirá conhecê-lo. Mas a alma que conheceu o Senhor pelo Santo Espírito é ferida pelo seu amor e não consegue esquecê-lo. Como um enfermo lembra-se continuamente da sua doença,

---

215. Ibid., p. 262-263.

da mesma maneira a alma que ama o Senhor lembra-se sempre dele e do seu amor por toda a humanidade.

O que te dar em troca, Senhor?

Tu, o Misericordioso, Tu ressuscitaste minha alma dos seus pecados e Tu me dás lágrimas para orar pelo mundo inteiro.

Bem-aventurada a alma que conheceu seu Criador e que o amou, pois ela encontrou nele o repouso perfeito" [216].

5

Alguns disputam por causa da fé, e esses debates são intermináveis: não devemos discutir, mas apenas orar e pedir a Deus e à Mãe de Deus e então o Senhor nos iluminará e seremos rapidamente esclarecidos.

Muitos homens estudaram todas as religiões, mas a verdadeira fé, aquela que devemos ter, eles não a conheceram por este intermédio.

Mas àquele que ora para Deus com humildade para que o Senhor o ilumine, o Senhor fará com que ele conheça com que grande amor Ele ama os homens.

Os homens orgulhosos pensam tudo compreender através da sua inteligência, mas Deus não lhes concede a compreensão de tudo.

Mas nós conhecemos o Senhor: Ele se mostrou a nós pelo Santo Espírito e a alma o conhece; ela é feliz, alegre e está em paz – e é essa a nossa santa vida.

O Senhor disse: "Ali onde Eu sou e estou, ali também estará meu servo e ele verá minha Glória" (Jo 12,26). Mas os homens não compreendem a Escritura, como se ela lhes tivesse sido selada. Mas quando o Espírito Santo nos ensina, tudo torna-se compreensível e a alma se sente como se estivesse no Céu, pois é o mesmo Espírito Santo que está no Céu, sobre a terra, na santa Escritura e nas almas daqueles que amam Deus.

---

216. Ibid.

Sem o Espírito Santo, os homens se perdem, e apesar deles estudarem sem parar, eles não conseguem conhecer Deus nem encontrar repouso nele.

Aquele que conheceu o amor de Deus ama o mundo inteiro e ele nunca murmura contra a sua sorte, pois uma pena passageira suportada por amor a Deus conduz à alegria eterna.

A alma que não é humilde, que não se abandonou à vontade de Deus, nada pode conhecer; ela passa de um pensamento a outro e dessa maneira ela não ora jamais com um espírito puro e não glorifica a grandeza divina.

A alma que abandonou-se humildemente à vontade de Deus o vê invisivelmente a cada instante; tudo isso é inexprimível para a própria alma e ela não consegue falar a respeito; mas pela experiência ela conhece a clemência de Deus e sabe quando o Senhor está com ela. A alma que se abandonou a Ele é como uma criancinha que recebe seu alimento a cada dia, sem saber de onde vem esse alimento.

Da mesma maneira, a alma se sente bem com Deus, mas ela não pode explicar como isso acontece [217].

6

A velhice chegou; meu corpo enfraqueceu e quer se apagar, mas meu espírito não fica em repouso. Ele se lança na direção de Deus, seu Pai celeste. Nós nos tornamos seus parentes próximos pelo seu corpo e seu sangue muito puro e pelo Santo Espírito. Ele nos fez conhecer o que é a Vida eterna; a alma vive no amor de Deus, na humildade e na doçura do Santo Espírito; mas é preciso dar ao Espírito Santo um grande espaço em nossa alma para que ele possa viver nela e que a alma sinta realmente sua presença.

Aquele que, na terra, habitar no amor de Deus pelo Santo Espírito, estará também no além com o Senhor, pois o amor não

---

217. Ibid., p. 268.

pode desaparecer. Mas para que não tenhamos ideias errôneas, humilhemo-nos segundo a palavra do Senhor: "Sede como crianças a quem pertence o Reino dos Céus" (Mt 18,3).

7

Pede conselho a homens experientes, se os encontrares, e interroga humildemente o Senhor; devido à tua humildade, o Senhor te dará a inteligência.

Quando nossa oração é recebida pelo Senhor, o Espírito divino dá testemunho em sua alma; Ele é doce e pacífico; mas outrora eu não sabia se o Senhor tinha ou não aceitado a minha oração e tampouco sabia através de qual sinal eu poderia reconhecer isso.

Ó homem! Aprende a humildade de Cristo e o Senhor te fará provar a doçura da oração. Se buscares a oração pura, seja humilde, seja sóbrio, confessa-te sinceramente e a oração te amará. Seja obediente, submeta-te de bom coração às autoridades, fica contente com tudo e então o teu espírito se purificará dos vãos pensamentos. Lembra-te que o Senhor te vê e fica no temor de ferir o teu irmão; não o julgue, não o machuque, sequer pela expressão do teu rosto – e então o Santo Espírito amará e te ajudará em tudo.

O Santo Espírito parece uma mãe cheia de ternura. Assim como uma mãe ama seu filho e o protege, assim o Santo Espírito nos protege, nos perdoa, nos cura, nos instrui, nos alegra, o Espírito Santo é conhecido na oração realizada com humildade.

Aquele que ama seus inimigos conhecerá sem tardar o Senhor pelo Espírito Santo; aquele que, pelo contrário, não os ama, eu não quero nem mesmo escrever a respeito. Mas eu lamento por eles, pois eles mesmo se atormentam, fazem sofrer os outros e não conhecerão o Senhor[218].

---

218. Ibid., p. 275-276.

"A alma que ama o Senhor não pode deixar de orar, pois ela é atraída para Ele pela graça que conheceu na oração.

As igrejas nos são dadas para a oração; nas igrejas, celebramos os ofícios segundo os livros litúrgicos; mas não podes levar a igreja contigo e nem sempre tens livros, ao passo que a oração interior está sempre e por todo lado contigo. Nas igrejas, celebramos os serviços divinos, e o Santo Espírito está presente; mas a melhor igreja de Deus é a alma. Para aquele que ora em sua alma, o mundo inteiro torna-se um templo; mas isso não é dado a todos" [219].

8

Se queres orar com o espírito unido ao coração e se não consegues alcançar esse ideal, diga a oração com os lábios e fixa teu espírito sobre as palavras da oração como é falado na Escada. Com o tempo, o Senhor te dará a "oração do coração", sem distração, e tu orarás com facilidade.

A oração incessante procede do amor, mas a perdemos pelos julgamentos, as palavras vãs e a intemperança. Aquele que ama Deus pode pensar nele dia e noite, pois nenhuma ocupação nos pode impedir de amar Deus. Os apóstolos amavam o Senhor sem que o mundo os incomodasse e enquanto isso eles se lembravam do mundo, eles oravam por ele e se dedicaram a pregar. No entanto, foi dito a Santo Arsênio: "Foge dos homens!"; mas o Espírito divino nos ensina, mesmo no deserto, a orar pelos homens e pelo mundo inteiro.

Neste mundo, cada um tem a sua tarefa: um é rei, o outro é patriarca, um outro é cozinheiro, ferreiro ou professor, mas o Senhor ama todos os homens e aquele que é tomado por um amor maior de Deus receberá também uma recompensa maior. O Senhor nos deu o mandamento de amar Deus de todo nosso coração, de toda nossa

---

219. Ibid.

inteligência e de toda nossa alma. Mas como podemos amar sem orar? É porque a inteligência e o coração do homem devem sempre estar livres para a oração.

Desejamos pensar naquele que amamos, falar dele, estar com ele.

A alma ama o Senhor como seu Pai e seu Criador e se mantém diante dele no temor e no amor: no temor porque Ele é o Senhor; no amor porque a alma reconhece nele seu Pai. Ele é misericordioso e sua graça é mais doce do que tudo.

Eu também, eu reconheci que é fácil orar, pois a graça de Deus nos ajuda. O Senhor nos ama e permite que conversemos com Ele na oração. Faltam-me forças para descrever "o quanto o Senhor nos ama". Pelo Santo Espírito, conhecemos este amor e a alma daquele que ora conhece o Santo Espírito.

Alguns dizem que a oração nos faz cair na ilusão espiritual.

É um erro. A ilusão provém de uma confiança presunçosa em si e não da oração. Todos os santos oraram muito e convocaram outros homens à oração. A oração é a melhor atividade para a alma. Pela oração, chegamos a Deus; por ela, pedimos humildade, a paciência e todo outro bem. Aquele que fala contra a oração jamais provou manifestamente o quanto o Senhor é bom. Nenhum mal vem de Deus. Todos os santos oraram incessantemente; eles não ficaram um instante sem oração.

A alma, quando perde a humildade, perde ao mesmo tempo a graça e o amor para com Deus e então a oração ardente se apaga; mas quando as paixões se acalmam na alma, e quando ela adquire humildade, o Senhor lhe dá sua graça. Então, ela ora pelos seus inimigos como para si mesma e é para o mundo inteiro que ela ora com lágrimas ardentes" [220].

---

220. Ibid., p. 277-278.

9

É um grande bem aprender a humildade de Cristo. Ela torna a vida fácil e feliz e tudo torna-se doce para o coração.

O Senhor se revela apenas aos humildes pelo Santo Espírito, mas se não nos humilharmos, não veremos Deus. A humildade é a luz na qual podemos ver a Luz/Deus – como canta a Igreja: "Em tua luz, nós veremos a Luz".

O Senhor me ensinou a manter meu espírito no inferno sem desesperar e é assim que a minha alma aprendeu a humildade. Ainda não é a verdadeira humildade, mas esta não pode ser descrita. Quando a alma se aproxima do Senhor, ela está no temor; mas quando ela vê o Senhor, ela desfruta de maneira inefável da beleza da sua Glória. O amor de Deus e a doçura do Santo Espírito lhe fazem esquecer por completo a terra. Assim é o paraíso do Senhor. Todos os homens permanecerão no amor e graças à sua humildade semelhante à de Cristo, todos serão felizes ao ver os outros mais elevados do que eles mesmos. A humildade de Cristo habita no menor: eles são felizes por serem menores. É isso que o Senhor me revelou.

Oh! Orai por mim, todos os santos, para que a minha alma aprenda a humildade de Cristo; minha alma tem sede dela mas não consegue alcançá-la e eu a busco chorando como uma criancinha que perdeu a mãe [221].

10

Há uma imensa diferença entre o homem mais simples que conheceu o Senhor pelo Santo Espírito e o homem, mesmo muito grande, que não conheceu a graça do Santo Espírito.

É muito diferente acreditar apenas que Deus existe, por um conhecimento natural ou pela Escritura, e conhecer o Senhor pelo Santo Espírito.

---

221. Ibid., p. 280-281.

O espírito daquele que conheceu Deus pelo Santo Espírito queima dia e noite de amor por Deus, e sua alma não pode se apegar àquilo que pertence à terra.

A alma que não provou a doçura do Santo Espírito encontra seu prazer na vaidade e na glória deste mundo, nas riquezas ou no poder. Mas o Senhor é o único desejo da alma que o conheceu pelo Santo Espírito; as riquezas e a glória terrestre não contam para ela.

A alma que provou o Santo Espírito o discerne ao seu gosto. Está escrito: "Provai e vê como o Senhor é bom" (Sl 34(33),9). Davi tirou seu conhecimento da experiência e, até agora, o Senhor faz seus servos conhecerem seu amor pela experiência e Ele lhes ensinará até a consumação dos séculos.

Aquele que conheceu Deus pelo Santo Espírito aprendeu dele a humildade; ele se parece com o seu Mestre, Cristo, Filho de Deus; ele se tornou semelhante a Ele[222].

11

Nós nos tornamos mais duros e não compreendemos o que é a humildade ou o amor de Cristo. É verdade que essa humildade e esse amor só são conhecidos pela graça do Santo Espírito, mas nós esquecemos que é possível atraí-la para si. Para isso, é preciso desejá-la de toda nossa alma. Nós todos temos uma certa noção desse conhecimento e o Espírito Santo faz cada alma buscar Deus.

Oh! Como é preciso pedir ao Senhor para dar à alma o humilde Espírito Santo! A alma humilde desfruta de uma grande paz, mas a alma orgulhosa atormenta-se. O homem orgulhoso não conhece o amor divino, ele está longe de Deus. Ele tem orgulho de ser rico ou instruído ou de ter a glória, mas ele ignora, o infeliz, sua pobreza e sua ruína por não conhecer Deus. Mas o Senhor ajuda aquele que luta contra seu orgulho a triunfar sobre essa paixão.

---

222. Ibid., p. 281-282.

O Senhor disse: *"Recebe meu ensinamento, pois Eu sou doce e humilde de coração" (Mt 11,29)*; é a isso que minha alma aspira dia e noite. Eu oro para Deus e eu suplico a todos os santos do céu e a vós todos que conheceis a humildade de Cristo – orai por mim, para que desça sobre mim o espírito da humildade de Cristo que a minha alma deseja até às lágrimas. Eu não consigo não desejá-lo, pois a minha alma o conheceu através do Espírito Santo; mas eu perdi esse dom e é por isso que a minha alma está triste até às lágrimas.

Mestre mui clemente, dê-nos um espírito humilde para que nossas almas encontrem o repouso em ti"[223].

12

Para conhecer o Senhor, não é necessário ser rico ou erudito, mas é preciso ser obediente, sóbrio, ter um espírito humilde e amar seu próximo. O Senhor amará tal alma: Ele se revelará a ela, lhe ensinará o amor e a humildade e lhe dará o todo necessário para encontrar a paz em Deus.

Não importa quão eruditos sejamos, nos será impossível, contudo, conhecer o Senhor enquanto não vivermos segundo seus mandamentos, pois não é pela ciência, mas pelo Santo Espírito que conhecemos realmente o Senhor. Muitos filósofos e eruditos chegaram à convicção de que Deus existe; mas eles não conheceram Deus. Nós, os monges, nós nos exercitamos dia e noite na lei do Senhor, mas é preciso que todos o conheçam tão bem quanto têm fé.

Acreditar que Deus existe é uma coisa, mas conhecer Deus é uma outra.

Eis um mistério: há almas que conheceram o Senhor, há outras que não o conheceram, mas que acreditaram; e há, enfim, homens

---

223. Ibid., p. 283.

que não apenas não conheceram Deus, mas que sequer acreditam nele; e dentre esses últimos, há até mesmo pessoas instruídas.

É o orgulho que impede a fé. O homem orgulhoso quer tudo compreender pela sua inteligência e através da sua ciência, mas não lhe é dado conhecer Deus porque o Senhor só se revela às almas humildes. Às almas humildes o Senhor mostra suas obras que são incompreensíveis para o nosso entendimento, mas que são reveladas pelo Santo Espírito. Usando apenas a inteligência, só podemos conhecer o que é terrestre e ainda assim, parcialmente, enquanto o conhecimento de Deus e do mundo celeste só vem do Santo Espírito.

Há pessoas que, durante sua vida, penam para saber o que existe sob o sol ou sobre a lua ou em outro lugar, mas isso não tem utilidade alguma para a alma. Se, pelo contrário, nos esforçarmos para saber o que há no interior do coração do homem, eis o que veremos: na alma de um santo, o Reino dos Céus, mas na alma de um pecador, trevas e tormentos. E é útil saber disso, porque nós ali habitaremos eternamente, seja no Reino seja nos tormentos.

Aquele que não gosta de orar está curioso para explorar tudo aquilo que vê sobre a terra e no céu, mas ele nada sabe sobre o Senhor e não se esforça para aprendê-lo. Quando ele escuta o ensinamento sobre Deus, ele diz: "Como podemos conhecer Deus?"

Eu te direi: "É o Santo Espírito que dá testemunho de Deus. Ele o conhece e nos instrui".

O Senhor é Amor. Ele nos deu o mandamento para amarmos uns aos outros e para amarmos nossos inimigos; e o Santo Espírito nos revela este amor.

A alma que não conheceu o Santo Espírito não compreende como podemos amar nossos inimigos e não aceita isso. Mas o Senhor tem compaixão por todos os homens e aquele que quer estar com o Senhor deve amar seus inimigos.

Aquele que conheceu o Senhor pelo Santo Espírito torna-se parecido com o Senhor, como disse João o Teólogo: "Nós seremos semelhantes a Ele, pois o veremos como Ele é, e veremos a sua Glória" [224].

---

224. Ibid., p. 325-327.

Léxico

Com a colaboração de Pascale Léger.

Acédia ou Acídia, akhédia ou ἀκηεδία: negligência, indiferença, melancolia, tristeza, preguiça, desgosto, depressão, estado de desânimo ou fraqueza. Estado mental caracterizado por apatia e torpor (psiquiatria); incapacidade espiritual de cumprir deveres de culto ou de aproximação a Deus (teologia);
- α: privação;
- κηδοζ: cuidado, solicitude.

Ágape, ἀγαπη: amor incondicional, infinito, gratuito, ideia de intensidade, amor espiritual.

Agnosia, ἀγνωσία: a ignorância;
- α = privação;
- γνῶσις, *gnosis*: o conhecimento.

Agonia, ἀγῶνια: luta, agitação da alma, combate interior, inquietação, angústia, ansiedade.

Alétheia, ἀλήθεια: verdade, realidade, o despertar, o verdadeiro conhecimento, o contrário de esquecimento, de sono;
- α = privação;
- *léthé* = o rio do esquecimento.

Anapausis, ἀνάπαυσις: cessação, repouso;
- *ana,* ανα: ideia de elevação;
- *pauo,* παυο: cessar, acalmar, ideia de um repouso agradável;
anapausis Theou: o repouso de Deus.

Anastasis, ἀνάστασις: ação de levantar, levantar-se, de se elevar;
- *ana*, ανα: ideia de elevação;
- *stasis*: colocar-se;
do latim *surgere*: elevar-se acima de...

Antistrophè, ἀντιστροπή: ação de se reencontrar;
- *anti*, αντι: em face de... em troca de;
- *strepho*, στρέφω: girar, fazer girar, enrolar.

Apatheia, ἀπάθεια: o contrário (a privação) de *pathos*: sofrimento, patologia, insensibilidade, indiferença, impassibilidade, serenidade, estado não patológico, ativo mas não reativo, sensível sem ser insensato, a paz das profundezas.

Apeiria, ἀπειρίαι: inexperiência;
- α: privação;
- πειράω, *peirão*: tentar, intentar;
apeiria, homônimo: infinitude, infinidade.

Apeiron, ἄπειρορ: sem fim, infinito;
- *a*: privação.
- πειραρ: fim, termo;
ain sof em hebraico.

Apocatastasis, ἀποκάταστασις: restabelecimento, restauração, voltar de longe, de uma situação de queda, de rebaixamento (κατα: *cata*), restauração final de todas as coisas em sua origem, esperança de uma salvação universal.

Apoftegmas: sabedorias dos Padres do Deserto, primeiros séculos do cristianismo.

Arkhé, ἀρχή: começo, início, um dos nomes que designam o Pai.

Arquétipo: modelo primitivo, primeiro;
- arkhè, ἀρχὴ: início, começo, origem;
- *typos*, τυποζ: golpe, maca, figura, imagem, modelo;

archetypum em latim: original, modelo;
Jesus Cristo, "arquétipo de síntese".

Askésis, ἄσκησις: exercício, prática, exercitar-se a fazer alguma coisa. Consciência exercida por ocasião de provas diversas.

Canon, κανῶν: hino em uso durante os ofícios, caule de junco, regra principal, modelo;
- κάννα, *kann*: junco;
em nabilônio, assírio: *kanu*;
em árabe, *kanna*: varinha de junco;
qanun ou kanum: o direito, a justiça, a ordem;
em hebraico: *qané*
sem dúvida é de origem semítica, com raízes sumérias.

Católico, καθολικός: holístico, segundo o todo, universal;
- κατα, *kata*: de acordo com;
- ὅλος, *olos*: que forma um todo, completo, intacto, quem não sofreu uma ofensa, um prejuízo;
Καθόλον, segundo o todo, *kat-olou*: holístico.

Centurie (latim: centuria);
- *centum*: 100;
- *uria*: homem;
ou seja, 100 homens;
designava, entre os romanos, uma das classes nas quais Servius Tullius repartiu o povo;
textos enfileirados em centenas.

Christophoros, χριστοφόρος: que carrega Cristo; o cristóforo carrega em si mesmo a presença de Cristo. Também dizemos teóforo, que carrega Deus (*théos,* θεός) em si mesmo

Chronos, χρόνος: tempo linear que opomos a καιρός;
o tempo que nos devora como o deus Chronos devora seus filhos; *kairos* é o momento favorável, oportuno, o tempo vertical que abre sua eternidade, o tempo favorável ao despertar.

Diabolos, διαβολος: que divide, calunia, joga (*bolos*) a desunião (*dia*) em nós mesmos e entre nós, o espírito ruim, o divisor, o obstáculo;
shatan em hebraico.

Diacrisis, διακρισις: diferenciação, distinção; examinar para decidir, discernimento;
- *dia*: entre;
- *krino*, julgar.

Dianoia, δίνοια: faculdade de refletir, pensamento e inteligência, opinião, projeto, desígnio, intenção, previsão;
- δια, *dia*: através;
- νούς, *nós:* o espírito.

Dynamis, δύναμις: faculdade de poder, poder, energia.

Einai, ειναι;
- *ego eimi*: Eu sou;
em latim: *sum, es;*
em sânscrito: *asmi, asi, asti*;
remete a uma antiga raiz indo-europeia (h-s-m).

Eleison: imperativo do verbo ἐλέω: ter piedade; vem sem dúvida de uma interjeição (*elêleu,* ἐλελεῦ), grito de dor que provoca piedade, misericórdia, ternura.

Epectasis, ἐπεκτασις: extensão, alongamento, jogar-se com força em direção a alguma coisa; atenção de todo ser ao Ser de Deus.

Epignosis, ἐπίγνωσις: próximo da *gnosis*, conhecimento que procede pelo reconhecimento de alguma coisa; conhecimento não abstrato, existencial;
- *epi,* ἐπί: indica uma direção; para, após, em direção a;
- *gnosis*: o verdadeiro conhecimento.

Epistrophè, ἐπιστροφη: retorno, conversão, voltar-se para o bem, a luz, o amor, a vida.

Epithumia, ἐπιθυμία: desejo, vontade, aquilo que se orienta para;
- *epi, ἐπί*: indica uma direção; para, após, em direção a;
- *thumos*: alma, coração, centro do ser.

Eros, ἔρος: paixão, amor, desejo; geralmente designa o amor carnal, o amor do inferior pelo superior, o amor da beleza da virtude e dos transcendentais (Platão), entre os Padres da Igreja, por amor a Deus.

Escada de João Clímaco ttambém conhecida como *Escada Santa ou Climax*: precioso clássico da espiritualidade e da vida interior, escrito por São João Clímaco (581-606), o "eremita do Sinai" a pedido do abade de Raite. Essa Santa Escada a que o santo se refere é a escada das virtudes, comparada à escada que Jacó viu em sonho e às correntes que caíram das mãos de Pedro. A obra nos mostra qual é o caminho para a santidade em três etapas: a ruptura com o mundo, o combate espiritual contra as paixões e a perfeição cristã.

Eucaristia, εὐχαριστια: reconhecimento, gratidão, ação de dar graças pelo lugar onde estamos;
- *eu*: bem
- *charis*: graça.

Gastrimargia, γαστριμαργία: glutonaria, empanturrar-se; apetites desregrados;
- *gaster*: barriga, ventre;
- *margaô*: ser demente, desregrado.

Genesis, γένεσις: força produtiva, origem, fonte de vida, nascimento, geração;
- *genos, γένος*: nascimento;

- *gignonai, γίγνομαι*: tornar-se
em latim, *genus*: origem, nascimento, genitor, genitrix.

Gnomé, γνώμη: faculdade de conhecimento, julgamento, pensamento, inteligência, caráter, personalidade, opinião;
gignosko, γιγνώσκο: conhecer;
em latim, *nosco*: eu aprendo a conhecer, eu examino;
em sânscrito, *jneyah* e *jnana;*
podemos associar as raízes de gênese e de *gnomé*: ideia do nascimento ou do reconhecimento.

Gnosis, γνῶσις: conhecimento, visão de Deus; complementar a *praktiké, πρακτικε*: a ação, os meios colocados à obra;
em latim, *nosco*: eu conheço.

Hamartia, ἀμαρτία: ação de errar o alvo, falta, pecado.

Hégémonikos, ἠγεμονικός: próprio a conduzir, a comandar, entre os estoicos, a parte que dirige a alma, a razão (*ago*: conduzir, dirigir), parte superior da alma.

Hyperèphania, ὑπερηανία: orgulho, sentimento de superioridade;
- *hyper*: acima;
- *phanein*: parecer.

Hyperousion, ἠπερούσιος: superior a todas as substâncias, o que é "mais do que o ser";
- *hyper*: acima;
- *ousion*: substância.

Hypomonè, ὑπομονή: perseverança, persistência, paciência.

Hésychia, ἠσυχία: calma, tranquilidade, imobilidade, repouso, paz.

Kairos, καιρός: justo, medida, momento favorável, instante oportuno (cf. *chronos*), tempo favorável ao despertar.

Kardia, καρδία *(palavra feminina)*: o coração como órgão ou sede dos sentimentos; na Bíblia: sede da inteligência.

Kellia: comunidade monástica localizada no Deserto da Nítria, Egito.

Kénose, Kénosis, κένωσις: vacuidade, ação de se esvaziar, de se despojar totalmente;
- adjetivo, *kenos*: vazio.

Lectio divina: expressão latina que designa um exercício de leitura espiritual das Escrituras.

Logismoi: racionalizações, pensamentos que agitam nosso espírito e o distraem do essencial.

Logos, λόγος: palavra, verbo, informação;
- *legô* λέγω: colher, unir, dizer, significar;
em latim, *lego*: colher, escolher, ler; designa o Filho, Logos encarnado;
leitura, como colheita de letras e de palavras.

Mahala (hebraico): doença: girar em círculos, dar voltas, não avançar mais;
- *má hala*: profano, doente, desconectado da fonte, de Deus, da vida;
- *lé hima*: a luta;
- *mélah*: o sal; em quantidade muito grande destrói os alimentos;
- *ha'hlama*: cura;
- *ha'halom*: o sonho;
- *mé hila*: o perdão;
- *hom*: calor;
- *mehol*: a dança, a alegria, música sagrada como fator de cura.

Mésotes, μεσότης: meio, estado intermediário;
- *mesos μέσος*: meio;
em latim: *medium*, mediano;
em sânscrito: *madhuyah*;
antiga raiz indo-europeia (*med, mês*), que encontramos em medida, *mesura, médium* (um bom médico nos ajuda a reencontrar nosso meio, nosso centro).

Messalianos (ou euquites): partidários de uma confissão cristã difundida na Mesopotâmia, na Síria e no sul da Anatólia; ela surgiu e desapareceu no século V.

Métamorphosis, μεταμόρφωσις: além da forma:
- *meta*: mudança;
- *morphé*: forma, transformação.

Metânia: gesto litúrgico que pode acompanhar a oração, vem de μετανοια, *metanoia*;
distinguimos duas metânias: a pequena, na qual nos inclinamos tocando o chão com a mão direita, e a grande, na qual nos prostramos completamente, tocando o chão com a testa no final de ambas, faz-se o sinal da cruz.

Metanoésis: mudar de opinião, de sentimento, ir além do pensamento;
- *meta*: mudança, além;
- *noesis*: concepção, faculdade de pensar.

Metanoia, μετάνοια
- *meta*: ideia de mudança;
- *noia*: o espírito;
mudar de espírito, entrar em uma outra consciência, além do mental.

Methodos, μέθοδος: perseguição, busca, sentido;
- *meta*: aqui, ideia de direção
- *odos*: o caminho.

Monoenergismo
- *monos*: sozinho, solitário, único, só, que faz a unidade;
- ἐνέργεια: energia, força em ação, atividade, complementar a δύναμις (força em poder);
- *ergon, εργον*: ação, trabalho
uma única energia em Cristo.

Monofisismo: uma única natureza em Cristo;
- φύσις, *physis*: natureza
γεια: energia, força em ação, atividade.

Monotelismo: uma única vontade em Cristo
- ἐθέλω (*éthélô*) ou θέλω: querer bem, consentir, querer, desejar, procurar;
- ἐθέλημος (*éthélémos*): que consente, benévolo, que agita voluntariamente;
diferença de βουλόμαι: que não faria mais sentido desejar;
associado a βάλλω: lançar, jogar.

Nepsis, νῆψις: sobriedade, temperança, vigilância, prudência; cf. verbo *nepho*: abster-se do vinho, ser mestre de si, consciência plena, atenção ou despertar, atenção ao movimento dos pensamentos no espírito e dos desejos no coração.

Noùs, νοῦς: o intelecto, a alma, o espírito, a fina ponta da alma.

Odos, ὁδός: caminho;
o nome grego de Ulisses e de Odisseu, aquele que percorre um longo caminho.

Orgé, ὀργή: borbulhar, agitação interior, sentimentos violentos, ressentimento, cólera, vontade de poder pervertida.

Orígenes (185-253): é o pai da exegese bíblica;
teólogo do período patrístico, também é um dos Padres da Igreja e o *maior gênio* do cristianismo antigo junto com Santo Agostinho.

Pantocrator, παντοκράτωρ: todo-poderoso, que reina sobre tudo, sempre e por todo lado presente;
- *panto*: todo;
- *krateo*: dominar, reinar.

Peirasmos, πειρασμός: tentativa, experiência, prova, provação.

Pensamento antirrético: que combate, contraditório; do grego *antirrhetikós*: próprio para refutar, que combate, contraditório.

Penthos, πενθος: dor, aflição, tristeza, compunção;
- *Pasko*: sofrer;
em latim, *patior*.

Pericorese: designa a relação que une as três pessoas da Trindade;
- περιχωρέω, *perikhoréo*: dar a volta, fazer a ronda;
- περιχορεύω: Dançar em volta de, dança trinitária;
em latim, circuncisão;
- *i* χορός: o coro que participa dos cantos e das danças; noção de espaço como em χῶρος (*khoros*): espaço, localização;
- χηρος (*kheros*): vazio;
em sânscrito, *jahati*: tirar, esvaziar;
cf. περι, *peri*: em volta;
em sânscrito, *pari*: ultrapassando, indo além, em roda.

Perispatos: distração;
cf. verbo *perispao*: ir em sentido contrário, distrair, afobar-se, estar preocupado.

Philia, φιλία: amizade, amor social, fraternidade.

Phos, φῶς: luz.

Phronéma, φρόνημα: maneira de pensar, sentimento, desejo;
cf. *phren*, φρήν: coração, alma.

Phronésis, φρόνησις: ação de pensar, humildade, sabedoria que apaga todas as pretensões.

Pistis, πίστις: confiança, fidelidade, crença, fé, adesão.

Pleroma, πλήρωμα: tudo aquilo que completa, realização, concretização;
- *pléroô, πληροω*: preencher, acabar, terminar;
em latim, *plenus*: pleno;
em sânscrito, *aprat*: ele encheu.

Plérophoria, πληροφορια: certeza, sentimento de plenitude;
- *pléres*: pleno;
- *phero*: carregar.

Pneuma, πνεῦμα: sopro, sopro divino, Espírito Santo; cf. verbo *préo*: soprar.

Poièsis, πόιησις: criação, o criador dos *poiètès*, o poeta, o criador.

Porneia, πορνεία: toda ação desonesta, adultério, prostituição, idolatria, libido viciada.

Práxis, πρᾶξις: ação, complemento de *gnosis*: o conhecimento.

Pronoia, πρόνοια: previsão, presciência, providência, sabedoria.

Proseukhé, προσευχή: oração;
- *pros*: para;
- *eukhé*: oração.

Prosokhè: atenção;
cf. *prosékhô*: apegar-se a, dedicar-se a.

Psyché, ψυχή: sopro, alma.

Qohelet: palavra hebraica que significa pregador, professor ou coletor de ditados;
aparece no primeiro versículo do Eclesiastes, cujo título literal é "As palavras do Qohelet, Filho de Davi, Rei de Jerusalém".

Sappheiros: safira;
cf. *saphir*: claro, evidente, manifesto.

Sarx, σαρξ: a carne, o corpo.

Sephirot: em hebraico ספירות, são dez poderes criadores enumerados pela cabala em sua abordagem mística do mistério da criação;
cada *sephira* é a emanação de uma energia do Deus criador.

Skopos, σκοπός: que observa de longe.

Sôma, σῶμα: o corpo (informado pela alma); o corpo físico, mortal.

Sophia, σοφια: habilidade, ciência, saber, sabedoria.

Soteria, σωτηρία: preservação das pessoas, boa saúde, salvação, saudação.

Stasis, στάσις: ação de pousar, repouso, pouso, ιστημι;
- *istemi*: colocar de pé, fixar, imobilizar, ficar de pé, manter-se ereto;
em latim, *stare*.

Sùto: pousar, parar;
em sânscrito, *astham, tisthati*: ele está de pé;
cf. *stase*: parada ou desaceleração importante da circulação ou do escoamento de um líquido orgânico;
- *êxtase*: estar fora de si;
- *êntase*: estar em si.

Synthese, σύνθεσις: ação de colocar junto, de combinar;
- συν, *sun*: com;
- ξω, *sum*: tocar, friccionar;
- τιθημι, *tithémi*: pousar, colocar;
em sânscrito, *dhatar*: fundador, criador.

Tapeinos, ταπεινός: baixo, humilde, modesto.

Telos, τελος: realização, concretização, resultado, objetivo, fim.

Teóforo, θεοφορος: que carrega um deus, inspirado por um deus; que carrega em si a presença de Deus ou de Cristo;
- *théos*: deus;
- *phero*: carregar.

Théoria, θεωρια: visão, contemplação.

Théosis, θεωσις: divinização, participação na natureza divina.

Théotokos, θεοτόκος: mãe de Deus;
- theos: deus;
- *tiktô*: dar à luz.

Thumos, θυμός: sopro, vontade, desejo poderoso, coragem, cólera, parte irascível da alma.

Tropos, τρόπος: moda, maneira de ser, modo de se expressar, estilo, personalidade, conduta.

Referências

Fontes dos textos citados

A pequena filocalia de António

La philocalie – Les écrits fondamentaux des pères du désert aux pères de l'église (IVe-XIVe siècles). Notas e trad. de J. Touraille. Paris: J.-C. Lattès, 1995.

A pequena filocalia dos Terapeutas do Deserto

Petite philocalie de la prière du cœur. Trad. e apres. de J. Gouillard. Paris: Du Seuil, 1968.

Les sentences des Pères du désert. Trad. e apres. de Dom L. Regnault. Bégrolles-en-Mauges: Abadia de Bellefontaine, 1985.

A pequena filocalia de João Cassiano

Les collations de Jean Cassien ou l'unité des sources. Org. de J.-Y. Leloup. Paris: Albin Michel/Cerf, 1992.

La philocalie – Les écrits fondamentaux des pères du désert aux pères de l'église (IVe-XIVe siècles.). Notas e trad. de J. Touraille. Paris: J.-C. Lattès, 1995.

A pequena filocalia de Macário o Egípcio

Petite philocalie de la prière du cœur. Trad. e apres. de J. Gouillard. Paris: Du Seuil, 1968.

Les homélies spirituelles. Trad. de P. Deseille. Bégrolles-en-Mauges: Abadia de Bellefontaine, 1984.

A pequena filocalia de Diadoco de Fótice

Œuvres spirituelles. Trad. de E. Places. Paris: Du Cerf, 1996.

A pequena filocalia de Isaac o Sírio

Petite philocalie de la prière du cœur. Trad. e apres. de J. Gouillard. Paris: Du Seuil, 1968.

Mystiques d'orient et d'occident. Ed. de Y. Andia. Bégrolles-en-Mauges: Abadia de Bellefontaine, 1994.

La philocalie – Les écrits fondamentaux des pères du désert aux pères de l'église (IVe-XIVe siècles.). Notas e trad. de J. Touraille. Paris: J.-C. Lattès, 1995.

A pequena filocalia de João Clímaco

Petite philocalie de la prière du cœur. Trad. e apres. de J. Gouillard. Paris: Du Seuil, 1968.

Saint Jean Climaque, l'échelle sainte. Trad. de P. Deseille. Bégrolles-en-Mauges: Abadia de Bellefontaine, 1997 [Spiritualité Orientale, 24].

A pequena filocalia de Máximo o Confessor

Introduction aux vrais philosophes. Ed. de J.-Y. Leloup. Paris: Albin Michel, 1998.

La divinisation de l'home selon sainte Maxime le Confesseur. Ed. de J.-C. Larchet. Paris: Du Cerf, 1996.

La philocalie – Les écrits fondamentaux des pères du désert aux pères de l'église (IVe-XIVe siècles.). Notas e trad. de J. Touraille. Paris: J.-C. Lattès, 1995.

Le Christ dans la théologie byzantine. Ed. de J. Meyendorff. Paris: Du Cerf, 1969.

Petite philocalie de la prière du cœur. Trad. e apres. de J. Gouillard. Paris: Du Seuil, 1968.

A pequena filocalia de Gregório o Sinaíta

Petite philocalie de la prière du cœur. Trad. e apres. de J. Gouillard. Paris: Du Seuil, 1968.

A pequena filocalia de Gregório Palamas

Petite philocalie de la prière du cœur. Trad. e apres. de J. Gouillard. Paris: Du Seuil, 1968.

Grégoire Palamas et la mystique orthodoxe. Ed. de J. Meyendorff. Paris: Du Seuil, 1976.

A pequena filocalia de Serafim de Sarov

Séraphim de Sarov. Ed. de I. Gorainoff. Bégrolles-en-Mauges: Abadia de Bellefontaine, 1973.

A pequena filocalia Siluane o Athonita (Silvano Atonita)

Starets Silouane. Ed. de A. Sophrony. Présence, 1973.

Série **Clássicos da Espiritualidade**

- *A nuvem do não saber*
  Anônimo do século XIV
- *Tratado da oração e da meditação*
  São Pedro de Alcântara
- *Da oração*
  João Cassiano
- *Noite escura*
  São João da Cruz
- *Relatos de um peregrino russo*
  Anônimo do século XIX
- *O espelho das almas simples e aniquiladas e que permanecem somente na vontade e no desejo do Amor*
  Marguerite Porete
- *Imitação de Cristo*
  Tomás de Kempis
- *De diligendo Deo – "Deus há de ser amado"*
  São Bernardo de Claraval
- *O meio divino – Ensaio de vida interior*
  Pierre Teilhard de Chardin
- *Itinerário da mente para Deus*
  São Boaventura
- *Teu coração deseja mais – Reflexões e orações*
  Edith Stein
- *Cântico dos Cânticos*
  Frei Luís de León
- *Livro da Vida*
  Santa Teresa de Jesus
- *Castelo interior ou Moradas*
  Santa Teresa de Jesus
- *Caminho de perfeição*
  Santa Teresa de Jesus
- *Conselhos espirituais*
  Mestre Eckhart
- *O livro da divina consolação*
  Mestre Eckhart
- *A nobreza da alma humana e outros textos*
  Mestre Eckhart
- *Carta a um religioso*
  Simone Weil
- *De mãos vazias – A espiritualidade de Santa Teresinha do Menino Jesus*
  Conrado de Meester
- *Revelações do amor divino*
  Juliana de Norwich
- *A Igreja e o mundo sem Deus*
  Thomas Merton
- *Filoteia*
  São Francisco de Sales
- *A harpa de São Francisco*
  Felix Timmermann
- *Tratado do amor de Deus*
  São Francisco de Sales
- *Espera de Deus*
  Simone Weil
- *Contemplação num mundo de ação*
  Thomas Merton
- *Pensamentos desordenados sobre o amor de Deus*
  Simone Weil
- *Aos meus irmãozinhos*
  Charles de Foucauld
- *Revelações ou a luz fluente da divindade*
  Matilde de Magdeburg
- *A sós com Deus*
  Charles de Foucauld
- *Pequena filocalia*
  Jean-Yves Leloup
- *Direção espiritual e meditação*
  Thomas Merton

CULTURAL

Administração – Antropologia – Biografias
Comunicação – Dinâmicas e Jogos
Ecologia e Meio Ambiente – Educação e Pedagogia
Filosofia – História – Letras e Literatura
Obras de referência – Política – Psicologia
Saúde e Nutrição – Serviço Social e Trabalho
Sociologia

CATEQUÉTICO PASTORAL

Catequese – Pastoral
Ensino religioso

REVISTAS

Concilium – Estudos Bíblicos
Grande Sinal – REB

TEOLÓGICO ESPIRITUAL

Biografias – Devocionários – Espiritualidade e Mística
Espiritualidade Mariana – Franciscanismo
Autoconhecimento – Liturgia – Obras de referência
Sagrada Escritura e Livros Apócrifos – Teologia

PRODUTOS SAZONAIS

Folhinha do Sagrado Coração de Jesus
Calendário de mesa do Sagrado Coração de Jesus
Almanaque Santo Antônio – Agendinha
Diário Vozes – Meditações para o dia a dia
Encontro diário com Deus
Guia Litúrgico

VOZES NOBILIS

Uma linha editorial especial, com
importantes autores, alto valor
agregado e qualidade superior.

VOZES DE BOLSO

Obras clássicas de Ciências Humanas
em formato de bolso.

CADASTRE-SE
www.vozes.com.br

EDITORA VOZES LTDA.
Rua Frei Luís, 100 – Centro – Cep 25689-900 – Petrópolis, RJ
Tel.: (24) 2233-9000 – Fax: (24) 2231-4676 – E-mail: vendas@vozes.com.br

UNIDADES NO BRASIL: Belo Horizonte, MG – Brasília, DF – Campinas, SP – Cuiabá, MT
Curitiba, PR – Fortaleza, CE – Juiz de Fora, MG – Petrópolis, RJ – Recife, PE – São Paulo, SP